슈퍼 **창업자들**

슈퍼 창업자들

초판 인쇄 2016년 7월 15일
초판 발행 2016년 7월 20일

지은이 김종춘
펴낸이 김광열
펴낸곳 (주)스타리치북스

출판책임 이혜숙
책임편집 한수지
출판진행 안미성
편집교정 김영희
본문편집 권대흥 · 조인경
경영지원 공잔듸 · 권다혜 · 김문숙 · 김지혜 · 김충모 · 문성연
　　　　　 박지희 · 신자은 · 유다윤 · 이광수 · 이지혜 · 정은희
　　　　　 정종국 · 한정록 · 황경옥 · 허태연

등록 2013년 6월 12일 제2013-000172호
주소 서울시 강남구 강남대로62길 3 한진빌딩 3~8층
전화 02-2051-8477

스타리치북스 페이스북　www.facebook.com/starrichbooks
스타리치북스 블로그　blog.naver.com/books_han
스타리치 잉글리시　www.starrichenglish.co.kr
스타리치몰　www.starrichmall.co.kr
홈페이지　www.starrich.co.kr
스타리치 기업가정신　www.ceospirit.co.kr

값 18,000원
ISBN 979-11-85982-26-7 13320

슈퍼 창업자들

| 김종춘 지음 |

차별화 질문 **7**

01. 남다르게 발상하는가?

02. 완전히 다르게 접근하는가?

03. 차별화 포인트가 있는가?

04. 차별화 프로세스가 가동되는가?

05. 고객의 자부심을 더 강화하는가?

06. 고객의 개성미를 더 부각시키는가?

07. 더 자기다울 수 있는 셀프 경험을 촉진하는가?

프롤로그

더 자기다울 수 있게 하라

대전환기다. 이전에 강했던 것들은 힘을 잃고 있고 이전에 없었거나 약했던 것들은 힘을 얻고 있다. 조선, 건설, 제철, 자동차, 석유화학 등 어제의 주력 산업들이 줄줄이 고전하는 중에 IT산업이 중심을 장악하는가 싶더니 요즘은 제약산업, 바이오산업, 화장품산업이 기세등등하다. 그만큼 시대가 바뀌고 있다는 증거다.

2016년 3월, 세기의 바둑 대전에서 구글 딥마인드의 인공지능 '알파고'가 이세돌 9단을 꺾었다. 고정관념을 깨고 이전에 없던, 완전히 새로운 수를 둔 것은 이세돌이 아니라 알파고였다. 바둑에 있어 직관, 추론, 변칙, 전략은 더 이상 인간의 전유물이 아니었다. 앞으로 알파고는 무한한 학습능력을 바탕으로 바둑을 넘어 게임은 물론 의료, 금융, 법률 등 타 영역으로 급속히 파고들며 거대한 인공지능 시장을 만들어 낼 것으로 보인다.

2025년이면 연간 6조 달러 규모로 인공지능 시장이 창출된다고 한다. 이런 흐름에 따라 2030년까지 사라질 일자리는 20억 개에 달할 것이라는 예견도 있다. 당장 2018년이면 300만 명이 로봇 상사를 모실 것이라는 전망까지 나온다. 이런 국내외의 대전환기에는 거대한 위협과 함께 거대한 기회도 몰려온다. 어떻게 위협은 피하고 기회는 잡을 것인가.

이것저것 다 해서도 안 되고 아무것에나 최선을 다해서도 안 된다. 다음의 3가지에 집중해야 한다. 첫째, 이전에 없던 경험을 줄 수 있어야 한다. 요즘 고객은 대중적인 대접이 아니라 개별적인 대접을 원한다. 제품이나 서비스를 구매하고 사용하면서 더 귀중하게 대접받는다는 경험을 갖고 싶은 것이다. 가격과 품질 경쟁력만으로는 안 된다. 더 자기다울 수 있게 하는 셀프 경험까지 제공할 수 있어야 한다. 그런 경험에 고객은 기꺼이 돈을 지불하려고 한다. 차별적으로 개인화된 셀프 경험을 제공하지 않고서는 더 이상 성장을 맛볼 수 없는 경험경제 시대다. 이제 CEO는 최고경험책임자(Chief Experience Officer)여야만 한다.

둘째로 완전히 다른 각도로 볼 수 있어야 한다. 달라진 상황에서는 다르게 보고 다르게 생각하고 다르게 움직여야 한다. 특히 대전환기에는 완전히 다른 발상과 접근이어야 한다. BC와 AD로 갈라지던 당시 예수님은 옛 시대의 중심이던 성전에 대해 완전히 다르게 보셨다. "예수께서 대답하여 이르시되 너희가 이 성전을 헐라. 내가 사흘 동안에 일으키리라"(성경 요한복음 2장 19절). 부분적인 개혁이 아니라 완전한 혁명을 선언하셨다. 기존의 성전이 헐려야 저들의 고정관념도 헐릴 것이며 그래야만 새 시대의 하나님의 나라가 제대로 작동될 것이기 때문이었다.

성전만큼이나 중시되던 안식일에 대해서도 예수님은 대반전을 꾀하셨다. 안식일이 사람을 위해 있는 것이지, 사람이 안식일을 위해 있는 것이 아니라는 것이었다. 예수님은 반전의 명수이시다. 완전히 다르게 보신다. 지구 중심의 관점이 태양 중심으로 바뀌자 과학 혁명이 일어났고 교황 중심의 신앙이 성경 중심으로 바뀌자 종교 혁명이 일어났다. 남다른 발상과 접근이 남다른 성공의 시작이다. 이전에는 상식을 깨는 파격이 잘 먹히지 않았지만 요즘 들어서는 연예인뿐만 아니라 일반인도 남다른 파격을 즐긴다. 남다른 차별성이 한층 중요해지는 세상이다. 남다르지 않고서는 남다르게 살 수 없다.

셋째, 고양이형 인재를 기를 수 있어야 한다. 규율과 통제로 성과를 강압하던 시대는 지났다. 조선과 건설 등 둔중한 산업이 주력이던 때에는 충성스러운 갯과 인재가 성과를 냈다. 그러나 디지털과 인공지능 등 날렵한 산업이 주력인 때에는 창의적인 고양잇과 인재가 성과를 낸다. 개가 주인의 일거수일투족에 민감하다면 고양이는 자신만의 시공간을 즐기며 창문 너머의 세계도 관찰한다. 변화가 심한 때일수록 고양잇과 인재가 더 요구된다. 충견이기만 강요하지 말고 유연한 고양이형 인재가 될 수 있도록 더 많은 재량권을 줘야 한다.

고도의 인공지능과 로봇으로 무장한, 상층민 1%가 세상을 지배하고 하층민 99%는 노예처럼 살게 될 것이라는 비관론이 떠돌곤 한다. 거대 자본력으로 첨단 기술력까지 독점한다면 얼마든지 그렇게 될 수도 있다. 모세 시대의 대탈출과 같은 돌파력이 있어야 한다면 그것은 바로 창의력이다. 창의력이 유일한 돌파력이다. 이전에 없던 경험을 제공하는 창의력, 완전히 다르게 보는 창의력, 그리고 고양이처럼 유연한 창의력을 갖추어야 한다.

이 책은 다양한 사례를 들어 후발 주자가 성장을 구가하고 약자가 승리를 만끽하는 비결을 제시하고 있다. 두 PART로 구성돼 있는데, PART 1은 이전에 없던 경험을 제공하는 것에 관해 다루고, PART 2는 완전히 다른 각도로 바라보는 관점에 관해 다룬다. 각 꼭지는 비즈니스나 싸움에서의 혁신, 성경 속의 반전, 그리고 고양이형 인재의 특질에 대해 이야기한다. 이 책을 숙독하면 남다른 성과를 창출하게 하는 차별화 프로세스를 발굴해낼 수 있을 것이다.

불패경영아카데미 대표 김종춘

CONTENTS

차별화 질문 7 · 5
프롤로그 _ 더 자기다울 수 있게 하라 · 6

 PART 1 이전에 없던 **경험을 판다**

쇠구슬 디자인 시계 _이원 타임피스 ········· 14
착용 후 사는 온라인 안경 _와비파커 ········· 24
나만의 향기 배합 _조말론 향수 ········· 34
다기능 맥가이버 재킷 _바우박스 ········· 48
달걀 없는 달걀 식품 _햄튼크릭푸드 ········· 58
방수포 업사이클링 백 _프라이탁 ········· 68
손가방에 넣는 전동 휠 _워크카 ········· 78
세계 최초의 양면 프라이팬 _해피콜 ········· 88
접히는 플라스틱 도마 _조셉조셉 ········· 102
웨이브형 장미꽃칼 _영신나이프 ········· 114
베이커리형 어묵 매장 _삼진어묵 ········· 122
핸즈프리 1초 신발 _트렉스타 ········· 132
3쪽짜리 론리 슈즈 _슈페리어 ········· 142
비대칭 짝짝이 양말 _솔메이트 삭스 ········· 152
환자 선별하는 병원 _쇼울다이스병원 ········· 162

PART 2 완전히 다른 **각도로 본다**

오프라인을 위한 온라인 _숍킥	174
소리 나오는 만화 _콕코스	184
옥수수섬유 친환경 양말 _더뉴히어로즈	192
옆길로 새는 용기 _현대카드	200
특급 정보와 속도전	208
다양한 문고 시리즈 _펭귄북스	218
직원 행복과 지속 성장 _미라이공업	230
정체성과 존재 이유 _애플	238
현실 너머를 보는 눈	246
개인 맞춤 서재 서비스 _헤이우드 힐 서점	260
수평 세라믹 면도기 _인피노	268
듣는 음악과 보는 음악	276
난공불락과 외통수	286
패션으로 바뀌는 풍경	294
빠른 공 이기는 느린 공	302
사치품이 잘 팔리는 이유	312
예측 불허의 유연성	324
고도의 숙주 활용법	336

에필로그 _ 차별화 프로세스를 가동하라 · 346
참고문헌 · 349

다들 개인 브랜드를 추구한다. 자기 자신을 귀중하게 여기며 더 귀중하게 대접받고 싶은 것이다. 이런 개인화 흐름은 한층 강해질 전망이다. 여기에 편승해 소비자에게 더 자기다울 수 있는 기회를 특별히 경험하게 하는 제품이나 서비스는 폭발적인 반응을 얻게 될 것이다.

조 말론 향수는 소비자에게 자기만의 향기를 배합하는 셀프 경험을 최초로 제공함으로써 짧은 기간에 세계 일류와 어깨를 나란히 하게 되었고, 와비파커 안경은 온라인 소비자에게 자기만의 안경을 착용해보고 선택하는 셀프 경험을 최초로 제공함으로써 일약 스타덤에 올랐다.

이제는 저렴하고 고품질인 것만으로는 안 된다. 소비자에게 남달리 대접받는 경험을 제공할 수 있어야 한다. 이전에 없던 경험을 맛보게 하면 이전에 없던 성장을 맛보게 될 것이다. 소비자에게 더 자기다울 수 있는 셀프 경험을 제공하면 번성을 지속할 것이고, 그렇지 않으면 쇠락을 면치 못할 것이다.

PART

이전에 없던
경험을 판다

소구슬 디자인 시계

"시각장애인이 원하는 시계는 기능과 함께 색상과 디자인도 좋아야 한다.
안 보고 만져서 시간을 알 수 있는 시계여야 한다."

– 김형수, 이원 타임피스 창업자

상식 파괴, 만져서 읽는 시계

땅을 차지하려는 싸움보다 개념을 차지하려는 싸움이 더 치열하다. 기존 개념을 지키려는 쪽과 새 개념으로 바꾸려는 쪽의 싸움은 늘 있어 왔다. 승리는 기존 개념을 반전시켜 새 개념을 안착시키는 쪽에 있다. 시계를 보고서 시간을 아는가, 아니면 시계를 만져서 시간을 아는가. 김형수는 우리가 흔히 시계에 관해 가졌던 보는 개념을 만지는 개념으로 완전히 바꾸었다.

그는 고교 졸업 후 미국 웨슬리언대학교에서 심리학을 전공하고는 MIT MBA에서 더 공부했다. 2011년 7월 어느 날 수업 중에 시각장애인 친구가 자꾸 그에게 시간을 물었다. 지루한 수업이어서 그랬을

게다. 몇 번 대답하다가 살펴보니 친구의 손에 시계가 있지 않은가. 그 시계는 시각장애인용이었다. 누르면 소리로 시간을 알려주지만 타인에게 방해가 되기에 함부로 누를 수 없다. 시각장애인의 자존심을 상하게 한다는 문제도 있다. 시계 뚜껑을 열고 손으로 시침과 분침을 만져 시간을 확인하는 시각장애인용 시계도 있었지만 시각장애인들의 촉감이 둔해 시침과 분침이 망가지기 일쑤였다.

그는 새로운 시각장애인용 시계를 만들어보기로 했다. 시각장애인에 대한 관심이 특별했다거나 사업을 하겠다는 의지가 강했던 것도 아니었다. 그저 완전히 다른 시각장애인용 시계를 만들면 재미있겠다는 생각이 들어 곧장 실행에 옮겼다. 7개월간 수고가 이어졌다. 그는 디자이너와 엔지니어로 팀을 꾸려 점자시계 모형을 만들었다. 시각장애인들에게 사용하도록 했더니 불만이 쏟아졌다. 점자시계를 차는 것만으로도 시각장애인인 게 공개될 뿐만 아니라 부피가 크고 디자인도 안 좋아서 싫다는 것이었다. 점자를 읽을 줄 아는 비중도 20%에 불과했다.

그는 난감했지만 새로운 사실을 깨달았다. 시각장애인도 일반인과 구별되지 않기를 바라며 디자인과 색상을 따진다는 것이다. 그는 책상머리에 앉아서 시계의 디자인과 엔지니어링을 고민하지 않고, 시각장애인 100명을 직접 만났다. 오랜 시간이 소요됐지만 함께 소통하고 생활하면서 시각장애인들에게 소중한 영감을 얻을 수 있었다. 그가 내린 결론은 두 가지였다. 하나는 시각장애인뿐만 아니라 일반인도 쓸 수 있는 보편성이 있어야 한다는 것이었고, 다른 하나는 기능과 함께 디자인과 색상도 멋져야 한다는 것이었다.

두 가지 다 예상 밖이었다. 전혀 고려되지 않았던 요소가 가장 중요한 요소로 떠오른 것이다. 시각장애인이 시각장애인용 제품만 사용하면 고립감과 약자의식이 더 커지게 될 것이다. 시각장애인이라도 일반인이 쓰는 제품을 쓰다 보면 더 자연스럽게 사회에 적응하고 참여할 수 있게 된다. 그가 디자이너이거나 엔지니어였다면 두루 소통하지 않고 자기 방식에 머물렀을 것이다. 그랬다면 여전히 이전과 같은 시계들의 주변을 맴돌고 말았을 것이었다. 그는 문외한이었기에 현장의 목소리를 더 경청할 수 있었고, 그래서 완전히 다른 시계를 만들어낼 수 있었다.

그는 동업하던 디자이너와 엔지니어의 도움을 받아 손으로 만지는 쇠구슬 시계를 만들었다. 분침과 시침이 꼭 바늘이어야 할 이유는 없다. 시계 앞면 홈에 있는 쇠구슬은 분침을 나타냈고, 시계 옆면 홈에 있는 쇠구슬은 시침을 나타냈다. 3시, 6시, 9시는 더 긴 입체 눈금으로 표시했고, 12시는 삼각형 모양 입체 눈금으로 표시했다. 손을 많이 타는 몸체와 쇠구슬은 단단한 티타늄 소재로 만들었다. 쇠구슬을 잡았다

놓아도 내장된 자석에 따라 움직이기에 살짝 흔들면 원래 위치로 되돌아간다. 보통 시계에 자석 기능을 도입한 것이다. 회의, 상견례, 영화관람 등 시계를 보기가 난처한 경우 촉감으로 시간을 간단히 확인할 수 있다.

불안을 해소하다

그는 회사 이름을 이원 타임피스Eone Timepieces로 지었다. 시각장애인이나 일반인이나 어떤 구별도 없이 누구나(everyone) 다 찰 수 있는 시계라는 뜻이 담겨 있다. 기존에 시각장애인용 시계가 특수용품 매장에서 팔렸다면 이원 타임피스의 시계는 패션 시계이기에 시각장애인용이라는 꼬리표를 달지 않아도 된다. 보는 시계가 아니라 만지는 콘셉트여서 워치watch라고 부르지 않고 타임피스timepieces라고 했다.

이어 그는 스토리 발굴에도 나섰다. 미국 해군의 특수부대 '네이비실Navy SEAL' 소속의 브래들리 스나이더 중위는 2011년 아프가니스탄에서 복무하던 중 폭탄 파편에 맞아 시력을 잃고 말았다. 그는 재활에 성공해 2012년 런던패럴림픽 수영에서 금메달 2개, 은메달 1개를 땄다. 미국인 친구의 소개로 우연히 브래들리 선수를 만난 그는 시계 브랜드를 '브래들리'로 지었다. 첫 양산 자금을 조달하기 위해 크라우드펀딩에도 나섰다. 아직 매출이 없던 터라 거액 투자자를 만나기 어려웠다.

2013년 7월 4만 달러를 목표로 크라우드펀딩 사이트 '킥스타터'에 올렸다. 만지는 시계의 취지를 설명하며 네티즌의 동참을 촉구하자 놀라운 일이 벌어졌다. 6시간 만에 4만 달러가 모였고, 첫날 시계 주문량은 400개를 돌파했다. 35일간에 걸친 최종 유치액은 60만 달러에 육박했다. 참여자의 98%는 일반인이었다. 시계를 보는 것이 아니라 만지고 느낀다는 콘셉트에 호응이 컸다. 그는 브래들리 타임피스의 디자인과 패션에 대해 자신감을 가질 수 있었다. 뜻이 좋아서 동참하는 데는 한계가 있다. 품질도 좋아야 하고 디자인도 좋아야 한다.

2014년 브래들리 타임피스는 런던디자인박물관에서 영구 전시품으로 뽑혔다. 런던디자인박물관은 시각장애인의 일상을 바꾸었을 뿐만 아니라 시각장애인에 대한 일반인의 인식을 바꾼 제품이라며 브래들리 타임피스를 '올해의 제품'으로 선정했다. 브래들리 타임피스는 개당 가격이 30만 원대로 비싸다. 그래도 잘 팔린다. 2014년 7월 출시돼 1년 만에 100만 달러어치 매출을 올렸다.

만져서 읽는 시계 개념, 그리고 시각장애인의 불안을 해소하는 쇠구슬 디자인이 시각장애인들에게 이전에 없던 시계를 경험할 수 있게 했다. 시각장애인의 감성을 충족시킨 시계 패션은 일반인의 감성까지 자극하기에 충분했다. 그 결과, 시각장애인과 일반인 구별 없이, 그야말로 누구나 찰 수 있는 시계가 되었다. 이전에 없던 경험을 주면 이전에 없던 성공을 얻게 된다.

노아 방주, 이전에 없던 문제와 답

"여호와께서 사람의 죄악이 세상에 가득함과 그의 마음으로 생각하는 모든 계획이 항상 악할 뿐임을 보시고 땅 위에 사람 지으셨음을 한탄하사 마음에 근심하시고 이르시되 내가 창조한 사람을 내가 지면에서 쓸어버리되 사람으로부터 가축과 기는 것과 공중의 새까지 그리하리니 이는 내가 그것들을 지었음을 한탄함이니라 하시니라 그러나 노아는 여호와께 은혜를 입었더라" (성경 창세기 6장 5~8절).

📖── 하나님은 자신의 형상을 따라 인간을 창조하셨다. 인간은 하나님의 꼭두각시가 아니라 하나님의 차원을 향해 부단히 발전할 수 있는 자유자였다. 하지만 위험도 컸다. 하나님을 등지고 죄악을 선택할 수 있는 자유의지를 지닌 존재였던 것이다. 아니나 다를까. 인간은 생각과 계획부터 악했다. 세상에 죄악이 넘쳤다. 더 방치했다가는 종말이 오고 말 것이었다. 재정비를 할 청소가 절실했다. 그런 와중에도 노아는 하나님의 은혜를 입었다. 은혜를 입으면 전혀 새로운 기회를 얻게 된다.

📖── "그 때에 온 땅이 하나님 앞에 부패하여 포악함이 땅에 가득한지라 하나님이 보신즉 땅이 부패하였으니 이는 땅에서 모든 혈육 있

는 자의 행위가 부패함이었더라 하나님이 노아에게 이르시되 모든 혈육 있는 자의 포악함이 땅에 가득하므로 그 끝 날이 내 앞에 이르렀으니 내가 그들을 땅과 함께 멸하리라 너는 고페르 나무로 너를 위하여 방주를 만들되 그 안에 칸들을 막고 역청을 그 안팎에 칠하라"(성경 창세기 6장 11~14절).

인간의 죄악이 넘쳤고 덩달아 땅은 부패할 대로 부패했다. 대대적인 청소가 단행될 참이었다. 노아를 빼고는 그 누구도 미래를 짐작할 수 없었다. 노아는 참혹한 미래를 미리 알았다. 지금까지 결코 경험한 적이 없는 대홍수에 관한 예고였다. 이전에 없던 방주를 지어야만 했다. 먼저 민감하게 미래의 위협을 알아야 한다. 또 민첩하게 대책도 찾아내야 한다. 이 시대의 대홍수는 무엇인가. 아마 기후 변화와 인공지능일지도 모른다. 이 시대의 새 노아는 누구이며, 이 시대의 새 방주는 무엇인가.

새 방주를 짓는 리더십

"여호와께서 노아에게 이르시되 너와 네 온 집은 방주로 들어가라 이 세대에서 네가 내 앞에 의로움을 내가 보았음이니라 너는 모든 정결한 짐승은 암수 일곱씩, 부정한 것은 암수 둘씩을 네게로 데려오며 공중의 새도 암수 일곱씩을 데려와 그 씨를 온 지면에 유전하게 하라 지금부터 칠 일이면 내가 사십 주야를 땅에 비를 내려 내가 지은 모든 생물을 지면에서 쓸어버리리라 노아가 여호와께서 자기에게 명하신 대로 다 준행하였더라"(성경 창세기 7장 1~5절).

📖 ── 미래의 위협은 불안과 불행을 초래한다. 노아는 예비한 방주를 통해 가족은 물론 맡겨진 동물의 불안과 불행에 종지부를 찍었다. 미래의 위협을 예감하고 이전과 다른 대책을 세워 주위의 불안과 불행을 잠재울 수 있어야 하나님의 진정한 일꾼이다. 기후 변화에 따라 실향민이 될지도 모른다는 것, 또 인공지능의 발전에 따라 실업자가 될지도 모른다는 것이 이 시대의 불안과 불행의 근거다.

📖 ── 이전에 없던 대홍수는 이전에 없던 방주를 요구했다. 다시 대홍수와 같은 문제가 다가오고 있고, 다시 방주와 같은 답이 요구되고 있다. 이전의 답으로는 미래의 문제를 풀 수 없다. 다르게 보고, 다르게 생각하고, 다르게 실행해야 한다. 한 번도 있었던 적이 없는 새 방주를 만들어야 한다. 기후 변화의 위협 앞에서 친환경이라는 새 방주를 짓는 리더십, 그리고 인공지능의 위협 앞에서 창의성이라는 새 방주를 짓는 리더십이 절실하다.

이질성과 의외성

조직의 초창기에는 일관성, 규율성, 동질성, 유사성, 책임감, 충성심이 있는 갯과 인재가 더 필요하고, 조직의 안정기에는 유연성, 자율성, 이질성, 다양성, 창의성, 의외성이 있는 고양잇과 인재가 더 필요하다. 갯과만 있으면 군대처럼 되고, 고양잇과만 있으면 집시처럼 된다.

© Baramee Thaweesombat

착용 후 사는 **온라인 안경**

> "온라인에서 구매를 유도하는 것보다 더 중요한 것이 있다.
> 가장 마음에 드는 것을 골라서 직접 착용해보게 하는 것이다."
>
> — 닐 블루먼솔, 와비파커 CEO

경험의 기회, 더 우월한 서비스

데이비드 길보아는 펜실베이니아대학교 와튼스쿨 입학을 앞두고 태국으로 배낭여행을 떠났다가 700달러짜리 안경을 잃어버렸다. 다시 안경을 사지 못한 채 와튼스쿨에서 첫 수업을 들어야 했고 그대로 첫 학기를 마쳐야 했다. 그러더 친구들이 왜 만날 찡그리고 다니는지 물었고 그는 안경이 너무 비싸서 살 엄두가 안 난다고 대답했다. "나무 테에 작은 렌즈뿐인데 왜 이렇게 비싸지?" 다들 강하게 공감했다.

데이비드 길보아는 닐 블루먼솔과 의기투합했고 둘은 각각 자기 친구였던 제프리 라이더, 앤드류 헌트를 데려와 합류시켰다. 이들 4인조는 와튼스쿨에서 기업가 정신과 벤처에 관한 강좌를 들으며 비즈니스 모델을 발전시켜나가기 시작했다. 그러던 중 충격적인 사실을 접하게 됐다. 안경산업이 독점화돼 있었던 것이다. 샤넬, 프라다, 레이밴, 오클리, 베르사체 등 유명 브랜드를 비롯해 50개 브랜드가 다 똑같은 회사에서 생산되고 있었다. 심지어 안경 유통 채널도 한 회사가 모조리 장악한 상태였다.

와튼스쿨 4인조는 인위적으로 가격을 고정시켜 폭리를 취하는 안경산업 구조에 강한 의문을 품었다. 몇 달 동안 치열하게 고민한 끝에 4인조는 40쪽에 달하는 사업 계획서를 짰다. 명분과 열정으로만 나서지 않고 치밀한 계획으로 뛰어든 것이었다. 4인조는 와튼스쿨의 벤처 프로그램을 통해 2,500달러를 투자받고는 2010년 뉴욕에 와비파커 Warby Parker를 세웠다. 기존 유통 채널에서 벗어나 온라인 중심으로 소비자에게 직접 판다는 방향도 정했다.

닐 블루먼솔을 CEO로 하는 와비파커의 첫 번째 차별화는 고객 경험이었다. 온라인 쇼핑에서는 직접 착용할 수 없어 구매 후 소비자의 불만이 크다. 와비파커는 온라인 쇼핑이지만 소비자에게 직접 착용할 수 있는 경험을 제공하기로 했다. 소비자는 와비파커의 홈페이지에 들어가 원하는 안경을 고른 후 '버추얼 트라이 온 Virtual Try On' 기능을 누르면 웹캠이나 페이스북에 올라 있는 자신의 얼굴 사진에 안경을 씌워볼 수 있다. '홈 트라이 온 Home Try On' 기능이 제공하는 경험은 더 강

25
이전에 없던 경험을 판다

하고 직접적이다. 소비자가 홈페이지에서 원하는 안경 5개를 고르면 며칠 안에 그 안경 5개가 배송된다.

소비자는 5일 동안 써본 후 1개를 선택해서 보낸다. 그리고 홈페이지에 다시 들어가 자신의 두 눈동자 사이의 거리와 시력을 기입하면 2주 후 완전히 맞춤으로 제작된 안경을 받을 수 있다. 세 번에 걸친 배송비는 와비파커가 부담한다. 다른 쇼핑몰들은 소비자가 당장 사도록 유도하지만 와비파커는 소비자가 심사숙고한 후 가장 마음에 드는 것을 살 수 있게 한다. 직접적인 경험을 제공하는 것보다 더 우월한 서비스가 어디 있겠는가. 가난한 사람과 부유한 사람의 차이는 경험의 유무와 과소다. 가난한 집의 자식은 경험할 기회를 제대로 얻지 못한다. 경험 기회가 타고난 재능을 압도한다.

두 번째 차별화는 저렴한 단가였다. 와비파커는 사내 디자인을 통해 로열티를 없앴다. 제작은 중국에서 하고 미국에서는 렌즈만 끼워 팔았다. 온라인 판매라서 매장 운영비도 들지 않았다. 품질도 떨어지지 않는다. 레이밴과 똑같은 재료로 똑같은 공장에서 만든다. 재질도 플라스틱이고, 제작 공정도 복잡하지 않고, 대량 생산도 가능한데, 왜 안경 가격이 높아야 하는가. 미국의 안경 평균가는 263달러였는데 와비파커 브랜드는 95달러에 불과했다.

처음부터 정공법

그동안 안경업계의 독점구조에서 기량을 제대로 펼치지 못했던 디자이너들이 와비파커에 대거 몰렸다. 세련된 디자인, 저렴한 가격, 직접 착용 후 선택하는 경험 등이 상호작용하면서 와비파커 브랜드는 폭발적인 반응을 얻었다. 2010년에 2만 개였던 판매량이 2011년에는 10만 개, 2013년에는 25만 개로 급증했다. 그리고 2014년에는 100만 개를 넘어섰다. 와비파커 브랜드의 성장세는 계속해서 상승 곡선을 그릴 전망이다.

세 번째 차별화는 안경 기부였다. 세계에서 10억 명에 달하는 저소득층이 안경도 없이 산다. 안경을 쓴다면 생산성 향상이 30%를 넘어설 것으로 예상된다. 와비파커는 사회적 기업 파트너들과 협력해 안경을 하나 팔 때마다 또 하나를 기부하는 캠페인을 벌였다. 2013년에 안경 50만 개를 기부한 데 이어 2014년에는 100만 개를 전달했다. 더 나아가 35개 저개발국가에서 안경 전문가 1만 8,000명을 양성했다. 기부에 그치지 않고 전문가까지 양성해낸 것이다.

와비파커는 처음부터 정공법을 선택했다. 패션 전문지인 보그와 GQ를 공략해 디자인과 기술력을 인정받았다. 패션 전문지들로부터 '아이웨어의 넷플릭스'로 불리게 되자 거액 투자가 몰렸다. 2011년 3,750만 달러, 2012년 3,700만 달러를 유치했다. 입소문 마케팅의 효과도 컸다. 안경 5개를 차례로 쓴 사진들과 함께 가장 어울리는 사진을 골라달라는 부탁 글과 구매 후기가 SNS에서 유행처럼 번졌다. 온라인에서 거둔 성공은 오프라인으로 옮아갔다. 와비파커는 소비자가 시력을 직접 측정하는 번거로움을 해소해주기 위해 2013년 뉴욕에 첫 오프라인 매장을 열었다. 미국 대도시에서 모두 10여 곳을 운영하고 있다.

와비파커는 패션기업으로 분류되지 않는다. 독특한 유통 시스템 덕분에 IT기업과 방불한 혁신기업으로 평가받는다. 소프트웨어에 기반을 두지 않았지만 재래식 유통구조를 타파함으로써 혁신기업의 자리에 오를 수 있었다. 구글이 차기 구글 글래스를 위해 기술 제휴를 논의할 정도로 와비파커의 기술력도 높게 평가받는다. 미국의 경영 월간지 '패스트 컴퍼니'는 2014년 50대 혁신기업 순위에서 와비파커를 17위에 올렸고, 2015년에는 애플, 구글, 알리바바, 삼성을 제치고 1위에 등극시켰다. 수백 년간 변화가 없던 안경업계의 판도를 바꾼 것이 선정 이유였다.

와비파커의 가장 큰 성공 요인은 경험 제공이다. 요즘은 누구나 다 황제이고 회장이다. 개인 맞춤으로 대우해야만 한다. 와비파커는 직접 착용할 수 없는 데서 오는, 온라인 구매의 불안과 불편을 해소했을 뿐만 아니라 저렴한 가격으로 누구에게나 개별 맞춤을 제공했다.

남들과 다른 개인으로 특별히 대접받았다는 경험보다 더 값진 것은 없을 것이다.

무한 재생산, 경험시키는 리더

"예수께서 산에 오르사 제자들과 함께 거기 앉으시니 마침 유대인의 명절인 유월절이 가까운지라 예수께서 눈을 들어 큰 무리가 자기에게로 오는 것을 보시고 빌립에게 이르시되 우리가 어디서 떡을 사서 이 사람들을 먹이겠느냐 하시니 이렇게 말씀하심은 친히 어떻게 하실지를 아시고 빌립을 시험하고자 하심이라 빌립이 대답하되 각 사람으로 조금씩 받게 할지라도 이백 데나리온의 떡이 부족하리이다"(성경 요한복음 6장 3~7절).

📖── 큰 무리가 빈 들에 계신 예수님을 찾았다. 예수님은 저들을 불쌍히 여기시며 두루 가르치셨다. 날이 저물고 다들 시장했다. 저들을 마을로 보내 먹게 하시라고 제자들이 예수님께 요청했다. 예수님은 잘라 말씀하셨다. "저녁이 되매 제자들이 나아와 이르되 이 곳은 빈 들이요 때도 이미 저물었으니 무리를 보내어 마을에 들어가 먹을 것을 사먹게 하소서 예수께서 이르시되 갈 것 없다 너희가 먹을 것을 주라"(성경 마태복음 14장 15~16절).

📖── 문제가 있으면 직접 해결하라는 주문이었다. 문제를 발굴하고

해결하는 것이 리더의 과업이다. 예수님은 빌립에게 해결 방안을 물으셨다. 빌립은 노동자 200명의 일당만큼 떡을 사도 조금씩만 줄 수 있을 뿐이라고 대답했다. 일말의 가능성도 없다는 계산이었다. 가나 결혼식에서 물이 포도주로 바뀐 기적의 추억이 빌립의 계산에는 없었다. 계산은 현실의 한계를 자각하게 하는 동시에 미래의 가능성도 닫게 한다. 계산에 믿음이 실려야 한다.

📖 —— "제자 중 하나 곧 시몬 베드로의 형제 안드레가 예수께 여짜오되 여기 한 아이가 있어 보리떡 다섯 개와 물고기 두 마리를 가지고 있나이다 그러나 그것이 이 많은 사람에게 얼마나 되겠사옵나이까 예수께서 이르시되 이 사람들로 앉게 하라 하시니 그 곳에 잔디가 많은지라 사람들이 앉으니 수가 오천 명쯤 되더라 예수께서 떡을 가져 축사하신 후에 앉아 있는 자들에게 나눠 주시고 물고기도 그렇게 그들의 원대로 주시니라"(성경 요한복음 6장 8~11절).

인기를 넘어서는 사명

안드레도 계산적이긴 했지만 일말의 가능성을 열었다. 보리떡 다섯 개와 물고기 두 마리를 가진 아이를 찾아낸 것이었다. 가능성의 문을 완전히 닫는 것과 조금이라도 여는 것의 차이는 엄청나게 클 수 있다. 예수님은 50명쯤씩 떼를 지어 앉게 하신 후 하늘을 우러러 감사 기도를 드리시고는 보리떡과 물고기를 떼어 나누셨다. 디지털 파일을 수십억

번 내려받아도 원본이 그대로 보존되듯이 보리떡과 물고기가 끝없이 확대 재생산된 것이었다.

📖 —— "그들이 배부른 후에 예수께서 제자들에게 이르시되 남은 조각을 거두고 버리는 것이 없게 하라 하시므로 이에 거두니 보리떡 다섯 개로 먹고 남은 조각이 열두 바구니에 찼더라 그 사람들이 예수께서 행하신 이 표적을 보고 말하되 이는 참으로 세상에 오실 그 선지자라 하더라 그러므로 예수께서 그들이 와서 자기를 억지로 붙들어 임금으로 삼으려는 줄 아시고 다시 혼자 산으로 떠나 가시니라"(요한복음 6장 12~15절).

📖 —— 예수님은 여자와 어린이 외에 남자만 오천 명쯤 되는 인원을 배불리 먹이셨다. 디지털 경제의 무한 재생산을 실물 경제에서도 실현하신 것이었다. 예수님은 제자들에게 계산의 한계를 넘어서는 기적을 경험하게 하셨다. 더 큰 경험으로 이끌수록 더 큰 리더다. 하지만 예수님은 기적이 주는 인기에 영합하지 않으셨다. 오히려 물러나셨다. 대중적인 인기는 물거품과 같다. 그 위에다 하나님의 나라를 세울 수 없었다. 하나님의 뜻을 따라 하나님의 때에 하나님의 사람들과 함께 세우셔야 했던 것이다. 경험하게 하는 리더인가. 인기를 넘어서는 사명이 있는가.

다른 것도 보는 눈

개는 주인에게 집착하지만 고양이는 다른 것들도 본다. 당신의 자녀, 학생, 직원이 당신 외에 다른 것들도 볼 수 있는가. 고양이의 유전자에는 호랑이, 사자, 표범의 그림자가 숨어 있다. 규율적인 충견이기만 강요하지 말고 자율적인 고양이형 인재가 될 수 있도록 키워야 한다.

나만의 향기 배합

> "고객이 여러 향수를 섞어 뿌려 자신만의 향기를 만들게 하자.
> 고객이 현재 원하는 것이 아니라 장차 원할 것을 제공하자."
>
> – 조 말론, 조 말론 향수 창업자

향기의 DIY, 경험의 구매

마릴린 먼로는 한 인터뷰에서 샤넬의 No.5를 입고 잔다고 밝힌 적이 있다. 향수는 눈에 보이지 않는 옷이다. 패션의 종결이자 완성이다. 유명인들 사이에서 샤넬의 No.5는 물론 디오르의 자도르도 압도적이다. 영국의 조 말론은 뒤늦게 출발했지만 프랑스 브랜드들의 오랜 아성을 무너뜨릴 기세다. 2011년 5월 영국의 윌리엄 왕세손과 케이트 미들턴 왕세손비가 결혼하던 날 윌리엄 왕세손은 조 말론의 향수와 향초가 가득 담긴 바구니를 선물했다.

오프라 윈프리는 방송 녹화를 할 때마다 미리 녹화장에 조 말론 향수를 뿌려놓곤 했다. 비욘세는 콘서트를 할 때면 대기실에 조 말론 향초를 켜놓게 한다. 우리나라에서는 고현정 등 인기 탤런트들이 고객이다. 조 말론의 급성장은 고객에게 놀라운 경험을 선사한 데 따른 것이었다. 조 말론이 파는 것은 향수라기보다는 향수를 둘러싼 경험이다. 대체로 향수는 다른 향수와 섞어 쓰지 않는다. 자체 향기가 강하고 독특해서 다른 향기와 섞으면 매력이 반감되거나 변질된다.

이에 조 말론은 발상을 전환했다. 고객이 여러 향수를 섞어 뿌려 자신만의 향기를 만들 수 있게 했다. 향기의 DIY다. 건축물을 층층이 쌓아 올리듯이 향기도 첫 향기, 중심 향기, 끝 향기로 겹겹이 덧뿌려 레이어링layering할 수 있다. 조 말론은 향수끼리의 배합을 염두에 두고 새 향수를 개발한다. 조 말론의 향기 구성은 아주 단순하다. 다른 향기와 잘 조합될 수 있어야 하기 때문이다. 그래서 새 향수의 개발 기간은 평균 30개월로 길다.

사람은 누구나 자기만의 스타일과 개성을 추구한다. 향수를 뿌리는 것은 자기 스타일을 완성하는 자기 서명과도 같다. 조 말론은 처음부터 고객 맞춤형 향수를 제공하고자 했다. 고객 한 사람 한 사람의 개인적인 열망이 특별한 향기로 경험되게 하려고 애썼다. 조 말론 매장에서는 무겁고 진한 향기든, 가볍고 상큼한 향기든, 꽃향기든 과일향기든 서로 섞어보는 것이 가능하다. 고객은 직원의 도움을 받으며 다양한 향수에서 몇 가지를 선택해 자신이 원하는 향수 조합을 만들어볼

조 말론 매장에서는 직원의 도움을 받아 다양한 향수에서 몇 가지를 선택해 무겁고 진한 향기든, 가볍고 상큼한 향기든, 꽃향기든 과일 향기든 자신이 원하는 향수 조합으로 섞어보는 것이 가능하다.

수 있다. 향수를 사는 것이 아니라 경험을 사게 되는 것이다.

조 말론은 특별하고 창의적인 향수를 만들기 위해 끝까지 열정을 다한다. 새 아이디어가 새 제품으로 구현되려면 많은 시간과 노력이 요구되기 때문이다. 조 말론의 향수에는 독특한 콘셉트와 재료가 녹아 있다. 조 말론은 블랙베리, 사과, 오이, 얼그레이, 재스민, 작약, 설탕 등 향수에서 흔히 쓰지 않는 원료를 써서 자연스럽고 고급스러운 향기를 만드는 것으로 평가받는다. 여름 해변의 짭짤한 소금 냄새, 비 냄새, 실크 냄새에서 힌트를 얻은 향수도 있다. '블랙베리 앤드 베이'의 중심은 블랙베리와 해변이다. 거기에는 정원에서 딸기를 따면서 입술과 손이 붉게 물들었던 경험이 담겨 있다.

'피오니 앤드 블러시 스웨이드'는 작약과 웨딩드레스의 실크 냄새에서 영감을 받았다. 거기에는 작약의 순수함과 신부의 아름다움이 표현돼 있다. '화이트 재스민 앤드 민트'는 햇살이 비치는 아침 정원에서, '얼그레이 앤드 큐컴버'는 최고급 찻잔에 담겨 나오는 얼그레이 홍차와 종종 홍차에 곁들여 나오는 오이를 넣은 샌드위치에서 각각 아이디어를 얻었다. 20여 년 전 허브의 일종인 바질을 라임과 만다린에 넣어 '라임 바질 앤드 만다린'을 만들자 사람들이 뜨악한 반응을 보였었다. 수년 전에는 꽃의 일종인 블루 아가바와 카카오를 조합한 향수를 출시했는데 다들 미심쩍어 하기도 했다.

자기 DNA에 집중

조 말론은 신제품을 출시하기 위해 시장조사를 하지는 않는다. 고객의 요구에 부응하기보다는 고객에게 의외의 놀라움을 주려고 한다. 고객이 현재 원하는 것이 아니라 장차 원할 것을 만들고 싶어 한다. 조 말론은 기존의 방식이나 남들이 하는 방식과 타협하지 않고 자신의 정체성과 업에 계속 집중하려고 한다. 요즘 다른 향수업체들도 조 말론처럼 다양한 향수를 섞어 쓰도록 한다. 조 말론만의 차별성이 사라진 것이다. 하지만 조 말론은 개의치 않는다. 다른 향수업체들이 마케팅 차원에서 그렇게 한다면 자신은 DNA 차원에서 그렇게 하기에 여전히 다르다는 것이다.[1]

조 말론은 자신만이 진정한 향기 조합의 경험을 제공할 수 있다고 단언한다. 다른 향수업체들도 조 말론을 따라 하고 있어 조 말론이 경쟁에 노출될 수밖에 없는 처지이긴 하다. 그래도 조 말론은 긍정적이다. 경쟁이 있기에 더 도전적이고 창의적일 수 있을 것으로 본다. 2006년 에스티 로더가 인수해 경영해오고 있는 조 말론은 프랑스가 지배하던 세계 향수 시장에서 영국 브랜드의 이미지를 굳히는 데 성공했다.

조 말론 브랜드는 1994년 조 말론이 자기 이름을 걸고 런던에서 매장을 열면서 시작됐다. 그는 어릴 때부터 난독증에 시달렸다. 피부 관리사였던 어머니는 그가 14세이던 해 신경쇠약에 걸렸다. 건축가였던 아버지는 가정을 돌보지 않고 도박에 빠졌다. 그해 그는 다섯 살 차이가 나는 동생과 어머니를 돌보려고 학교를 그만두었다. 당시 그의

---

1 오윤희, "비싸도 사더라 나만의 향기는," 조선일보(2014. 7. 12.), C1-C4면 참조.

가정은 돈을 벌기만 하면 먹는 데 다 써야 할 정도로 궁핍했다.

16세 때, 어머니의 상태가 호전되면서 그는 고향 켄트에서 런던으로 이사했다. 엘리자베스 거리의 작은 꽃가게에서 일하며 생계를 이어가던 중 어느 귀부인이 죽으면서 어머니에게 물려준 숍에서 피부관리를 배웠다. 그는 미용 서적을 읽으며 어머니가 부엌에서 만들던 미용 크림 제조법도 익혔다. 그는 자신에게 특별한 재능이 있다는 것을 깨달았다. 난독증 덕분에 오히려 색다른 방식으로 사고할 수 있었다. 그는 색깔에서 향기를 맡을 수 있고 향기로 사물을 표현할 수 있었다. 최고 80가지 향기를 테스트하는데도 언제 향기가 완성됐는지 알 수 있었다.

21세에 결혼한 후 그는 집에서 화장품을 만들어 팔았다. 화장품 구매자에게는 감사의 표시로 목욕 오일 '너트맥 앤드 진저'를 작은 병에 담아 선물하곤 했다. 다들 좋아했다. 금세 입소문을 탔다. 한 손님이 오일 100개를 사서 파티에 뿌렸는데 86명이 다시 주문할 정도로 인기가 좋았다. 1990년쯤 크리스마스 시즌에는 오일 수백 병을 만들어야 했다. 매일 아침부터 밤까지 만들어댔다. 1994년, 경기도 침체됐고 사업 규모도 미미했지만 그는 첼시 월튼 154번가에다 작은 매장을 열었다. 부동산감정사였던 남편도 자기 일을 그만두고 합류했다.

매장을 열고서 한 달 만에 VIP 손님들을 초대했다. 당시 집에서 목욕 오일을 만들면서 그는 남편더러 병에 가득 채우지 말라고 당부했다. 열이 가해지면 팽창해서 터질 수 있기 때문이었다. 하지만 남편은 고객을 만족시킨다며 병에 빈 공간을 남기지 않았다. 파티를 열던 중 선반의 조명 아래 있던 병들의 뚜껑이 갑자기 폭발하듯이 열렸다. 매장 곳곳이 오일로 흥건했다. 그는 헤어드라이어로 선반을 말리느라고 고생했다. 며칠 동안 남편과는 말도 안 했다. 안전 문제로 몇 달 동안 매장을 닫아야 했지만, 다시 문을 열자 보그와 파이낸셜 타임스가 조 말론의 목욕 오일과 향수에 주목했다.

VIP 고급화 전략

그는 제품을 분신처럼 여겼고 결코 2등에 만족하지 않았다. 사업에 탄력이 붙기 시작했다. 오프라 윈프리 쇼에도 출연했다. 그 후 엄청나게 많은 사람이 그의 매장을 찾았다. 그는 VIP 전략을 구사했다. 마거릿 공주의 며느리 등 런던의 유명인사들을 고객으로 삼았다. 1998년 뉴욕의 고급 백화점 버그도르프굿맨에서 매장을 열자고 제안해왔다. 그는 뉴욕 매장을 여는 시점보다 4개월 앞서 조 말론 쇼핑백 200개를 친구들에게 나눠주고는 거리를 활보하게 했다. 효과는 대단했다. 또 모델과 가수 등 지인 50명한테 찾아가 10개씩 제품을 나눠주고는 집들이 선물용으로 써달라고 부탁했다.

금세 매출 100만 달러를 넘길 수 있었다. 삭스나 니먼마커스 등과도 소매 파트너십을 맺었다. 영국의 고급 백화점 헤롯에도 들어갔다. 2013년에는 우리나라의 고급 백화점에도 진입했다. 수요가 있는 곳마다 매장을 열었다. 조 말론이 입점한 유명 백화점은 전 세계 34개 국가에 걸쳐 있다. 돈을 버는 속도가 쓰는 속도보다 더 빨랐다. 남들에게는 꿈인 일이 그에게는 현실이 됐다. 투자나 프랜차이즈 등 사업 제안이 쇄도했다. 그런데 다 거절했다. 성공가도를 달리던 중 평생 함께할 파트너를 물색했다. 1999년 그는 조 말론 브랜드를 에스티 로더에 넘겼다. 그리고 크리에이티브 디렉터로 남아서 계속 경영에 참여했다. 매장 확충이 영원히 이어질 것만 같았다.

그러던 2003년, 의사가 유방암 진단을 내렸다. 그는 뉴욕에서 1년 동안 치료받고 계속 일했다. 암이 재발할지도 모른다는 두려움이 컸고 아들은 4세였다. 가족과 더 많은 시간을 함께하기 위해 2006년에는 경영에서 완전히 손을 뗐다. 매일 기상할 때마다 향기에 대한 생각이 떠올랐지만 그는 5년간 동종 사업을 하지 않겠다고 약속했다. 결국 암 투병에서 승리했다. 다시 자신의 재능을 발휘해 후회하지 않는 삶을 살고 세상에도 기여하고 싶었다. 2013년, 그는 10대 때 꽃가게 점원으로 일했던 엘리자베스 거리에 다시 매장을 세웠다. 이번에는 조 러브스라는 이름이었다. 그렇게 그는 그 자신이자 사랑의 대상이었던 향수사업으로 되돌아갔다.

"영국의 고급 주택가에 가고 싶다면 조 말론 매장을 찾으라"는 말이 있다. 이처럼 조 말론 브랜드가 상류층 향수의 대명사가 된 데는 두 가지 요인이 있다. 첫째는 조향사이자 창업자인 조 말론의 특별한 후각이다. 향기의 지휘자로 불리는 조향사의 섬세한 후각과 치열한 장인정신에서 다양하고 미묘한 차이를 지닌 명품 향수가 탄생한다. 그는 난독증이라는 장애를 뛰어난 후각으로 승화시켰다. 10대 때 꽃가게와 피부관리 숍에서 일한 환경도 그의 재능을 일찍 꽃피게 했다.

둘째는 고객에게 파는 경험이다. 다양한 향수를 개인 취향에 따라 조합할 수 있게 함으로써 고객을 제품의 선택과 제작 과정에 능동적으로 참여하게 만드는 셈이다. 오늘날 고객이 원하는 것은 제품이나 서비스 제공이 아니라 경험을 제공하는 것이다. 스타벅스는 커피를 팔기보다는 고급스럽고 지적인 분위기를 경험하게 하고, 할리데이비슨은 모터사이클을 팔기보다는 반항적인 라이프스타일을 경험하게 한다. 고객이 예상하지 못한 경험을 제공하는 비즈니스야말로 생존하고 번성할 것이다.

경험경제 시대, 최고의 멘토

"사흘째 되던 날 갈릴리 가나에 혼례가 있어 예수의 어머니도 거기 계시고 예수와 그 제자들도 혼례에 청함을 받았더니 포도주가 떨어진지라 예수의 어머니가 예수에게 이르되 저들에게 포도주가 없다 하니 예수께서 이르시되 여자여 나와 무슨 상관이 있나이까 내 때가 아직 이르지 아니하였나이다 그의 어머니가 하인들에게 이르되 너희에게 무슨 말씀을 하시든지 그대로 하라 하니라 거기에 유대인의 정결 예식을 따라 두세 통 드는 돌항아리 여섯이 놓였는지라" (성경 요한복음 2장 1-6절).

📖 ── 예수님과 예수님의 일행이 갈릴리 가나의 결혼식에 초청됐다. 결혼식 도중에 포도주가 동났다. 혼주에게는 위기였다. 예수님의 모친이 혼주의 친척이었는지, 포도주가 동난 사실을 예수님께 알렸다. 단순히 정보를 전달한 게 아니었다. 해결해주시라는 요청이었다. 예수님은 일단 거절하셨다. 자신과 무관한 일이고, 아직 때도 아니라는 것이었다. 그래도 예수님의 모친은 절대적인 신뢰를 보냈다. 예수님께서 무슨 말씀을 하시든지 그대로 하라며 하인들에게 단단히 일렀다. 신뢰는 상대의 마음을 바꾸고 잠재력을 끌어내며 행동을 촉발한다. 불신은 정반대다.

📖 ── "예수께서 그들에게 이르시되 항아리에 물을 채우라 하신즉 아귀까지 채우니 이제는 떠서 연회장에게 갖다 주라 하시매 갖다 주었더니 연회장은 물로 된 포도주를 맛보고도 어디서 났는지 알지 못하되 물 떠온 하인들은 알더라 연회장이 신랑을 불러 말하되 사람마다 먼저 좋은 포도주를 내고 취한 후에 낮은 것을 내거늘 그대는 지금까지 좋은 포도주를 두었도다 하니라 예수께서 이 첫 표적을 갈릴리 가나에서

행하여 그의 영광을 나타내시매 제자들이 그를 믿으니라"(성경 요한복음 2장 7~11절).

단호한 발언과 행동

예수님께서 돌 항아리에 물을 채우라고 하시자 하인들은 군소리 없이 아귀까지 물을 채웠다. 일을 시키면 약간 모자라게 하는 사람도 있고 충분하게 하는 사람도 있다. 하인들은 충분하게 했다. 이제는 기적의 이벤트를 거창하게 실행할 차례다. 그런데 예수님은 항아리의 물을 떠서 연회장에게 가져다주라고만 하셨다. 이번에도 하인들은 곧이곧대로 직행했다. 그러자 물이 상급 포도주로 바뀌었다. 혼주는 포도주가 동난 위기를 넘겼고 연회장으로부터 칭찬을 받았다.

📖── 예수님의 모친의 무한한 신뢰와 단호한 발언, 그리고 하인들의 즉각적인 행동이 예수님의 첫 기적을 일으키게 했다. 신뢰가 담긴 발언과 행동은 기적을 낳지만 불신이 가득한 발언과 행동은 기적을 추방한다. "거기서는 아무 권능도 행하실 수 없어 다만 소수의 병자에게 안수하여 고치실 뿐이었고 그들이 믿지 않음을 이상히 여기셨더라 이에 모든 촌에 두루 다니시며 가르치시더라"(성경 마가복음 6장 5~6절). 예수님의 제자들은 물이 포도주로 바뀌는 기적을 통해 예수님의 영광을 경험했고, 예수님을 더욱 믿게 되었다. 그들은 예수님과 예수님의 일을 위해 어떤 대가도 치르겠다는 마음을 더욱 다졌을 테다.

📖── 이론을 넘어 경험을 제공하는 멘토가 최고의 멘토이고, 제품이나 서비스를 넘어 경험을 제공하는 기업이 최고의 기업이다. 조지프 파인 2세와 제임스 H. 길모어에 따르면 경험경제 시대가 새롭게 등장했다. 제품이나 서비스를 단순히 제공하는 것만으로는 고객을 사로잡을 수 없다. 고객은 경험을 원하며, 경험에 기꺼이 돈을 지불하려고 한다. 경험을 제공하는 기업이 아니라면 지속적인 성장을 맛볼 수 없을 것이다.

브랜드화 욕구

스마트폰과 '셀카봉'이 등장하면서 자신의 모습을 표현하려는 욕구가 폭발했듯이 자신의 차별성을 브랜드화하려는 욕구도 분출하고 있다. 기업의 일개 직원이 아니라 스포츠 구단의 프로 선수처럼 자신만의 개인 브랜드를 구축할 수 있도록 고양이형 인재에게 기회를 주어야 한다.

다기능 맥가이버 재킷

"각각의 문제뿐만 아니라 모든 문제를 발굴하고 해결해 여행자들이 원하는 것이면
다 제공하는 올인원 제품으로 디자인하라."

— 히랄 상하비, 바우박스 CEO

올인원 디자인, 맥가이버 기능

2014년 12월 히랄 상하비Hiral Sanghavi와 아내 요건시 샤Yoganshi Shah는 결혼 1주년 기념으로 샌프란시스코공항에서 멕시코로 날아가려던 참이었다. 1주일 동안의 황금휴가를 꿈꾸며 출국장으로 향하던 그는 문득 잊고 온 것이 떠올랐다. 여행 베개였다. 가까운 공항 매점에서 하나 사면 그만이겠지만, 문제는 이번이 처음이 아니라는 것이었다. 두 번째도 아니었고 세 번째도 아니었다. 히랄에게는 이미 공항에서 산 여행 베개가 무려 9개나 있었다.

아내 요건시는 지금까지 사 모은 베개만으로도 충분하다며 더 이상 허락할 수 없다고 잘라 말했다. 히랄이 맞받았다. "당신은 프로 디

자이너라면서 왜 내가 잊을 수 없게 하는 답을 만들지 못해?" 부부는 탑승 절차를 밟으면서 몇 가지 아이디어를 떠올렸고, 비행기에 착석하자마자 요건시의 머리에 '아하!' 하는 영감이 스쳤다. "베개가 내장된 재킷은 어때?" 히랄은 요건시의 재킷 아이디어에 승산이 있다고 보았다. 100만 달러짜리라는 생각이 들었다. 종이 한 장을 꺼내고는 옆 사람에게서 펜을 빌렸다.

그 후 4시간 동안 부부는 여행자들이 당할 만한 모든 문제를 뽑아보았고 그 문제들을 해결하는 재킷도 스케치했다. 요건시는 사용자 경험 디자이너로서 제품, 프로세스, 인터페이스를 더 단순하게 하고 시각적으로 더 끌리게 할 줄 알았다. 특히 인체공학적인 디자인을 전문적으로 다룰 수 있었다. 일은 빠른 속도로 진행됐다. 인도 출신 부부에게는 인도 현지의 로봇회사 덕분에 아시아 지역 네트워크가 이미 있어 의류 메이커들을 찾아내는 데 도움을 받을 수 있었다.

히랄은 여러 비즈니스 경험도 있고, 로봇대회에서 우승도 여러 차례 했었다. 인도에 로봇회사를 세워 운영하면서 미국의 노스웨스턴대학교 켈로그경영대학원에 다니던 중 다목적 재킷 아이디어를 추진하게 된 것이었다. 부부는 연구 기간 3개월과 프로토타이핑 기간 2개월을 거친 후 제품설명 비디오를 내보냈다. 드디어 2015년 7월 7일, 바우박스로 명명된 재킷 스타트업을 크라우드펀딩 플랫폼 킥스타터에 올렸다.

시카고 소재 바우박스Baubax에서 히랄은 공동 창업자이자 CEO이고, 요건시는 창업자이자 디자인 책임자다. 바우박스는 소박하게 2만 달러를 크라우드펀딩 목표로 잡았다. 그런데 예상 밖으로 압도적인 반응이 일어났다. 5시간 만에 목표가 달성됐고, 58일 만에 900만 달러가 쌓였다. 누구도 예상하지 못한 수치였다. 킥스타터의 의류부문에서 최대치를 갱신한 것은 물론이다.

바우박스는 소셜펀딩 외에 벤처캐피털과 개인투자자들의 투자도 받았다. 바우박스 재킷은 아시아 제조업체들에서 생산되고 일리노이 창고에서 북미와 남미로 선적된다. 바우박스 돌풍은 붙박이 스타일의 목 베개를 비롯한 다기능 덕분이었다. 15가지 기능이 내장된 바우박스 재킷은 '만능 재킷' 또는 '맥가이버 재킷'으로 불린다. 구매자들에게 이전에 없던 사용 경험을 주기에 충분했다.

남다른 문제 발굴

바우박스 재킷의 목 베개는 모자 안쪽에 감쪽같이 감출 수 있다. 혁신적인 내장형 밸브 기술로 2초 안에 부풀릴 수 있다. 버튼을 한 번 누르면 간단하게 바람이 빠진다. 목 베개는 분리 가능하기 때문에 여러 다른 자세로 잠을 잘 때 이용할 수 있다. 모자 안에 수면용 안대가 있어 언제든지 꺼내 쓸 수 있다. 모자를 떼어내면 정장처럼 비즈니스 재킷으로 변한다. 이어폰이 풀린 상태에서 즉시 사용할 수 있는 이어폰 홀더도 있다.

스마트폰 포켓은 접근하기 쉽고 이어폰과도 직결된다. 물론 충전기 포켓도 있다. 10인치짜리 아이패드 포켓에는 아이패드나 태블릿 PC를 넣는다. 손으로 지갑이나 휴대용 가방을 들 수 있어 비행기 탑승이 편하다. 가슴 쪽에는 여권 포켓도 있어 해외여행 시 신분 확인과 탑승이 쉬워진다. 드링크 포켓도 있어 노트북이 트레이 테이블을 차지하고 있는 상황에서 어정쩡하게 드링크를 들고 있어야 할 필요가 없다. 네오프렌으로 절연 처리가 돼 있어 드링크를 차가나 뜨겁게 유지해준다.

선글라스 포켓에는 선글라스를 안전하게 보관하고 쓰기 쉽게 하는 홀더가 있다. 초극세사 천으로는 선글라스 렌즈를 닦을 수 있다. 손을 넣는 포켓은 다층으로 돼 있어 손을 따뜻하게 한다. 소매 안에 넣고 빼는 장갑도 있다. 담요 포켓은 여행을 따뜻하고 편안하게 해준다. 지퍼에는 1인치 사이즈 작은 펜이 있다. 4인치로 늘릴 수 있고, 병따개로 쓸 수도 있다. 비행기 좌석에서 옆 사람에게 빌려주면 사귈 기회를 얻을 수 있을 것이다. 뒷부분에는 부드러운 촉을 가진 터치펜이 있다.

남녀 재킷은 각각 4가지다. 색상이 다양하고 라이프스타일이 창의적이다. 스웨트셔츠는 100% 면이다. 블레이저는 주름이 없고, 바머는 가볍고 따뜻한 플리스 소재로 돼 있다. 윈드브레이커는 방수가 된다. 가격 범위는 109~129달러다. 히랄은 장기적으로 로봇 두뇌와 재킷 디자인을 융합해 재킷 속에 센서를 삽입해 재킷 사용자의 생체 신호와 주변 여건을 측정하게 할 계획이다. 예를 들어 너무 추우면 스웨트셔츠가 온도조절 장치와 교신해 자동으로 집 안의 온도를 올리게 하는 것이다.

바우박스 재킷은 각각의 문제를 해결할 뿐만 아니라 모든 문제를 해결하고 여행자들이 원하는 모든 것을 제공하는 올인원 제품으로 디자인됐다. 여행자들이 늘 원했지만 지금까지 없었던 재킷이다. 가볍고 편하고 멋지다. 귀찮고 힘든 여행을 스마트하게 경험하게 한다. 여행 필수품을 하나씩 일일이 챙기는 번거로움에서 해방시킨다. 거추장스럽게 큰 목 베개를 들고 다니지 않아도 되게 한다. 탑승 때와 출입국 심사 때 한결 쉬워진다. 손이 자유롭다. 펜을 빌리지 않아도 된다. 검색대에서 재킷 속의 물품을 다 꺼내지 않아도 된다. 재킷을 벗어 바구니에 담기만 하면 된다.

성공의 첫째 단계는 남다른 문제 발굴이다. 바우박스는 여행 베개에서 여행자들이 경험하는 문제를 놓치지 않고 발굴해냈다. 둘째 단계는 문제 해결을 위한 디자인이다. 바우박스는 올인원 디자인으로 여행자들의 성가신 문제를 한꺼번에 해결할 수 있었다. 셋째 단계는 디자인을 제품이나 서비스로 만들어내는 구현 능력이다. 바우박스는 기존 네트워크를 활용해 단기간에 프로토타이핑을 만들었으며 소셜펀딩으로는 초기 자금을 넘치게 조달할 수 있었다.

정보 공유, 수평 공동체

"내 계명은 곧 내가 너희를 사랑한 것 같이 너희도 서로 사랑하라 하는 이것이니라 사람이 친구를 위하여 자기 목숨을 버리면 이보다 더 큰 사랑이 없나니 너희는 내가 명하는 대로 행하면 곧 나의 친구라 이제부터는 너희를 종이라 하지 아니하리니 종은 주인이 하는 것을 알지 못함이라 너희를 친구라 하였노니 내가 내 아버지께 들은 것을 다 너희에게 알게 하였음이라" (성경 요한복음 15장 12~15절).

친구를 위해 죽는 것보다 더 큰 사랑이 있겠는가. 장차 예수님은 제자들을 위해 그렇게 하실 참이었다. 그런 입장에서 예수님은 제자들에게 계명을 주셨다. 서로 사랑하라는 것이다. 예수님의 사랑은 선제적이고 희생적이다. 상대방을 위해 먼저 죽는 사랑이다. 그렇기에 예수님은 자신이 제자들을 사랑한 것같이 제자들도 서로 사랑하라고 명령하실 수 있었던 것이다.

📖 ── "예수께서 불러다가 이르시되 이방인의 집권자들이 그들을 임의로 주관하고 그 고관들이 그들에게 권세를 부리는 줄을 너희가 알거니와 너희 중에는 그렇지 않을지니 너희 중에 누구든지 크고자 하는 자는 너희를 섬기는 자가 되고 너희 중에 누구든지 으뜸이 되고자 하는 자는 모든 사람의 종이 되어야 하리라 인자가 온 것은 섬김을 받으려 함이 아니라 도리어 섬기려 하고 자기 목숨을 많은 사람의 대속물로 주려 함이니라"(성경 마가복음 10장 42~45절).

섬기고 소통하는 리더

당시의 집권자들과 고관들은 사람들을 제멋대로 부렸다. 그런 리더십을 예수님은 완전히 뒤집으셨다. 진정한 리더는 섬기는 종이어야 한다는 것이다. 요즘에야 섬기는 리더십 개념이 있지만 당시에는 지배하는 리더십 개념이 대세였다. 예수님은 완전히 다른 각도에서 리더십 개념을 재정의하셨다. 예수님은 하나님의 아들이시고 하나님 나라의 왕이시지만 섬기고자 하셨고 대속물이고자 하셨다.

📖 ── 섬기고 희생하는 리더십을 몸소 보여주신 예수님은 소통하고 협력하는 리더십도 실천하셨다. 하나님 아버지로부터 들은 비밀을 제자들에게 다 알려주셨다. 최신이자 최고급 정보를 공유하신 것이다. 당시 정보는 윗사람들의 독점물이었다. 정보 독점은 수직 관계를 더 고착시킨다. 그러나 예수님은 완전히 다른 모범을 보여주셨다. 정보를

공유하고 소통하면 협력이 일어난다. 상하 관계인 수직 공동체가 아니라 친구 관계인 수평 공동체가 형성된다.

📖── 예수님은 서로 섬기고 함께 정보를 나눔으로써 협력과 사랑이 창출되는 수평 공동체를 만들고자 하셨다. 더 나아가 그런 공동체로 세상을 하나님 나라로 만들어가는 사명을 수행하고자 하셨던 것이다. 당시 윗사람들은 정보와 권력을 독점해 아랫사람들을 마음껏 부렸다. 예수님은 하나님의 아들이시고 하나님 나라의 왕이시지만 완전히 다르게 뒤집으셨다. 제자들에게 정보 공유와 수평 공동체의 새로운 경험을 맛보게 하신 것이다.

관심사 집중

검은 백조도 백조다. 털이 거의 없는 고양이도 고양이다. 스핑크스 고양이는 솜털만 좀 있을 뿐이다. 개에 더 가까운 외모지만 영리하고 민첩하다. 관심이 가는 것에는 강한 호기심을 갖고 끝까지 살핀다. 요즘의 자녀, 학생, 직원은 얼핏 갯과처럼 보여도 실상은 고양잇과다.

달걀 없는 **달걀 식품**

> "먹는 음식이 우리의 몸과 지구에 나쁜 영향을 준다.
> 맛도 좋고 값도 싸지만 우리의 몸과 지구에는 좋은 음식을 만들면 어떨까."
>
> – 조시 테트릭, 햄튼크릭푸드 CEO

비욘드 에그, 달걀 없는 마요네즈

조시 테트릭은 코넬대학교 아프리카학과를 졸업한 후 미시건대학교 로스쿨을 거쳐 아프리카로 향했다. 사하라 이남의 케냐 등지를 돌며 사회 운동가로, 길거리 교사로 7년간 활동했다. 그의 꿈은 아프리카를 변화시키는 것이었다. 그러나 너무 느린 변화에 무력감을 느꼈다. 2011년 그가 아프리카에서 돌아오자 친구 조시 보크가 그를 맞았다. 미국 동물애호협회에서 일하던 조시 보크는 그더러 동물성 달걀이 없는 세상을 만들자고 제안했다.

그의 지친 영혼에 다시 서광이 비쳤다. 그해 그는 조시 보크와 함께 샌프란시스코에서 식물성 식품회사 '햄튼크릭푸드'를 설립하고는 모든 세계인의 식탁에서 동물성 달걀을 없애는 작업에 뛰어들었다. 그는 식물성 달걀 '비욘드 에그'를 개발해 식량 부족, 빈곤 문제, 환경 파괴, 동물 학대, 조류 독감 등 다양한 지구촌 난제를 한꺼번에 해결하고자 도전했다. 지금까지 없었던, 그의 완전히 다른 행보에 투자자들이 몰렸다.

2014년에 9,000만 달러가 모였다. 세계 굴지의 CEO들도 화답했다. 마이크로소프트의 빌 게이츠, 구글의 세르게이 브린, 청쿵그룹의 리카싱 등이 투자 대열에 뛰어들었다. 그의 인조 달걀은 동물성 달걀과 비슷한 수준의 맛과 영양을 내는 식물성 단백질 파우더다. 황두 등에서 추출한 단백질이기에 콜레스테롤이 없고 감염성 질병에서 자유롭다. 원가도 40% 넘게 절감된다. 닭에게 해방과 자유를 선물하는 것은 물론이다.

유엔식량농업기구(FAO)에 따르면 2007년 세계 달걀생산량은 5,900만 톤이었는데 2030년까지 계속 폭증할 전망이다. 공장형 양계업은 땅·물, 에너지를 많이 잡아먹고, 방목형 양계업은 비용을 많이 잡아먹는다. 닭의 배설물에서 나오는 인과 질소는 강을 오염시키고 양계장의 환기시설에서 나오는 암모니아는 토양을 오염시킨다. 동물성 달걀이 인체의 건강에 미치는 문제에 대해서도 논란이 많다.

'우리가 먹는 음식이 우리의 몸과 지구에 나쁜 영향을 준다. 맛도 좋고 값도 싼데 우리의 몸과 지구에도 좋은 음식을 만들면 어떨까.' 이런 문제의식에서 출발한 햄튼크릭푸드의 사업은 식물성 달걀에서 식물성 마요네즈로 발전했다. 비욘드 에그로 만든 샌드위치 스프레드 '저스트 마요'는 월마트, 홀푸드, 테스코 등 대형 식품공급업체들에서 팔리는데, 첫해에 200만 병이 넘게 나갔다. 비욘드 에그를 재료로 하는 제품군은 마요네즈를 넘어 빵, 쿠키, 파스타 등 다른 식품 영역으로도 확장하고 있다. 최종 목표는 모든 식품을 식물성 단백질로 대체하는 것이다.

이질적인 팀워크

햄튼크릭푸드의 비욘드 에그는 집중적인 실험의 산물이었다. 생명공학자, 식품과학자, 요리사, 데이터 분석가 등이 2년간 함께 어울려 40개 국가의 식물 원료 1,500여 종을 추출하고 실험한 끝에 인조 달걀을 만들어냈다. 전 세계인의 식탁에서 동물성 달걀을 없애겠다는 발상은 이전에 없던, 완전히 새로운 것이었다. 이는 다양한 전문가들의 이질적인 팀워크가 지속됐기에 실현될 수 있었다.

햄튼크릭푸드를 진정한 식품회사로 만드는 주역은 연구개발 요리사들이다. 2012년 크리스 존스가 합류한 데 이어 벤 로슈 등 유명 요리사들이 속속 합류해 햄튼크릭푸드의 연구개발 요리사로 활약하고

조시 테트릭과 조시 보크는 모든 세계인의 식탁에서 동물성 달걀을 없애는 작업에 뛰어들었다. 식물성 달걀 '비욘드 에그'를 개발해 식량 부족, 빈곤 문제, 환경 파괴, 동물 학대, 조류 독감 등 다양한 지구촌 난제를 한꺼번에 해결하고자 했다.

있다. 이들은 식감과 모양새가 동물성 달걀과 비슷한 식물성 스크램블 에그 등 대체 식품을 만드는 데 주력한다. 이제 이들은 소수의 상급 고객이 아니라 일반 소비자 수백만 명을 위해 일한다.

    이들의 초점은 특별 요리를 만드는 데 있지 않다. 주부들이 손쉽게 이용하는 식품 그 자체를 개발하는 데 있다. 이전까지 세상에 없던 식탁 경험을 제공함으로써 조시 테트릭은 위대한 성공을 향해 돌진하고 있다. 소비자들에게 새로운 경험을 제공하면 소비자들은 새로운 성공을 되돌려준다. 물론 동물성 달걀이 들어가지 않고서는 마요네즈라는 단어를 쓸 수 없다며 반대하는 세력의 공세를 돌파해야 하는 숙제는 아직 남아 있다.

그의 성공 요인은 두 가지로 압축된다. 세상을 바꾸고자 하는 남다른 열정이 첫 번째 성공 요인이다. 아프리카를 변화시키려 했던 상당히 도덕적인 열정은 성공하지 못했지만, 세상의 식탁을 변화시키려 하는 극히 비즈니스적인 열정은 성공을 거두고 있다. 그렇게 해야만 한다는 도덕률보다는 그렇게 할 수밖에 없도록 만드는 혁신이 세상을 더 힘껏 바꾼다.

좋은 친구가 함께하고 여러 분야의 다양한 전문가가 함께한 팀워크는 두 번째 성공 요인이다. 혼자 하면 자신의 한계를 돌파하기도 전에 꺾이곤 한다. 혼자서는 생각의 한계는 물론 실행의 한계에 갇힌다. 그러나 함께하면 무한 상상의 창발을 일으킬 수 있다. 함께하면 더 큰 보폭으로 갈 수 있고 더 멀리까지 갈 수 있다. 꿈이 클수록 더 함께해야 한다.

자유와 평화, 다양한 공존
"그 날에 애굽에서 앗수르로 통하는 대로가 있어 앗수르 사람은 애굽으로 가겠고 애굽 사람은 앗수르로 갈 것이며 애굽 사람이 앗수르 사람과 함께 경배하리라 그 날에 이스라엘이 애굽 및 앗수르와 더불어 셋이 세계 중에 복이 되리니 이는 만군의 여호와께서 복 주시며 이르시되 내 백성 애굽이여, 내 손으로 지은 앗수르여, 나의 기업 이스라엘이여, 복이 있을지어다 하실 것임이라"(성경 이사야 19장 23~25절).

📖 —— 하나님의 관점은 인간의 관점과 다르다. 제국주의와 국수주의를 넘어선다. 어느 일방을 위한 강압적인 통일이 아니라 다양한 평화 공존이다. 이집트와 앗시리아가 패권을 놓고 서로 다투는 게 아니라 서로 왕래하며 하나님을 섬긴다. 이스라엘만이 아니라 이스라엘과 이집트와 앗시리아가 함께 세계 중의 복이다. 이스라엘 민족의 선민사상에 종지부를 찍는다. 이집트는 하나님의 백성이고, 앗시리아는 하나님의 창조물이며, 이스라엘은 하나님의 기업이다. 하나님은 어느 일방이 아니라 셋에게 다 복을 주신다.

📖 —— "그 때에 이리가 어린 양과 함께 살며 표범이 어린 염소와 함께 누우며 송아지와 어린 사자와 살진 짐승이 함께 있어 어린 아이에게 끌리며 암소와 곰이 함께 먹으며 그것들의 새끼가 함께 엎드리며 사자가 소처럼 풀을 먹을 것이며 젖 먹는 아이가 독사의 구멍에서 장난하며 젖 뗀 어린 아이가 독사의 굴에 손을 넣을 것이라 내 거룩한 산 모든 곳에서 해 됨도 없고 상함도 없을 것이니 이는 물이 바다를 덮음 같이 여호

와를 아는 지식이 세상에 충만할 것임이니라" (성경 이사야 11장 6~9절).

우위의 존재는 없다

하나님의 꿈은 강자가 통일하는 세상이 아니다. 강자와 약자가 함께 공존하는 세상이다. 어린양이 맹수와 공존하고 어린이가 독사와 장난치며 사자가 풀을 먹는다. 강자와 약자의 구별이 없어지고 다툼과 전쟁이 사라진다. 살상무기는 생산도구로 바뀐다. "그가 열방 사이에 판단하시며 많은 백성을 판결하시리니 무리가 그들의 칼을 쳐서 보습을 만들고 그들의 창을 쳐서 낫을 만들 것이며 이 나라와 저 나라가 다시는 칼을 들고 서로 치지 아니하며 다시는 전쟁을 연습하지 아니하리라" (성경 이사야 2장 4절).

📖 —— 하나님의 꿈은 인간의 자유와 평화를 넘어 피조물의 자유와 평화로 확대된다. "피조물이 고대하는 바는 하나님의 아들들이 나타나는 것이니 피조물이 허무한 데 굴복하는 것은 자기 뜻이 아니요 오직 굴복하게 하시는 이로 말미암음이라 그 바라는 것은 피조물도 썩어짐의 종 노릇 한 데서 해방되어 하나님의 자녀들의 영광의 자유에 이르는 것이니라" (성경 로마서 8장 19~21절).

📖 —— 하나님은 인간과 다르게 보신다. 하나님의 눈은 강대국과 약소국의 평화 공존을 넘어 인간과 피조물의 평화 공존으로 향하신다.

제국주의는 물론 국수주의도 하나님의 뜻이 아니다. 동물을 살육하고 자연을 파괴하는 것도 마찬가지다. 하나님의 뜻은 국가와 민족을 넘어 세계와 인류에게 미치고 세계와 인류를 넘어 동물과 자연에 미친다. 하나님 안에서 지배권을 가진, 우위의 존재는 없다. 다양한 평화 공존이 있을 뿐이다.

혼자만의 공간

개는 주인만 있으면 불안하지 않다. 고양이는 자기만의 공간이 없으면 불안하다. 고양이는 주인과 같이 있어도 자기만의 공간을 찾는다. 그게 봉지든, 박스든, 가방이든, 바구니든, 서랍이든, 세면대든, 세탁기든 상관없다. 당신의 자녀, 학생, 직원에게 독자적인 공간을 주는가.

방수포 업사이클링 백

"재활용 트럭 방수포로 가방을 만들자.
색상과 디자인을 다 다르게 해 단 하나뿐이라는 콘셉트로 개성과 자부심을 선사하자."

– 프라이탁 형제, 프라이탁 창업자

한정판 콘셉트, 문화 아이콘

스위스 취리히는 연중 120일이 넘게 비가 온다. 취리히 예술연구소에서 산업디자인을 공부하던 마르쿠스 프라이탁과 다니엘 프라이탁은 자전거를 타고 등하교하면서 비에 젖어도 끄떡없는 방수 가방을 생각하곤 했다. 1993년 어느 날, 우연히 프라이탁 형제의 눈에 트럭의 방수포 덮개가 들어왔다.

그들은 쓰다가 버린 트럭 방수포를 재활용해 자전거용 메신저 백을 만들어보았다. 단순한 리사이클링을 넘어 참신한 디자인이 가미되자 완전히 다른 업사이클링 가방이 탄생했다. 지인들의 요구가 점점 늘어나고 미술관이나 매장에서 주문이 들어오면서 그들의 작업은 자

마르쿠스 프라이탁과 다니엘 프라이탁은 트럭 방수포를 재활용해 업사이클링 가방을 만들었다. 그들은 남들과 완전히 다른 길을 걸었다. 버려지는 트럭 방수포에 주목했을 뿐만 아니라 각기 다른 디자인과 한정판으로 고객의 자부심과 개성을 살렸다.

연스럽게 창업으로 발전했다. 창업은 간판부터 걸어놓고 하는 것이기보다는 하나씩 수요가 생겨서 시작되는 것이어야 한다.

그들은 트럭 방수포를 재활용해 가방 몸통을 만들고, 자동차 안전벨트를 재활용해 가방 끈을 만들고, 자전거 타이어 튜브를 재활용해 가방 테두리를 만들었다. 수요가 불어나고 사업이 되기 시작했다. 메신저 백으로 출발한 업사이클링 가방업체 '프라이탁'은 카드 케이스,

휴대폰 케이스, 노트북 케이스, 지갑, 파우치, 가방, 서류가방 등으로 제품 라인을 늘려나갔다. 20여 년이 지나 프라이탁은 직원 170여 명, 매장 500여 개, 연간 매출 500여억 원인 글로벌 기업으로 성장했다. 연간 재활용하는 자재는 방수포 440톤, 자동차 벨트 28만 8,000개, 자전거 튜브 3만 5,000개에 이른다.

프라이탁의 업사이클링 제품은 전부 수작업으로 만들며 연간 40만여 개가 팔린다. 모두 한정판이고, 무늬·색감·질감·디자인이 다 다르다. 그만큼 소장가치가 크다. 뉴욕의 현대미술관에도 소장돼 있다. 이미 스위스에서는 국민가방이 됐고 세계인의 문화 아이콘이 됐다. 버려진 소재로 만든 것이어서 냄새도 좀 나고 빈티지 느낌도 들지만 개당 100만 원짜리도 있다. 그런데도 소속감을 갖는 마니아층을 형성하며 잘 팔린다. 방수, 견고성, 편리성, 개성, 친환경 등 여러 강점이 있기 때문이다. 매장마다 다른 박스에 다른 색상 가방을 배치한 것도 독특한 아이디어다.

아직 없는 제품 연구

프라이탁은 제품도, 제조 공정도, 건물도 다 친환경적이라는 점을 강조한다. 취리히의 프라이탁 건물은 버려진 컨테이너로 만들었는데, 취리히 시민과 관광객이 즐겨 찾는 명물이다. 재활용 트럭 방수포는 유럽 전역에서 수집한다. 글로벌 기업이 된 만큼 새 방수포를 쓰면 더 쉽게 대량으로 생산할 수 있다는 유혹을 철저히 거부한다. 처음의 약속을 고수하겠다는 것이다.

재활용 소재의 묵은 때는 화학세제로 없애지 않고 수압으로 처리한다. 자주 내리는 비를 수조에 담아 활용한다. 건조 작업은 차가운 바람으로 한다. 제품 포장 방식도 친환경적이다. 프라이탁 형제는 친환경 경영철학을 전 세계인과 공유하기 위해 재치 있는 영상을 만들어 널리 유포한다. 비용이 드는 광고는 하지 않고 연구개발에 더 많이 투자한다.

그들은 스위스의 2011 디자인 프라이스에서 대상을 받는 등 디자인상 10여 개를 받았다. 그러나 받은 상은 더 이상 재활용하지 않는다. 과거에 얽매이지 않고 미래를 향해 나아가겠다는 의지를 표현하는 것이다. 글로벌 기업의 대표가 됐지만 그들은 여전히 자전거를 애용한다. 신선한 발상을 창출하기 위해 탁구를 치듯이 서로 토론하는 기업문화를 중시한다. 아직 존재하지 않는 미래 제품을 계속 만들어내야 하기 때문이다.

그들은 남들과 완전히 다른 길을 걸었다. 버려지는 트럭 방수포에 주목했을 뿐만 아니라 각기 다른 디자인과 한정판으로 고객의 자부심과 개성을 살렸다. 세상에 단 하나뿐이라는 콘셉트 덕분에 고객은 유일하게 대접받고 있다는 느낌과 경험을 가질 수 있게 되었다. 프라이탁은 친환경적인 제조 공정도 계속해서 고집했고, 더 나아가 친환경 메시지를 널리 알리는 데도 힘썼다. 자재, 디자인, 제조, 유통 등 모든 면에서 남달랐기에 프라이탁 제품은 전 세계인의 문화 아이콘이 될 수 있었다.

배려와 자비, 기회와 결과의 균등

"천국은 마치 품꾼을 얻어 포도원에 들여보내려고 이른 아침에 나간 집 주인과 같으니 그가 하루 한 데나리온씩 품꾼들과 약속하여 포도원에 들여보내고 또 제삼시에 나가 보니 장터에 놀고 서 있는 사람들이 또 있는지라 그들에게 이르되 너희도 포도원에 들어가라 내가 너희에게 상당하게 주리라 하니 그들이 가고 제육시와 제구시에 또 나가 그와 같이 하고 제십일시에도 나가 보니 서 있는 사람들이 또 있는지라 이르되 너희는 어찌하여 종일토록 놀고 여기 서 있느냐"(성경 마태복음 20장 1~6절).

📖—— 예수님은 포도원 품꾼의 스토리텔링을 통해 눈에 보이지 않는 천국 곧 하나님의 나라를 눈에 보이는 현실로 드러내신다. 포도원 주인이 아침에 품꾼들을 불러 한 데나리온씩 일당을 주기로 약속하고 일을 시켰다. 오전 9시에도 품꾼들을 들여보내고 정오에도, 오후 3시에도 들여보냈다. 심지어 오후 5시에도 들여보냈다. 요즘 새벽시장 일용

직이 그렇듯이 하루치 일감도 못 얻는 품꾼들이 많다. 일을 한다는 것은 자부심이고, 보수를 받는다는 것은 행복이다.

📖 —— "이르되 우리를 품꾼으로 쓰는 이가 없음이니이다 이르되 너희도 포도원에 들어가라 하니라 저물매 포도원 주인이 청지기에게 이르되 품꾼들을 불러 나중 온 자로부터 시작하여 먼저 온 자까지 삯을 주라 하니 제십일시에 온 자들이 와서 한 데나리온씩을 받거늘 먼저 온 자들이 와서 더 받을 줄 알았더니 그들도 한 데나리온씩 받은지라 받은 후 집 주인을 원망하여 이르되 나중 온 이 사람들은 한 시간밖에 일하지 아니하였거늘 그들을 종일 수고하며 더위를 견딘 우리와 같게 하였나이다" (성경 마태복음 20장 7~12절).

📖 —— 날이 저물자 포도원 주인이 품삯을 나눠주었다. 오후 5시에 온 품꾼들이 한 데나리온씩 받자 먼저 온 품꾼들은 더 받을 줄 알았다. 그런데 일찍 온 품꾼들이나 늦게 온 품꾼들이나 다 한 데나리온씩 받았다. 당연히 불평이 쏟아졌다. 불공평하다는 것이다. 그러나 아니다. 약속대로 자기 몫을 챙겼다. 주인이 잘못한 것은 없다. 늦게 온 품꾼들에게도 한 데나리온씩 일당을 주었을 뿐이다. 늦게 왔지만 주인의 눈에 들도록 일을 잘했든지, 아니면 주인이 인간다움을 잃지 않도록 배려한 것일 터다. 오후 3시나 5시에 온 품꾼들은 배려할 대상이었던 게 분명하다.

반전의 명수

"주인이 그 중의 한 사람에게 대답하여 이르되 친구여 내가 네게 잘못한 것이 없노라 네가 나와 한 데나리온의 약속을 하지 아니하였느냐 네 것이나 가지고 가라 나중 온 이 사람에게 너와 같이 주는 것이 내 뜻이니라 내 것을 가지고 내 뜻대로 할 것이 아니냐 내가 선하므로 네가 악하게 보느냐 이와 같이 나중 된 자로서 먼저 되고 먼저 된 자로서 나중 되리라"(성경 마태복음 20장 13~16절).

📖 ── 주인은 늦게 온 품꾼들에게 자비를 베풀 줄 알았다. 그러나 일찍 온 품꾼들은 주인이 늦게 온 품꾼들에게 베푼 자비를 기뻐할 줄 몰랐다. 규정을 잘 지키는 모범생들은 그렇지 않은 사람들에 대해 몰인정하기 쉽다. 하나님의 나라를 작동시키는 첫 번째 기준은 자비다. 규정을 어기지 않으면서 규정을 넘어서는 자비가 있다. 두 번째 기준은 규정이다. 하루를 일하면 일당을 지불하는 것과 같은 규정이다. 규정이 없으면 방종과 혼란에 빠진다. 세 번째 기준은 나중 된 사람이 먼저 될 수 있다는 가능성이다. 먼저라고 자만하지 말아야 하고, 나중이라고 포기하지 말아야 한다.

📖 ── 예수님은 완전히 다르게 보신다. 반전의 명수이시다. 인과응보의 하나님이 아니라 사랑의 하나님, 형벌이 아니라 구원, 성전이 아니라 하나님의 나라, 안식일이 아니라 사람, 지배하는 리더십이 아니

라 섬기는 리더십, 유대인이 아니라 사마리아인을 드러내신다. 포도원 품꾼의 이야기에서는 시장경제의 경쟁을 넘어서는 복지경제의 상생을 보게 하신다. 모범생들은 기회의 균등과 경쟁을 강조한다. 그러나 예수님은 결과의 균등과 공존도 지향하게 하신다.

최고의 창조물

알베르트 슈바이처는 고양이가 인간을 비참한 삶에서 벗어나게 한다고 했다. 마크 트웨인은 인간과 고양이를 교배한다면 인간은 진화하고 고양이는 퇴화할 것이라고 했다. 레오나르도 다빈치는 고양이가 최고의 창조물이라고 했다. 바보 같은 고양이가 똑똑한 개보다 낫다는 말도 있다.

© Scorpp

손가방에 넣는 **전동 휠**

"성능보다 더 중요한 것은 늘 휴대하고 사용할 수 있는 개인화 기능이다.
가방에 넣고 다니며 탈 수 있는 전동 휠이어야 한다."

– 사이토 쿠니아코, 워크카 개발자

백팩 속의 이동수단, 개인화 역량

전동 휠을 타는 사람들이 부쩍 늘어나는 추세다. 전동 휠은 1인용 이동수단이다. 양발형과 외발형 두 종류가 있다. 원조는 '세그웨이Segway'다. 2001년 미국의 발명가인 딘 카멘이 킥보드 형태로 두 바퀴가 달린 세그웨이를 개발했다. 세그웨이는 장착 센서로 탑승자의 무게중심 변화를 0.01초 단위로 측정해 방향과 속도를 결정한다. 두 바퀴 위의 발판에 올라타서 몸의 움직임만으로 컨트롤할 수 있다. 별도로 조정장치가 없어도 된다.

당시 애플의 스티브 잡스, 아마존의 제프 베조스 등 혁신가들은 PC나 인터넷보다 더 위대한 발명품이라며 찬사를 아끼지 않았다. 부시 전 미국 대통령, 고이즈미 전 일본 총리, 팝스타 저스틴 비버 등이 애용하면서 유명세를 타기도 했다. 그러나 높은 가격, 무거운 무게, 어중간한 속도와 이동 거리, 휴대 불편 등 문제점이 나타나면서 세상을 바꿀 것이라는 기대를 저버렸다. 방송사의 스포츠 중계용, 대형 마트의 직원용, 전시 행사장의 경호용 등으로 쓰이는 데 그쳤다.

초기의 세그웨이는 1,000만 원을 호가했다. 일반인은 구매할 엄두도 낼 수 없었다. 그러다가 가격과 무게를 낮춘 전동 휠들이 잇따라 쏟아지면서 일반인의 구매를 부추겼다. 양발형은 20킬로그램 안팎 무게에 최고 400만 원을 호가한다. 운행도 안정적이다. 외발형은 무게가 10킬로그램 안팎이고 최저 가격이 60만 원이다. 처음에 균형 잡기는 어려워도 2주 정도 연습하면 쉽게 탈 수 있다.

다양한 보급형 출시와 1인 가구 증가에 따라 전동 휠은 레저용에서 근거리 출퇴근용 등으로 빠르게 확산하고 있다. 전동 휠은 전기로 구동하기에 친환경적이며 에너지 비용도 싸다. 교통 체증이나 주차난에 시달리지 않아도 된다. 몇 년 전부터 전동 휠 증가세가 두드러지고 있다. 중국에서는 세그웨이를 인수한 나인봇 등이 전동 휠 대중화를 앞당기며 세계 시장을 선도하고 있고, 일본은 첨단 로봇 기술과 부품 산업을 활용해 시장 확대를 꾀하고 있다. 유럽에서는 길거리에서 전동 휠 이용자를 쉽게 목격할 수 있다.

미국의 발명가 딘 카멘은 킥보드 형태의 세그웨이를 2001년 개발했다. 이후 전동 휠은 다양한 보급형이 출시되고 1인 가구가 증가함에 따라 레저용에서 근거리 출퇴근용 등으로 빠르게 확산하는 추세다.

    이처럼 전동 휠이 미래형 이동수단으로 급부상하는 중에 최근에는 초경량 스케이트보드형 전동 휠까지 출현했다. 일본에서 개발된 '워크카Walkcar'는 크기가 노트북만 하고 무게도 2~3킬로그램 정도다. 사이토 쿠니아코는 가방 속에 넣어 다닐 수 있는 이동수단, 언제든지 꺼내서 탈 수 있으면 좋겠다는 아이디어를 워크카로 구현했다. 그가 휴대용 초소형 전동 휠에 관한 아이디어를 내놓자 그의 친구는 그더러 직접 만들라고 요구했었다.

스케이트보드 스타일

사이토 쿠니아코는 전기차 모터 시스템을 전공하고 있었다. 2013년 도쿄에 코코아 모터스를 세웠고, 2015년 그의 팀과 함께 세계 최초로 가방 안에 들어가는 1인용 전동 휠 시제품을 개발하는 데 성공했다. 워크카는 알루미늄으로 만들어서 가볍고 스케이트보드를 닮아서 날씬하다. 최고 속도는 시속 10킬로미터다. 리튬 배터리로 3시간 충전한 후 최장 12킬로미터를 이동할 수 있다. 최대로 실을 수 있는 무게는 120킬로그램이다.

워크카에 올라타면 자동으로 전진하고 내리면 멈춘다. 몸을 좌나 우로 기울이면 방향도 좌나 우로 바뀐다. 앞으로나 뒤로 압박하면 오르막이나 내리막을 탄다. 계단을 오르내릴 수는 없어도 경사로는 오르내릴 수 있다. 휠체어에 탄 사람을 밀고 갈 수도 있다. 작고 정교한 바퀴로 도로의 돌출부를 잘 통과할 수 있고, 장애물도 지그재그로 쉽게 지나갈 수 있다. 사용하지 않을 때는 가방 안에 쏙 넣을 수 있어 휴대하기 쉽고 편리하다. 주차 장소를 찾지 않아도 된다.

워크카에 대한 사이토의 자부심은 대단하다. 그에 따르면 미국이 혁신 제품을 만들고 일본은 모방해서 따라잡곤 하지만, 워크카는 시작부터 완전히 혁신적인 제품이다. 차를 타기에는 가깝고 걷기에는 먼 경우 워크카를 사용하면 좋다. 넓으면서도 막혀 있는 컨벤션홀에서 사용하면 안성맞춤이다. 대당 판매가는 800달러 수준으로 좀 비싼 편이다. 크고 무겁지만 싸고 다양하고 성능이 좋은 전동 휠이 앞으로 워크카가 넘어야 할 산이다.

그러나 사이토의 초점은 분명했다. 이동수단의 성능보다는 개인화 기능에 더 집중했다. 이미 세그웨이는 뛰어난 성능에도 불구하고 크고 무거워서 대중화에 실패했다. 워크카의 강점은 그 어떤 전동 휠보다 작고 가볍다는 데 있다. 노트북 크기의 스케이트보드처럼 생긴 것도 기존의 전동 휠과는 판이하다. 워크카는 서류가방이나 백팩에 넣어 언제 어디서나 쉽게 휴대할 수 있다. 그만큼 더 개인화된 이동수단이다. 성능보다 더 중요한 것은 언제 어디서나 자유자재로 휴대하고 사용할 수 있는 개인화 기능이다.

일대일 소통, 개별 맞춤형 멘토링

"내가 진실로 진실로 너희에게 이르노니 문을 통하여 양의 우리에 들어가지 아니하고 다른 데로 넘어가는 자는 절도며 강도요 문으로 들어가는 이는 양의 목자라 문지기는 그를 위하여 문을 열고 양은 그의 음성을 듣나니 그가 자기 양의 이름을 각각 불러 인도하여 내느니라 자기 양을 다 내놓은 후에 앞서 가면 양들이 그의 음성을 아는 고로 따라오되 타인의 음성은 알지 못하는 고로 타인을 따르지 아니하고 도리어 도망하느니라" (성경 요한복음 10장 1~5절).

📖 —— 양들은 낮에는 목초지에서 풀을 뜯고 밤에는 문을 통과해 우리로 들어가 보호를 받는다. 아침이 되면 목자가 다시 오고 문지기는 우리의 문을 열어준다. 문을 통하지 않고 다른 데로 넘어 들어오면 도둑이고 강도다. 목자만 적법하게 문으로 들어갈 수 있다. 목자는 양들을 이끌어내되 하나씩 양들의 이름을 불러 이끌어낸다. 목자는 양을 알되 집단으로 뭉뚱그려서 알지 않고 각각 개별적으로 안다. 양도 목자와 목자의 음성을 개별적으로 알고 따른다. 타인의 음성은 모르며 따르지 않고 도리어 도망한다. 목자와 양 사이에는 일대일로 개별적인 관계가 형성돼 있다.

📖 —— "그러므로 예수께서 다시 이르시되 내가 진실로 진실로 너희에게 말하노니 나는 양의 문이라 나보다 먼저 온 자는 다 절도요 강도니 양들이 듣지 아니하였느니라 내가 문이니 누구든지 나로 말미암아 들어가면 구원을 받고 또는 들어가며 나오며 꼴을 얻으리라 도둑이 오는 것은 도둑질하고 죽이고 멸망시키려는 것뿐이요 내가 온 것은 양으로 생명을 얻게 하고 더 풍성히 얻게 하려는 것이라"(성경 요한복음 10장 7~10절).

📖 —— 예수님은 인생의 목자이시고 또한 문이시다. 인생은 예수님이라는 문으로 들어가 보호와 구원을 얻고 그 문으로 출입하면서 영생의 양식을 얻는다. 도둑은 불법으로 인생을 탈취하려는 것뿐이지만 예수

님은 인생으로 풍성한 생명을 얻게 하신다. 예수님은 인생을 알고 이끄시되 각각 개별적으로 알고 이끄신다. 인생도 예수님을 일대일로 알며 그 음성을 따른다. 다른 음성은 낯설어서 피한다. 예수님은 자기를 믿고 따르는 인생을 위해 온갖 수고를 아끼지 않으시고 심지어 자기 자신까지 희생하신다. 그렇게 해서 개별화된 관계가 남는다. 그 관계는 누구도 끊을 수 없다.

개별화가 대세다

하나님은 특별한 인생뿐만 아니라 개별 인생이 다 최대치에 도달하도록 이끄신다. "그 날에 여호와가 예루살렘 주민을 보호하리니 그 중에 약한 자가 그 날에는 다윗 같겠고 다윗의 족속은 하나님 같고 무리 앞에 있는 여호와의 사자 같을 것이라"(성경 스가랴 12장 8절). 약한 인생도 다윗처럼 용장이 되도록 이끄신다. 또 예수님을 통해 하나님의 선택을 받은 개별 인생은 다 왕 같은 제사장이다. "그러나 너희는 택하신 족속이요 왕 같은 제사장들이요 거룩한 나라요 그의 소유가 된 백성이니 이는 너희를 어두운 데서 불러 내어 그의 기이한 빛에 들어가게 하신 이의 아름다운 덕을 선포하게 하려 하심이라"(성경 베드로전서 2장 9절).

📖 —— 영원한 왕이요 제사장이신 예수님을 믿고 따르는 인생이면 각자 왕 같은 제사장이다. 예수님 안에서 선택된 인생마다 왕 같은 제사장 신분으로 격상되는 것이다. 이것이 예수님 안에서 개별 인생을 향

한 하나님의 뜻이다. 그렇다면 교회에서든 사회에서든, 개별 인생의 최대치를 끌어내는 개별화에 모든 초점이 맞추어져야 한다. 디자인도, 브랜딩도, 마케팅도 개별 맞춤형이어야 한다.

📖 —— 크리스천 루부탱은 1년에 걸쳐 개별 맞춤으로 구두를 제작해 준다. 발 모양을 3D로 찍어내는 것에서부터 시작해 밀리미터 단위까지 측정함으로써 완벽한 착용감을 줄 수 있게 한다. 신데렐라의 발에 꼭 맞았던 유리구두 같은 개별 맞춤이다. 개별화는 오래가는 대세일 수밖에 없다. 소비자 집단이 아니라 소비자 개인에게 맞춤으로 제공하는 제품, 서비스, 콘텐츠라면 지속 가능한 성공을 보장해줄 것이다.

세상의 중심은 나

개는 먹이를 제공하는 주인을 신으로 여기고, 고양이는 먹이를 제공받는 자신을 신으로 여긴다. 개는 주인이 부르면 즉시 반응하지만, 고양이는 알아듣고서도 반응할 필요를 못 느낀다. 고양이는 자신이 좋을 대로 행동한다. 노예화할 수 없다. 주인이 익숙해지고 기다리는 수밖에 없다.

© Marilyn Barbone

세계 최초의 **양면 프라이팬**

"붕어빵은 겉이 바삭하고 속이 촉촉하다.
붕어빵 틀을 응용해 양면 프라이팬을 만들면 생선도 그렇게 구울 수 있을 것이다."

– 이현삼, 해피콜 창업자

붕어빵 틀 응용, 재개념화

이현삼은 거창농고를 졸업하고 군 복무를 마친 1989년, 무작정 상경했다. 남대문시장에서 장사를 배워 전국을 누비며 숟가락, 냄비, 프라이팬, 믹서, 카펫, 이불, 신발 등을 팔았다. 제대로 된 물건을 팔아서 장터의 주부들에게 행복을 주고 싶었지만 당시만 해도 물건의 품질이 그리 뛰어나지 못했다. 물건을 판 후 뒤늦게 하자를 발견하고는 도망치듯이 장터를 빠져나온 적도 있었다. 그러다가 문득 직접 만들어서 팔자는 생각이 들었다.

주부들을 상대로 장사했던 경험을 살려 누구나 감탄할 만한 일류 제품을 만들자며 그는 노점상과 보따리 장사로 모은 종잣돈 10억 원

해피콜의 양면 프라이팬은 붕어빵 틀을 생선 프라이팬에 적용하면 수분 증발도 막을 수 있고, 기름이 튀거나 냄새가 퍼지지도 않으면서도 골고루 익힐 수 있다는 작은 아이디어에서 출발했다.

을 투자해 1999년 해피콜이라는 회사를 차렸다. 그가 먼저 떠올린 것은 붕어빵 틀이었다. 부산에서 강원도까지 방방곡곡을 다니며 장사하던 시절에 잠시 배고픔을 달래주던 것이 붕어빵이었다. 붕어빵은 겉은 바삭한데 속은 촉촉하다. 구수하고 달콤하다. 그런 느낌이 그의 기억에 계속 남아 있었다. 오랜 자취생활로 요리에 자신이 있었던 그는 붕어빵 틀을 생선 프라이팬에 적용하면 붕어빵처럼 바삭하면서도 촉촉한 생선 구이가 가능할 것 같았다.

붕어빵 틀과 같은 생선 프라이팬이라면 틀을 뒤집어가며 양면을 골고루 익힐 수 있다. 밀폐된 상태로 익힐 수 있어 기름이 튀거나 냄새가 퍼지지도 않는다. 수분 증발도 막을 수 있다. 그는 붕어빵 틀을 닮은 양면압력 프라이팬을 제작하자고 다짐했다. 붕어빵 틀을 프라이팬에 연결하고 융합하는 아이디어를 내기도 어려웠지만 그것을 실현하기는 더 어려웠다. 양면 사이의 틈을 막아주는 패킹 작업이 가장 큰 난제였다. 뚜껑 사이로 기름이나 수분이 새어나오지 않도록 패킹을 달았지만 뜨거운 열기에 녹아서 허물어지곤 했다.

미국의 다우코닝에서 100여 가지 패킹 소재를 받아 테스트를 진행했다. 1년간 진행한 실험 끝에 열기, 수증기, 기름에 강한 실리콘 소재 1가지를 찾아내는 데 성공했다. 위와 아래의 양면을 묶는 결속 장치를 자석으로 했는데 자석 1개에 2,500원이나 들었다. 손실을 감수하고서 자석 결속 양면 프라이팬을 내놓았다. 주부들이 열광했다. 그러자 자석을 개당 500원에 제공하겠다는 업체가 나타났고, 결국 개당 100원까지 단가가 떨어졌다.[2]

2001년 양면 팬을 출시한 이현삼 회장은 2004년 홈쇼핑의 문을

---

2 정철환, "촉촉 바삭한 생선구이 고민하다, 붕어빵 틀서 해답 찾아," 조선일보(2015. 9. 25.), B11면 참조.

두드렸다. 국산 주방용품의 경우 이윤이 박하다는 이유로 여러 번 퇴짜를 맞았다. 그는 국산품을 살려달라며 간곡하게 호소했고, 마침내 농수산홈쇼핑의 허락을 받을 수 있었다. 주부들의 행복한 주문이 폭발했다. 방송을 탄 지 1시간 만에 1만 2,800개를 파는 진기록을 세웠다. 입소문이 번지자 다른 홈쇼핑업체와 미국 바이어로부터 러브콜이 쏟아졌다.

국내에서 최단 기간에 최다 판매를 기록한 데 이어 일본, 중국, 인도네시아, 베트남 등 아시아 주부들의 부엌도 강타했다. 양면 팬의 판매량은 2,000만 개를 훌쩍 넘겼다. 지금도 없어서 못 파는 효자상품이다. 해피콜이 국내 주방용품시장에 뛰어들었을 때는 이미 레드오션이었다. 외국산이 장악하고 있었고, 국산은 싸구려라는 인식이 팽배해 있었다. 그러나 세계 최초로 양면 팬을 개발해 주부들에게 전혀 새로운 경험을 선사함으로써 해피콜은 무한 경쟁의 레드오션에서 무경쟁의 블루오션을 누릴 수 있었다.

고품질 고가전략

그 후 해피콜은 5년간 개발 끝에 2008년 다이아몬드 프라이팬을 내놓았다. 다이아몬드 팬은 5중으로 코팅돼 있어 긁힘과 부식에 강하고 열전도율도 뛰어나다. 현재 해피콜의 매출에서 대부분을 차지할 정도로 다이아몬드 팬의 인기는 대단하다. 선박 건조 시 부식 방지를 위해 쓰는 아르마이드 공법을 활용한 아르마이드 세라믹 냄비가 나오기까지는 3년이 걸렸다. 직화 오븐도 주력 상품 중 하나다.[3]

양면 팬과 다이아몬드 팬의 인기에 힘입어 해피콜은 테팔, 휘슬러 등 수입 브랜드들이 과점하던 국내 프라이팬 시장에서 점유율 1위를 차지하기 시작했다. 해외시장에서도 호응이 컸다. 독일 프랑크푸르트에서 열리는 세계 최대의 주방용품 전시회 암비엔테와 북미 최대 주방용품 전시회 IHS에는 물론 홍콩 등지의 주방용품 전시회에도 참가해 제품력을 인정받았다. 암비엔테의 메인 전시관에 들어가려면 10년을 기다려야 하는데, 해피콜은 2년 만에 들어갔다. 2013년에는 암비엔테의 공식 잡지인 톱페어의 표지를 장식하기도 했다.

해외법인은 미국, 중국, 태국, 대만, 인도네시아 등 5곳에 있고, 모두 35개 국가에 수출하고 있다. 연간 매출은 1,500억 원을 넘겼고, 국내외에서 근무하는 종업원은 500명에 이른다. 향후 5년간 유럽과 중동으로 진출을 강화해 수출시장을 70개 국가로 늘릴 계획이다. 덩달아 연간 매출이 50% 더 늘어날 전망이다. 해외 오더 증가와 차기 신제품 개발을 감당하기 위해 설비 신설도 서두르고 있다. 프라이팬, 냄비 등

---

3 진병호 외, 『브랜드, 세계를 삼키다』(이담북스, 2015), 170-171면 참조.

비전기 주방용품을 넘어 현미발아기, 초고속 블렌더 등 전기 주방용품을 개발하고 생산하는 데도 박차를 가하고 있다.

해피콜의 기술력은 세계 일류급이다. 양면 팬은 미국, 일본, 중국에서도 특허가 등록된 상태다. 양면 팬에는 미국 FDA의 승인을 받은 특수 실리콘이 사용돼 틈새의 누수를 막아준다. 기름이 튀는 것, 연기나 냄새가 나는 것, 수분이나 육즙이 증발되는 것을 방지한다. 겉은 바삭하고 속은 촉촉하게 해준다. 다중 코팅 다이아몬드 프라이팬은 코팅이 쉽게 벗겨지고 청소하기가 어렵다는 불만사항을 해결했다. 표면이 매끄러워 기름 사용량이 훨씬 적고 물로 세척할 수도 있다.

이현삼 회장의 포부는 세계 최고 수준 제품을 생산하는 회사를 만드는 것이다. 그는 일찍감치 2006년에 연구소를 세우고는 연간 매출액의 15%를 연구개발에 쏟고 있다. 신제품 개발에 돈을 퍼붓다가 부도가 날 뻔한 적도 있다. 그는 원가절감의 저가전략이 아니라 고품질 고가전략을 추구한다. 그래서 품질관리가 어려운 해외 OEM 생산을 거부하고 김해 공장에서 모든 제품을 직접 생산한다. 염가 판매도 하지 않는다. 그만큼 제품에 자신이 있다는 말이다. 해피콜의 제품은 다른 국산에 비해 3배 이상 비싼데도 중년 주부들이 즐겨 찾는다.

그는 고품질 전략과 동시에 홈쇼핑 전략도 구사했다. 그의 홈쇼핑 사랑은 남다르다. 직접 방송에 출연해 차별화된 제품 기능을 조목조목 시연하곤 한다. 그런 덕분에 주부들의 신뢰도가 높다. 해피콜은 국내외 홈쇼핑 채널로 빠르게 성장할 수 있었다. 중국, 태국에서는 현지에 진출해 있는 국내 홈쇼핑업체들과 손잡았고 일본, 대만, 인도네시아, 인도에서는 현지 메이저 홈쇼핑업체들을 등에 업었다. 해피콜은 홈쇼핑 채널을 먼저 활용하다가 나중에 오프라인 대형매장을 공략하는 수순을 밟았다.

걸레도 디자인한다

그는 디자인에 대한 투자도 특별하다. 초기에 우수한 기능으로 밀어붙일 수 있었지만 시간이 지날수록 디자인의 중요성을 절감했다. 홈쇼핑에 나갈 때면 기능은 좋은데 디자인이 왜 그렇냐는 말을 듣곤 했다. 해외 전시회를 다녀볼수록 기능을 압도하는 디자인이 있어야겠다는 생각이 앞섰다. 자체적으로 디자인에 공을 들이던 중 2009년 탠저린의 이돈태 공동대표를 만나 협업을 진행하면서 해피콜의 디자인은 세계 수준으로 도약할 수 있었다. 탠저린은 영국의 세계적인 디자인 회사다.

프라이팬, 냄비 등 주방용품 디자인은 차별화 요소가 많지 않다. 그런데도 차별화해야만 한다. 이현삼 회장이 기능을 넘어서는 일류 디자인을 주문한다면 이돈태 공동대표는 엔지니어들을 이해하면서 기능을 죽이지 않고 살리는 디자인을 하려고 애쓴다. 양면 팬의 경우 중간

부분의 자석이 밖으로 노출돼 있다. 깔끔한 디자인으로 숨기고 싶었지만 강도와 내구성 때문에 노출시킬 수밖에 없었다. 주방용품은 디자인만 고집할 수 없다. 디자인을 하면서 수십 번 수정 작업을 거치게 된다. 기능은 살리고 안전은 보장해야 하기 때문이다.

중소기업이 디자인에 돈과 시간을 투자하기는 사실 어렵다. 그러나 더 큰 기업으로 성장하려면 기능만으로는 안 된다. 기능을 더 돋보이게 하려면 디자인의 힘이 있어야 한다. 중소기업일수록 더 멀리 보며 디자인에 투자해야 한다. 해피콜은 더 큰 기업으로 도약하기 위해 디자인 투자를 아까워하지 않는다. 소비자의 입장을 반영하고 제품의 기능을 살리면서도 일류 디자인을 구현하기 위해 디자인 하나에 3년이든 5년이든 투자한다.

해피콜은 탠저린과 협업으로 걸레마저 디자인 제품이 되게 해 소비자와 소통했다. 걸레도 얼마든지 소비자에게 다가가는 커뮤니케이션 수단이 될 수 있다. 해피콜의 '캐치맙' 걸레 시리즈는 2,000만 세트 이상 팔렸다. 걸레를 걸레로 보면 걸레밖에 더 되겠는가. 걸레를 걸레로 보지 않게 만들어야 한다. 남들이 하찮게 여기는 것을 하찮지 않은 것으로 만드는 힘이 디자인에 있다.

이현삼 회장은 토종 주방기기의 자존심으로 불린다. 그를 노점상에서 일류 창업자로 끌어올린 성공 요인은 네 가지다. 첫 번째는 붕어빵에 얽힌 개인 경험을 양면 팬 개발로 엮어내는 실행력이다. 세계 최초로 양면 팬을 개발해 해피콜은 레드오션에서 블루오션으로 직행하는 계기를 마련할 수 있었다. 그의 양면 팬은 국내외 주부들에게 이전에 없던 사용 경험을 안겨줌으로써 공전의 히트를 기록할 수 있었다.

두 번째는 홈쇼핑의 중요성을 간파하고 홈쇼핑부터 파고든 마케팅 전략이다. 해외시장에서도 그 효과는 컸다. 마케팅이 따라주지 못하면 기술과 디자인이 뛰어나다 한들 아무 소용이 없을 터다. 세 번째는 과감한 디자인 투자다. 디자인을 중시한 만큼 중소기업의 한계를 돌파할 수 있었다. 네 번째는 일류 제품에 대한 열망이다. 이 열망이 지속되는 한 해피콜의 미래도 지속될 것이다.

블루오션, 무경쟁의 무한 번성

"이삭이 그 땅에서 농사하여 그 해에 백 배나 얻었고 여호와께서 복을 주시므로 그 사람이 창대하고 왕성하여 마침내 거부가 되어 양과 소가 떼를 이루고 종이 심히 많으므로 블레셋 사람이 그를 시기하여 그 아버지 아브라함 때에 그 아버지의 종들이 판 모든 우물을 막고 흙으로 메웠더라 아비멜렉이 이삭에게 이르되 네가 우리보다 크게 강성한즉 우리를 떠나라" (성경 창세기 26장 12~16절).

📖 —— 열심은 기본이다. 열심에 지혜가 더해져야 하고, 지혜를 넘어서는 은혜도 있어야 한다. 큰 성공에는 큰 은혜가 필요하다. 이삭은 열심과 지혜로 농사지었을 것이고, 그것 위에 하나님은 은혜를 더하셨다. 하나님이 그의 열심과 지혜를 넘어서는 복을 내리시자 그해 그는 소출을 100배로 거둘 수 있었다. 그는 점점 번창해 마침내 거부가 됐다. 가축과 일꾼이 심히 많아졌다. 블레셋 왕이 그를 시기해 농목축업에서 가장 중요한 자원이라고 할 수 있는 우물을 다 메우고 그를 쫓아낼 정도였다.

📖 —— "이삭이 그 곳을 떠나 그랄 골짜기에 장막을 치고 거기 거류하며 그 아버지 아브라함 때에 팠던 우물들을 다시 팠으니 이는 아브라함이 죽은 후에 블레셋 사람이 그 우물들을 메웠음이라 이삭이 그 우물들의 이름을 그의 아버지가 부르던 이름으로 불렀더라 이삭의 종들이 골짜기를 파서 샘 근원을 얻었더니 그랄 목자들이 이삭의 목자와 다투어 이르되 이 물은 우리의 것이라 하매 이삭이 그 다툼으로 말미암아 그 우물 이름을 에섹이라 하였으며 또 다른 우물을 팠더니 그들이 또 다투므로 그 이름을 싯나라 하였으며" (성경 창세기 26장 17~21절).

📖 —— 열심과 지혜 그리고 은혜가 상호작용해 큰 성공을 거두었을지라도 그게 끝은 아니다. 기존에 있던 강자들이 노골적으로 압박하게 마련이다. 중심부에서 쫓아내는가 하면 중요한 자원의 공급을 가로막

기도 한다. 이기든지, 막아내든지, 피하든지, 떠나서 재정착하든지 해야 한다. 현재의 수준에서 한 단계를 더 높이는 것이 그렇게 어렵다. 이삭은 이주민 출신이었기에 다르게 움직였다. 원주민과의 경쟁을 아예 피했다. 경쟁해서 이기느라고 가진 것을 다 썼지만 더 얻은 것이 하나도 없는, 승자의 저주에 빠질 수도 있기 때문이었다. 그는 경쟁하지 않고 다 가질 수 있는 곳을 찾아 떠났다.

서너 번은 도전한다

"이삭이 거기서 옮겨 다른 우물을 팠더니 그들이 다투지 아니하였으므로 그 이름을 르호봇이라 하여 이르되 이제는 여호와께서 우리를 위하여 넓게 하셨으니 이 땅에서 우리가 번성하리로다 하였더라 이삭이 거기서부터 브엘세바로 올라갔더니 그 밤에 여호와께서 그에게 나타나 이르시되 나는 네 아버지 아브라함의 하나님이니 두려워하지 말라 내 종 아브라함을 위하여 내가 너와 함께 있어 네게 복을 주어 네 자손이 번성하게 하리라 하신지라 이삭이 그 곳에 제단을 쌓고, 여호와의 이름을 부르며 거기 장막을 쳤더니 이삭의 종들이 거기서도 우물을 팠더라" (성경 창세기 26장 22~25절).

📖── 메워진 우물을 다시 파서 물을 얻었지만 넘기고 떠나야 했고, 그다음에도 그래야 했다. 세 번째에서야 드디어 독차지하며 넓은 터전을 잡을 수 있었다. 한두 번이 아니라 서너 번은 도전해야 내 것이 된

다. 원래 사업은 다수의 실패와 소수의 성공으로 짜여 있다. 이삭은 낯선 환경에서 재출발해야 했기에 두려웠을 것이다. 그때, 그에게 하나님은 보호와 번성을 재확인해주셨다. 하나님은 늘 함께 계시지만 어려운 시기에 더 가까이 다가오신다. 그는 새 장소에서 또 새 우물을 팠다. 우물을 판다고 해서 바로 물이 나오는 것은 아니다. 물이 나올 때까지 계속 파야 한다. 사업을 해도 수익이 날 때까지는 아무것도 아니다.

📖 —— "그 날에 이삭의 종들이 자기들이 판 우물에 대하여 이삭에게 와서 알리어 이르되 우리가 물을 얻었나이다 하매 그가 그 이름을 세바라 한지라 그러므로 그 성읍 이름이 오늘까지 브엘세바더라" (성경 창세기 26장 32~33절). 여기에 이르기까지 그는 우물 두 개를 포기하고 넘겨야 했다. 그러나 그는 그 우물들을 독차지하려고 경쟁하지도 않았고 공유하려고 타협하지도 않았다. 그는 무한 경쟁의 레드오션을 기꺼이 떠났다.

📖 —— 마침내 그는 넓은 블루오션을 만났고 거기서 무경쟁의 무한 번성을 구가할 수 있었다. 새로 얻은 우물을 중심으로 번성에 번성을 거듭했을 것이다. 사람들이 몰렸고 성읍이 만들어졌다. 물이 나오는 곳에, 이익이 생기는 곳에 사람들이 몰린다. 새 우물을 중심으로 크게 번성하자 사람들이 몰려 성읍을 형성하게 됐듯이 기업은 수천, 수만 사람들에게 일자리를 주는 도시가 될 때까지 계속 성장해야 한다.

모방과 유추

개가 기계적인 반복을 통해 학습한다면, 고양이는 모방하거나 유추할 수 있다. 다른 고양이나 사람이 하는 모습을 보고 잘 기억했다가 그대로 따라 한다. 사람을 모방해 미닫이문이나 서랍을 열고 선풍기도 튼다. 더 나아가 지금까지 본 적이 없는 방식을 새롭게 시도하기도 한다.

© Stefano Garau

접히는 플라스틱 도마

"오래 관찰하면 소비자들의 불편, 불평, 불안을 디자인에 반영할 수 있다.
소비자들의 문제를 해결하는 디자인이어야 한다."

– 조셉 형제, 조셉조셉 창업자

집요한 관찰, 디자인 통찰

"단순히 보기에 좋은 디자인을 넘어 사람들의 문제를 해결하는 실용 디자인이어야 한다." 영국의 주방용품 업체 '조셉조셉'에서 디자인 총괄을 맡고 있는 리처드 조셉의 말이다. 조셉조셉은 사람들의 불평, 불만, 불안을 해소하는 실용 디자인을 구상하기 위해 집요하게 오래 관찰한다. 관찰에 따른 통찰로 창출된 디자인이 조셉조셉을 일류 브랜드로 끌어올렸다.

도마에서 채소를 썰어 접시에 옮기다 보면 채소 조각이 접시 주변에 떨어지곤 한다. 이렇게 불편하고 성가신 문제를 관찰한 조셉조셉은 접히는 플라스틱 도마를 디자인했다. 반응은 폭발적이었다. 지금까지 900만 개가 넘게 팔렸다. 4색 도마도 관찰의 결과였다. 40대 기혼 여성들은 사랑하는 가족을 위해 누구보다 더 음식에 정성을 쏟는다. 위생에도 신경을 쓴다. 그들에게 딱 맞는 것이 4색 도마다.

　40대 전업주부들은 여러 요리 도구를 꺼내놓고 여러 음식을 동시에 조리한다. 도구가 많다 보니 어떤 것을 썼는지 헷갈릴 수 있다. 도구가 섞이고 재료가 섞이면 맛이 떨어지고 비위생적이다. 이런 문제를 해결하기 위해 조셉조셉은 도마 4개에 칼 4개가 달린 세트를 개발했다. 초록색 도마는 채소, 파란색 도마는 어류, 붉은색 도마는 육류, 흰색 도마는 가공식품을 조리하는 데 각각 쓰인다. 도마의 색상을 강조하되 재료의 특성에 따라 다르게 강조한 것이다.

　조셉조셉은 잠재고객을 연령·성·직업별로 나누고 직접 찾아다니며 공통점과 차이점을 골라낸다. 어떤 때는 일주일, 다른 때는 6개월 가까이 조사를 다닌다. 여러 그룹을 동시에 조사한다. 30대 미혼 직장 여성의 집에 찾아가서는 어떤 음식을 어떻게 요리하는지, 요리 시간은 얼마나 걸리는지, 설거지는 얼마나 자주 하는지 등을 샅샅이 살핀다. 정말로 오랜 시간을 투자해 잠재고객의 삶을 관찰한다. 거기에 답이 있기 때문이다. 가볍게 보고 지나치면 사소한 불편을 발견할 수 없다.

　30대 미혼 남성은 시간이 오래 걸리거나 재료가 많이 들어가는 요리를 좋아하지 않는다. 도구를 최소한으로 사용해 최대한 만족을 얻고자 한다. 이런 관찰 덕분에 주걱 1개에 5가지 기능을 담은 '유니툴'이 나올 수 있었다. 냉장고 안에서 물을 얼리는 얼음 틀도 종종 말썽이다. 물을 얼려 떼어내려고 비틀어도 잘 안 떨어진다. 이런 불편을 관찰한 조셉조셉은 얼음 틀 안에 말랑말랑한 고무 버튼을 넣어 그 버튼을 누르면 얼음이 쉽게 톡 떨어져 나오게 했다.

주방용품 비즈니스는 굉장히 오랜 역사를 자랑한다. 유사 이래 주방용품은 늘 있어왔다. 쓰던 대로 쓰는 관성이 남아 있어서 21세기에 이르기까지 발전이 더뎠다. 조셉조셉은 혁신의 여지를 찾아 더 좋은 제품을 만들어낼 수 있다고 보았다. 요즘 대도시에서는 1인 가구가 느는 추세다. 집도 작아지고 주방도 작아지고 있다. 작은 공간에서 효율적으로 사용할 수 있는 제품이 필요하다. 계량컵이나 그릇을 차곡차곡 겹치게 디자인하면 공간 효율성을 높일 수 있다. 조셉조셉은 그릇 1개의 부피로 그릇 9개를 차례로 채울 수 있는 '네스트'를 창안했다.

불편과 문제를 찾아낸다

'무엇이 문제인가? 어떻게 해결할 수 있는가? 어떤 혜택을 줄 수 있는가?' 조셉조셉 디자인팀이 늘 던지는 질문이다. 답을 찾아가는 과정에서 조셉조셉은 점점 더 차별화할 수 있었다. 신제품을 출시하면 소비자들은 '왜 이런 제품이 진작 없었지?'라는 반응을 보낸다. 그때마다 여태껏 찾지 못했던 불편과 문제를 찾아 해결해냈다는 자부심을 갖게 된다. 조셉조셉은 세계 3대 디자인 공모전인 '레드닷 디자인 어워드'에서 2008년부터 7년 연속 디자인상을 받았다.

그간 주방용품 업체들이 제품 기능에는 집중했지만 디자인과 색상에는 소홀했다. 색상은 이상하게 보이지만 않으면 되는 정도였다. 거기에서 조셉조셉은 차별화의 기회를 보았다. 무채색 위주의 주방용품 사이에서 장난감 같은 모양과 화려한 색상은 차별적인 인상을 남긴다. 그렇다고 디자인 만능주의에 빠지지는 않았다. 예쁜 디자인의 비중을 20%로 제한했다. 기능 80%와 패션 20%를 섞어서 제품을 만들었다. 패션의 비중이 50%를 넘으면 위험하다고 판단했다. 유행은 계속 바뀌기 때문이다. 디자인은 패션이라기보다는 문제를 해결하는 수단이다. 과도한 디자인은 제품의 목적을 훼손한다. 디자인이 좋아야 하지만 기능이 더 우선이다.[4]

조셉조셉이 초점을 맞추는 대상은 30대 후반의 '존스 부인'이다. 그녀는 평범한 가정주부다. 디자인 제품에 대해 약간 관심이 있다. 예쁜 제품을 예쁘다고 하는 정도이지 디자이너의 이름을 줄줄 외우는 정

---

4 윤형준, "1만 년 관성을 깨다," 조선일보(2015. 3. 14.), C1-C4면 참조.

도는 아니다. 조셉조셉은 디자이너가 좋아하는 제품이 아니라 존스 부인에게 익숙한 제품을 만들고자 한다. 또 요리가 직업인 요리사용 제품을 만들지도 않는다. 요리사는 프로다. 요리가 직업이라서 제품의 디자인적인 요소보다 요리 그 자체를 중시한다. 불편해도 감수한다. 그러나 집에서 즐거운 취미로 요리하는 보통 사람은 불편하면 불평할 것이다. 이런 아마추어가 조셉조셉이 겨냥하는 대상이다.

2002년, 쌍둥이 형제 리처드 조셉과 앤서니 조셉이 조셉조셉을 세웠다. 경영을 전공한 리처드는 경영 디렉터가 됐고, 디자인을 전공한 앤서니는 디자인 디렉터가 됐다. 10분 먼저 태어난 앤서니는 느긋한 성격이고, 리처드는 진지한 성격이다. 조셉 형제는 환상적인 팀플레이로 조셉조셉을 최정상에 올려놓았다. 조셉조셉의 뿌리는 조셉 형제의 할아버지 때로 거슬러 올라간다. 그들의 할아버지는 1936년 산업용 유리사업을 시작했고, 그들의 아버지가 그 사업을 확장했다.

그들의 아버지는 욕실용 거울, 냉장고 선반용 유리, 자동차용 강화유리를 생산했다. 강화유리 도마업체를 인수해 성장을 거듭하는 듯하더니 하향세를 탔다. 아버지의 회사에서 다양한 원자재 가공법을 자연스럽게 익혔던 그들은 아버지의 부름에 응답해 아버지의 사업에 동참했다. 그들은 유리를 활용해 접시, 머그컵, 유리 도마를 만들었는데 유리 도마만 반응이 좋았다.

아직 없는 것에 헌신한다

당시의 유리 도마 밑에는 명화가 들어가 있었는데 그들은 명화 대신에 현대적인 디자인을 넣어야겠다고 생각했다. 그들은 그들의 이름을 따서 조셉조셉을 세우고는 유리 도마를 비롯해 다양한 주방용품 디자인에 나섰다. 공장은 아버지한테서 빌렸다. 첫해에는 몹시 힘들었다. 그들의 고객은 고작 15명에 그쳤다. 그들은 끈기를 배울 수밖에 없었다. 사업이 안 될 때는 무슨 짓을 해도 안 된다. 잘될 때가 오기까지 버텨야 한다. 그때 익힌 끈기를 바탕으로 그들은 신제품 개발에 2~3년이라는 긴 시간을 투자하곤 한다.

그들이 기능과 아울러 디자인과 색상까지 가미된 제품을 내놓자 반응이 오기 시작했다. 때마침 음식 문화가 친근해지고 스타 셰프가 속속 등장하는 등 여건도 좋아졌다. 2006년부터는 현대적인 디자인의 도마 등을 선보였다. 2008년에는 기발한 아이디어와 화려한 색상의 도마 시리즈 등을 내놓으면서 주방용품 시장의 이목을 끌었다. 그 후로도 네스트 등 혁신 제품을 잇달아 출시해 가파른 성장세를 거듭할 수 있었다.

조셉조셉은 영국시장에서 반응이 좋게 나타나자 곧장 해외 현지 시장을 조사하고 국제전시회에 참가하는 등 해외 수출에도 박차를 가했다. 현재 조셉조셉은 350여 제품을 100여 국가에 팔아 연간 700억 원에 달하는 매출을 올리고 있다. 해외시장 비중은 70%를 웃돈다. 조셉조셉은 현재에 만족하지 않고 연구개발에 더 박차를 가하고 있다. 연구개발은 이미 있는 것에 대한 분석이 아니다. 아직 없는 것에 대한 헌신이다. 관찰에서 통찰을 이끌어내고 그 통찰을 제품화하는 과정은 지극히 어렵다.

조셉조셉이 백색이나 은색 위주인 주방용품 시장에서 디자인과 색상을 부각시킨 것은 남달랐다. 평범한 가정주부나 보통 사람의 불편, 불평, 불안을 해소하는 수단으로서 실용 디자인을 추구한 것은 더 남달랐다. 남다른 신제품을 계속 내놓기 위해 집요하게 관찰하고 오래 관찰한 것은 가장 남달랐다. 조셉조셉은 남다른 접근을 통해 남다른 주방 경험을 주부들에게 제공함으로써 남다른 보상을 받을 수 있었다.

물론 이 모든 것이 할아버지 때부터 내려오던 제조 기반이 있었기에 일찍 꽃필 수 있었다. 물려받은 기반도 없이 혁신적인 아이디어 하나로 창업해서 성공한다는 것은 거의 불가능하거나 오랜 끈기를 요구한다. 누군가의 대단한 성공담을 접한다면 반드시 출발 시의 기반이 어땠는지 파악해보아야 한다. 물려받은 기반이 컸는데도 그 사실을 간과한 채 성공담의 화려한 겉모습에만 현혹돼서는 안 될 것이다.

심중 자극, 인재 그룹 결성

"이튿날 예수께서 갈릴리로 나가려 하시다가 빌립을 만나 이르시되 나를 따르라 하시니 빌립은 안드레와 베드로와 한 동네 벳새다 사람이라 빌립이 나다나엘을 찾아 이르되 모세가 율법에 기록하였고 여러 선지자가 기록한 그이를 우리가 만났으니 요셉의 아들 나사렛 예수니라 나다나엘이 이르되 나사렛에서 무슨 선한 것이 날 수 있느냐 빌립이 이르되 와서 보라 하니라"(성경 요한복음 1장 43~46절).

📖── 예수님께서 하나님의 나라를 세우시기 위해 제자들을 선발하셔야 했다. 먼저 선발된 빌립이 나다나엘을 찾아가 메시아를 만났다고 알렸다. 곧 요셉의 아들, 나사렛 예수님이시라는 것이었다. 알려야 한다. 알리지 않고서는 알 길이 없다. 소중히 여기는 친지와 친구에게 직접 알리고 두루 널리 알려야 한다. 당연히 부정적인 반응도 나올 것이다. 전한다고 해서 누가 다 믿겠는가. 나다나엘은 나사렛 동네에서 무슨 인물이 나오겠느냐며 잘랐다. 개천에서 영웅이 나올 수 없다는 것이었다.

📖── "예수께서 나다나엘이 자기에게 오는 것을 보시고 그를 가리켜 이르시되 보라 이는 참으로 이스라엘 사람이라 그 속에 간사한 것이 없도다 나다나엘이 이르되 어떻게 나를 아시나이까 예수께서 대답하여 이르시되 빌립이 너를 부르기 전에 네가 무화과나무 아래에 있을

때에 보았노라 나다나엘이 대답하되 랍비여 당신은 하나님의 아들이시요 당신은 이스라엘의 임금이로소이다 예수께서 대답하여 이르시되 내가 너를 무화과나무 아래에서 보았다 하므로 믿느냐 이보다 더 큰 일을 보리라"(성경 요한복음 1장 47~50절).

현상타파의 반역정신

빌립이 전한 소식을 헛소리라며 잘랐던 나다나엘이었지만 어느새 예수님을 향해 움직이고 있었다. 간절히 고대하던 소식이었기 때문이다. 예수님은 그를 보시자 간사한 것이 없는 진짜 이스라엘 사람이라고 단정하셨다. 이어 예수님은 그의 반신반의하는 마음에 신뢰의 쐐기를 박는 발언을 하셨다. 무화과나무 아래 있던 그를 이미 보셨다는 것이다. 아마 그는 무화과나무 아래서 하나님의 나라, 메시아, 이스라엘의 회복 등에 대해 생각하며 기도했을 것이다.

📖── 예수님은 그에게서 현재의 절망적인 환경을 뛰어넘으려는 기대와 기다림을 보셨다. 그의 정직하고 간절한 중심을 있는 그대로, 다른 각도로, 깊게 보신 것이었다. 그는 가장 암울하던 시기에도 체념하지 않고 하나님의 나라와 메시아를 기다리며 현상타파의 반역정신을 남몰래 키우고 있었을 것이다. 그것을 예수님이 보시고 자극하신 것이었다. 드디어 그는 예수님에게서 하나님의 아들과 이스라엘 왕의 모습, 곧 메시아의 모습을 발견할 수 있었다. 그는 오래 기다리며 기도했

던 것이기에 단박에 정답을 외칠 수 있었을 것이다. 물론 예수님은 그에게 그 너머까지도 약속하셨다.

📖 —— 예수님은 나다나엘의 깊은 심중을 자극하셨고 그가 진정한 자기 자신을 발견하고 경험할 수 있게 하셨다. 그 결과, 그는 하나님의 나라를 창건하는, 예수님의 제자단 결성에 동참할 수 있게 됐다. 현상타파의 반역정신으로 메시아의 나라를 이 땅에 세워야 한다. 그 나라를 전해서 알리며 동지를 얻어야 한다. 있는 그대로, 다른 각도로, 깊게 보며 심중을 드러내고 자극해야 한다. 예수님을 믿고 따른다는 것은 예수님의 시각으로 산다는 것이다. 다르게 보고 다르게 사는가. 현상타파의 반역정신이 있는가. 동지를 규합하며 함께 반역자의 길을 가겠는가.

자율과 창의

==처칠에 따르면 개는 사람을 올려다보고 고양이는 사람을 내려다본다.== 고양이는 자유분방하다. 알렉산더로스, 카이사르, 나폴레옹, 히틀러 등 독재자들은 길들지 않는 고양이를 싫어했다. 그러나 자율과 창의를 중시하는 예술가들과 작가들은 대체로 고양이를 사랑하다 못해 흠모했다.

웨이브형 **장미꽃칼**

"죽이는 칼이 아니라 살리는 칼이어야 한다.
칼에 장미꽃 그림을 새기고, 칼끝을 뭉툭하게 하고, 칼날을 웨이브형으로 만들자."

– 정재서, 영신나이프 창업자

장미 그림, 뭉툭한 칼끝

정재서는 13세 때 기성회비를 내지 못해 초등학교를 관두고는 칼 공장에 들어갔다. 거기서 10년간 칼에 대해 배웠다. 그 후 도축장에 들어가 꼬박 10년간 소 머리를 잘랐다. 그가 잡은 소만도 수십 마리였다. 많은 경험을 하라고들 한다. 그러나 방향과 테마가 있는 경험이어야 한다. 산만하게 분산된 경험은 낭비와 빈곤을 초래할 뿐이다. 20년간의 경험을 살려 그는 1985년 부산시 영도구 청학동에 영신나이프를 세웠다.

그는 더욱 칼에 빠져들어 독일, 스위스, 일본 등 칼 선진국들을 누볐다. 첨단기술을 베끼고 첨단기계를 사들였다. 30년이 지난 지금 그의 영신나이프는 국내 칼 시장에서 점유율 50%를 넘는다. 칼에 대한 그의 남다른 집념이 그런 성과를 가능하게 했다. 그는 칼이 사람을 죽이는 것이 아니라 살리는 것이어야 한다고 보았다. 그는 칼에 부드러움을 주려고 세계 최초로 장미를 그려 넣었다.

8인치 주방 식도와 5인치 미니 식도로 구성된 '장미천사' 세트는 돌풍을 일으켰다. 2011년 9월 출시 후 장미천사는 세트당 가격이 5만 9,800원이었는데도 100만 세트 넘게 팔렸다. 5대 홈쇼핑 MD들이 장미천사를 구매하려고 영신나이프 앞에서 진을 칠 지경이었다. 장미천사에 사용하는 친환경 잉크와 코팅은 식약청 용출검사를 통과했고 일본 통관검사에도 합격했다. 장미천사의 잉크와 코팅은 끓는 물에 3시간을 담가놓아도 변형되지 않을 정도다.

그는 칼의 개념이 바뀌어야 한다고 생각했다. 개념을 바꾸는 사람이 세상도 바꾼다. 칼의 옛말이 '갈다'라는 뜻의 '갈'이었지 않은가. 칼의 이름을 갈로 바꾸어 부르고, 칼끝을 뭉툭하게 만들 수도 있어야 한다는 게 그의 지론이었다. 칼날을 예리하게 다듬는다고 해서 칼끝까지 뾰족하게 할 이유는 없다. 전문 요리사용이 아니라면 칼끝이 뾰족하지 않아도 된다. 칼끝만 뭉툭해도 해마다 수많은 사람이 살상을 당하지 않을 것이다.

갈지 않고 쓰는 칼

그는 더 나아가 칼의 핵심인 절삭력을 높이기 위해 칼날을 웨이브 형태로 만들었다. 보통 칼날은 마찰력이 거의 없어 단단한 재료나 냉동제품을 잘 자르지 못한다. 일류 일식집과 허름한 횟집의 차이는 칼 맛이다. 현미경으로 보면 칼날은 톱날처럼 돼 있다. 칼날이 잘 안 들면 톱밥이 나와 맛도 안 좋고 빨리 부패한다. 그가 개발한 웨이브형 칼은 동작 한 번으로도 많은 칼날을 가동시켜 톱질하듯이 쉽고 깨끗하게 자른다. 웨이브형 칼은 다수의 원형 칼날이 일렬로 배열돼 있어 도마에 닿아 무뎌지는 면적이 적기 때문에 반영구적으로 사용할 수 있다.

칼에 평생을 바친 공로를 인정받아 그는 2013년 최초로 칼 명인이 됐다. 그의 회사가 보유한 특허와 의장은 135건에 달한다. 2009년 종업원 16명, 매출 28억 원이던 영신나이프는 장미칼 덕분에 2013년 종업원 52명, 매출 70억 원을 기록하는 등 계속 성장세를 이어가고 있다. 2013년 후반 중국산 모조품이 등장하면서 한바탕 어려움을 겪었지만 영신나이프는 중국시장 수출을 늘리고 있다. 미국, 일본, 인도네시아 등지에서도 주문이 쏟아지고 있다.

정재서 대표는 국내 최고를 넘어 세계 최고를 꿈꾼다. 미국 캘리포니아 현지 공장에서 칼날을 제작하고 부설 연구소를 설립하는 등 과감한 투자를 아끼지 않는다. 보통 칼보다 10배 높은 내구력을 가진 신제품 개발에도 박차를 가하고 있다. 새로운 디자인을 가미해 제2의 장미천사 바람을 일으킬 계획이다. 독일처럼 칼 박물관을 부산 영도에 세우는 프로젝트도 추진 중이다. 칼 제작과정과 함께 칼의 모든 역사를 보여주고 싶은 것이다. 독일의 칼 박물관은 1904년 개관돼 철기시대부터 현대에 이르기까지 칼의 모든 역사를 한눈에 보여준다.

고탄소 스테인리스 소재 칼날과 고급 실리콘 소재 손잡이라서 장미천사가 잘나가는 것이 아니다. 폭발적인 인기 비결은 수직 코팅된 장미 그림과 평생 갈지 않아도 되는 웨이브형 칼날에 있다. 장미천사는 주부들에게 이전과는 다른 칼 모양과 칼 맛을 경험하게 해준다. 남처럼 기본기도 갖추어야 하고 남다른 주특기도 갖추어야 한다. 기본기가 약하면 무너지게 되고, 주특기가 없으면 성공할 수 없다. 기본기는 성실로 쌓고 주특기는 차이로 만든다.

각별한 존경, 출중한 믿음
"어떤 백부장의 사랑하는 종이 병들어 죽게 되었더니 예수의 소문을 듣고 유대인의 장로 몇 사람을 예수께 보내어 오셔서 그 종을 구해 주시기를 청한지라 이에 그들이 예수께 나아와 간절히 구하여 이르되 이 일을 하시는 것이 이 사람에게는 합당하니이다 그가 우리 민족을 사랑하고 또한 우리를 위하여 회당을 지었나이다 하니 예수께서 함께 가실새 이에 그 집이 멀지 아니하여 백부장이 벗들을 보내어 이르되 주여 수고하시지 마옵소서 내 집에 들어오심을 나는 감당하지 못하겠나이다"(성경 누가복음 7장 2~6절).

📖── 로마인 중대장의 종이 죽을병에 걸렸다. 중대장은 예수님의 소문을 듣고 유대인 장로 몇 사람을 보내 고쳐주시라고 요청했다. 제대로 된 소문을 듣는 것이 성공의 첫 단추다. 장로들은 중대장이 이스라엘 민족을 사랑하고 회당을 지어주었다며 예수님께 치유를 간구했다. 예수님이 중대장의 집을 향해 함께 가시는 중에 중대장이 이번에는 친구들을 보내 행차를 막았다. 수고롭게 집에까지 들어오지 마시고 그냥 명령만 해서 치유해주시라는 것이었다.

📖── "그러므로 내가 주께 나아가기도 감당하지 못할 줄을 알았나이다 말씀만 하사 내 하인을 낫게 하소서 나도 남의 수하에 든 사람이요 내 아래에도 병사가 있으니 이더러 가라 하면 가고 저더러 오라 하면 오고 내 종더러 이것을 하라 하면 하나이다 예수께서 들으시고 그를 놀랍게 여겨 돌이키사 따르는 무리에게 이르시되 내가 너희에게 이르노니 이스라엘 중에서도 이만한 믿음은 만나보지 못하였노라 하시더라 보내었던 사람들이 집으로 돌아가 보매 종이 이미 나아 있었더라"(성경 누가복음 7장 7~10절).

자기 위치를 분명히 한다

중대장은 계급사회의 일원이다. 누구의 아래인가 하면 누구의 위다. 상관이라면 가만히 앉아서 명령 하나로 다 움직이게 할 수 있다. 번거롭게 오갈 필요가 없다. 중대장은 자신도 수하를 마음대로 부리곤 하는데, 어찌 예수님께서 구차히 행차하시겠느냐는 것이었다. 중대장은 자신이 직접 예수님 앞에 나아가기도 어려워 장로들과 친구들을 차례로 보냈다고 해명했다. 중대장의 발언으로 상하관계가 적나라하게 드러났다.

📖—— 중대장은 로마 대국의 장교였고 예수님은 식민지 소국의 청년이었다. 그러나 중대장은 예수님을 병을 고치고 복을 주는 서비스맨쯤으로 하대하지 않았다. 마치 로마 황제인 양 예수님을 추어올리고 자신은 한없이 낮추었다. 절대 명령과 절대 복종의 상하관계를 분명히 했다. 예수님은 만나보지도 못한 중대장의 전해 들은 발언에서 특별한 믿음을 경험하실 수 있었다. 중대장의 남다른 믿음은 예수님의 지위를 인식하고 인정해드리는 것이었다. 남다른 믿음은 남다른 기적을 일으킨다.

살가운 '개냥이'

아비시니안은 작은 얼굴, 큰 눈, 긴 목, 얇고 긴 다리, 매끈한 몸, 짧은 털을 자랑하는 고양이다. 애교가 많고 활발하다. 다른 동물과도 잘 어울리는 친화력이 있다. 온순하고 영리하다. 주인의 말과 기분에 잘 반응한다. 개처럼 충성스럽고 고양이처럼 유연한 '개냥이'도 있다.

베이커리형 어묵 매장

"싸구려라는 인식을 떨쳐야 한다.
베이커리에서 편안히 빵을 골라 먹듯이 어묵도 바로 골라 먹게 베이커리형 매장을 만들자."

– 박용준, 삼진어묵 기획실장

다양한 어묵, 편리한 매장

할아버지 박재덕은 일제에 징용됐다가 홋카이도에서 어묵 기술을 배워 해방 후 부산으로 돌아왔다. 할아버지는 1953년 부산 영도구 봉래시장 판잣집에서 삼진어묵을 시작했다. 가난했던 당시 사람들에게 삼진어묵은 값싼 단백질 공급원이었다. 다른 형제들이 손사래를 치는 바람에 아버지 박종수는 서울 직장생활을 접고 부산에 내려와 1986년 삼진어묵을 이어받았다.

아버지는 밀가루 비중을 20% 이하로 줄이는 등 어묵의 품질 유지에 힘썼다. 하루는 어머니가 직원 점심 메뉴로 나온 돈가스에서 힌트를 얻어 어묵에 빵가루를 입힌 어묵 크로켓을 튀겨냈다. 반응이 대단했다. 그렇게 묵묵히 삼진어묵을 키우던 중 갑자기 아버지가 동맥경화로 쓰러졌다. 뉴욕주립대학교에서 회계학을 공부한 아들 박용준은 졸업 후 회계사 자격증을 따서 미국에 눌러앉을 심산이었지만 2010년 아버지의 소식을 듣고 귀국하지 않을 수 없었다.

2002년 2월, 아들은 부경대학교의 신입생 오리엔테이션에 갔다가 큰 사고를 당했다. 자전거를 탔는데 대형 트럭이 덮쳤다. 며칠 후 병원에서 깨어났다. 뇌가 허옇게 보일 만큼 중상이었다. 400바늘을 꿰매며 4시간에 걸친 대수술 끝에 목숨을 건졌지만 20센티미터나 흉터가 남았다. 그는 자퇴 후 몸이 회복되자 입대했다. 소심하던 성격이 교통사고 후 변했다. 제대할 무렵 미래를 고민해보니 아버지의 어묵 사업은 아니라는 생각이 들었다.

고등학교 졸업 때까지 12년 내내 '오뎅'이라는 별명으로 놀림받았던 인생에 종지부를 찍고 싶었다. 비릿한 어묵 냄새도 싫었다. 미국에 가서 공부하겠다는, 그의 강한 결심을 아버지도 꺾지 못했다. 하지만 7년 만에 다시 부산으로 돌아와야 했다. 할아버지와 아버지의 삶이 녹아 있는 어묵 공장이 새롭게 보였다. 영업 전선에 나섰다. 서울 도매상의 반응은 차가웠다. 삼진어묵을 몰라주었다. 3달 동안 전국 60곳을 다녔지만 허탕이었다.

가난했던 시절에 먹던, 비위생적인 값싼 단백질 식품이라는 이미지를 벗기 위해 삼진어묵은 위생 시스템을 도입했다. 콩, 두부, 우엉 등 다양한 재료를 넣어 식사 대용품으로 만든 프리미엄 어묵도 생산해 주부와 젊은이의 입맛을 파고들었다.

그러던 어느 날 베이커리를 지나다가 한참 생각에 잠겼다. 어묵점도 베이커리처럼 대중화해야 한다는 결론이 났다. 먼저 비위생적이라는 인식부터 바꾸어야 했다. 위생 시스템을 도입했다. 위생복을 입고 소독을 거쳐야 공장에 출입할 수 있도록 했다. 시장조사를 해보니 어묵 종류도 동그랗든지, 납작하든지, 길든지 몇 가지뿐이었다. 뉴욕에서 수많은 인종과 문화와 음식을 체험했던 것이 큰 도움이 되었다. 그는 다양한 어묵을 개발해 종류를 70개까지 늘렸고 매장도 고급화했다.

떡어묵, 햄어묵, 치즈어묵, 새우어묵, 소시지어묵, 베이컨어묵, 콩어묵, 버섯어묵, 호박어묵, 고추어묵, 연근어묵, 생강어묵, 김어묵, 야채어묵, 해물어묵, 매생이어묵 등 다양한 어묵이 생겼다. 콩, 두부, 우엉 등을 넣어 식사 대용품으로 만든 프리미엄 어묵은 주부와 젊은이의 입맛을 파고들었다. 감자, 고구마, 땡초, 새우, 치즈, 카레 등 어묵 크로켓 6종류는 전체 매출에서 40%를 차지할 정도로 돌풍을 일으켰다.

빵집이 경쟁자다

매장도 완전히 바꾸었다. 베이커리에서 편안히 빵을 골라 먹듯이 어묵도 바로 골라 먹을 수 있게 베이커리형으로 리모델링했다. 목욕탕 같았던 봉래시장 본점은 중세 유럽풍 인테리어와 디자인으로 거듭났다. 미국 유학시절에 가보았던 록펠러센터의 분위기도 따왔다. 내친김에 어묵체험관도 만들었다. 그는 장차 봉래시장 일대를 어묵연구소와 어묵박물관이 포함된 어묵타운으로 만들 계획이다.

위생적인 생산 시스템, 다양한 종류, 베이커리형 매장이 시너지를 내면서 삼진어묵은 빠른 속도로 알려지기 시작했다. 본점 건물은 부산은 물론 전국에서 사람들이 몰려드는 명소로 떠올랐다. 하루 2,000여 명이 찾는다. 주차장은 평일 낮부터 늘 만차다. 길거리에서 주는 대로 받아 먹는 싸구려 음식쯤으로 인식됐던 어묵이 부산과 서울의 고급 백화점에도 들어갔다. 부산역점에서는 삼진어묵을 맛보려던 손님들이

기차를 놓치는 진풍경이 벌어지곤 한다. 삼진어묵의 1일 평균 판매량이 100만 개에 달하는데, 어묵 크로켓은 3만 개 넘게 팔린다.

2013년 100억 원이던 연간 매출이 2014년 250억 원으로 급증했고, 2015년에는 500억 원을 기록한 것으로 추산된다. 100명 수준이었던 직원도 200명으로 늘어났다. 연구개발직이 보강돼 어묵 종류가 100개를 넘어설 것으로 보인다. 삼진어묵의 활약은 어묵업계의 동반 성장을 가능하게 했다. 연간 7,000억 원 수준인 국내 어묵시장은 수년 내 1조 원을 돌파할 것으로 예상된다. 이제 삼진어묵의 경쟁자는 빵집이다. 삼진어묵은 어묵의 종주국인 일본에 진출한 데 이어 중국 진출도 서두르고 있다.

할아버지는 세웠고, 아버지는 승계했고, 아들은 확장했다. 다행히 아버지 박종수 대표는 건강을 회복해 경영 일선에 복귀했고, 아들 박용준 기획실장은 어묵의 개념을 간식에서 주식으로 바꾸기 위해 새 전략을 짜고 있다. 2010년 아들이 처음 뛰어들었을 때만 해도 삼진어묵은 3,305㎡(1,000평) 규모인 공장 증설로 인해 빚이 60억 원이었지만, 4년 후에는 거의 10배 가까이 매출이 성장했다. 아들의 포부는 삼진어묵을 자신의 자식에게도 물려줄 수 있는 100년 기업으로 계속 성장시키는 것이다.

단순한 어묵에 크로켓 개념을 연결하고 융합시킨 것, 다양한 어묵을 개발한 것, 어묵 베이커리로 전환해 즉석에서 다양한 어묵을 편안히 고르는 경험을 제공한 것이 삼진어묵의 성공 요인이었다. 똑같은 대상이라도 다르게 보고 다르게 해석하면 새로운 가치가 창출된다. 제품, 서비스, 비즈니스 모델을 다른 각도에서 재해석해 전혀 새로운 경험을 제공하라.

남다른 감사, 두드러지는 비결

"예수께서 예루살렘으로 가실 때에 사마리아와 갈릴리 사이로 지나가시다가 한 마을에 들어가시니 나병환자 열 명이 예수를 만나 멀리 서서 소리를 높여 이르되 예수 선생님이여 우리를 불쌍히 여기소서 하거늘 보시고 이르시되 가서 제사장들에게 너희 몸을 보이라 하셨더니 그들이 가다가 깨끗함을 받은지라" (성경 누가복음 17장 11~14절).

📖—— 나병환자 10명이 예수님을 만났다. 아무나 만나서는 안 된다. 만나지 말아야 할 대상을 만났다가 전부를 다 잃는 경우도 있다. 꼭 만나야 할 대상을 만나야 한다. 예수님은 반드시 만나야 할 대상이시다. 그들은 멀리 서서 소리를 높여 자신들의 문제 해결을 요청했다. 알아서 다 해주시겠지 하며 가만히 있어서는 안 된다. 직접 구체적으로 요청해야 한다. 물론 요청한다고 해서 다 응답되는 것은 아니다. 그러나 요청하지 않고 응답되는 경우는 없다.

📖 ── 예수님의 응답은 조건부다. 나병의 치유 여부를 판단하는 제사장에게 가보라고 하셨다. 그들은 가던 중에 치유를 받았다. 응답은 출발 지점에서 받는 것이 아니라 종착 지점에서 받는 것이다. 예수님의 말씀에 따라 물을 떠서 가져다주었더니 포도주가 됐고, 예수님의 말씀에 따라 떡과 물고기를 떼어 나누었더니 오병이어의 기적이 일어났다. 요청하는 기도, 말씀에 대한 믿음, 그리고 실행하는 순종이 상호작용하며 기적을 일으킨다.

먼저 크게 발설한다

"그 중의 한 사람이 자기가 나은 것을 보고 큰 소리로 하나님께 영광을 돌리며 돌아와 예수의 발 아래에 엎드리어 감사하니 그는 사마리아 사람이라 예수께서 대답하여 이르시되 열 사람이 다 깨끗함을 받지 아니하였느냐 그 아홉은 어디 있느냐 이 이방인 외에는 하나님께 영광을 돌리러 돌아온 자가 없느냐 하시고 그에게 이르시되 일어나 가라 네 믿음이 너를 구원하였느니라 하시더라" (성경 누가복음 17장 15~19절).

📖 ── 치유된 10인 중에서 사마리아인은 남달랐다. 큰소리로 하나님께 영광을 돌렸다. 응답받고 나서 가장 먼저 해야 하는 것은 크게 발설하는 것이다. 발설하는 것만으로도 대상을 높이는 효과가 있다. 그는 또한 예수님께 돌아와서 겸손히 엎드려 감사했다. 그만 그랬기에 더욱 두드러졌다. 남다르면 두드러지게 돼 있다. 그는 놀라운 경험을 했고

그 경험이 그를 놀라운 추종자로 만들었다. 선한 사마리아인의 이야기가 널리 회자됐듯이 그는 감사한 사마리아인으로 널리 각인됐다.

📖—— 잘나야만 각인되는 것은 아니다. 똑똑하든지, 성실하든지, 끈질기든지, 착하든지, 겸손하든지, 감사하든지 하면 된다. 무능한데 교만하기까지 한 사람도 있다. 못생기고 실력도 모자라니까 더 웃고 더 겸손해야 한다고 조언한다면 차별하는 것 같아서 기분이 나쁠 테지만 사실이 그렇긴 하다. 재주도, 능력도 모자라면 유능한 사람에게 겸손히 배우고 감사하면 되는 것이다.

있는 그대로 활용

고양이는 서랍을 열고 뒤진다. 빈 공간만 있으면 들어가 웅크린다. 혹시 갇혔어도 천하태평이다. 온종일 자면 되기 때문이다. 고양이형 인재를 고치고 훈련하려고 하기보다는 있는 그대로 보고 적재적소에 활용하는 편이 낫다. 보는 사람은 애달아도 자신은 언제나 당당하다.

© Africa Studio

핸즈프리 | 1초 신발

"세상의 모든 것이 틀렸다는 전제 아래 감히 남다르고자 해야 한다.
혁신은 타이밍이 아니라 평생에 걸친 라이프스타일이다."

– 권동칠, 트렉스타 창업자

곰 발바닥 모방, 만족도 1위

트렉스타Treksta의 아웃도어 슈즈 브랜드 '핸즈프리HandsFree'는 2014년 11월 출시돼 계속 인기몰이 중이다. 핸즈프리는 신발 기술의 집합체다. 그 대표 기술은 미끄럼을 줄이는 아이스그립Ice grip이다. 트렉스타의 권동칠 대표는 늘 다르게 보려고 애썼다. 그는 빙판에서도 미끄러지지 않는 곰 발바닥에 주목했다. 곰 발바닥을 연구해보니 곰 발바닥에 난 털이 얼음에서 미끄러지지 않게 하는 것이었다. 그는 잘게 만든 유리섬유를 신발 밑창에 부착해 어떤 환경에서도 안정적인 보행이 가능하도록 했다.

핸즈프리는 그야말로 손이 자유롭다. 손을 쓰지 않고 신발 끈을 조절할 수 있다. 신발을 신은 상태에서 뒤축 아래의 끈 조절장치를 바닥에 대고 가볍게 당기기만 하면 자동으로 끈이 조여진다. 신발을 벗을 때는 뒤축 버튼을 다른 발로 누르기만 하면 끈이 풀어진다. 신발 끈에 대한 고정관념을 없앤 것이다. 핸즈프리를 신는 소비자들은 더 이상 몸을 숙이지 않아도 된다. 이전에 없던, 특별한 경험이다. 핸즈프리는 1초 만에 신발 끈을 조이고 풀 수 있다고 해서 '1초 신발'로 불리며 소비자들의 인기를 한 몸에 받고 있다.

착화감을 극대화한 네스핏NESTFIT 기술도 탁월하다. 트렉스타 연구진은 2만 명의 발 데이터를 연구해 맨발에 가장 가까운 신발 곡선을 완벽하게 구현했다. 발뼈 26개와 발관절 33개가 가장 편안하도록 고안했다. 발이 받는 압력은 23%, 근육 피로도는 31% 줄일 수 있다. 이렇게 디자인에만 매몰되지 않고 고급 기능까지 갖추자 트렉스타 브랜드는 날개 돋친 듯 팔리기 시작했다.

국내 소비자들의 만족도가 커 선물용 재구매율이 높다. 지인들의 추천으로 사는 경우도 많다. 2012년과 2014년 아웃도어 슈즈 부문에서 소비자 만족지수 1위를 기록하기도 했다. 시장 침체에도 불구하고 매출과 이익이 계속 늘어나 매장이 150개를 넘어설 전망이다. 해외시장에서는 인기가 더 좋다. 세계 최대의 아웃도어 스포츠용품 전시회인 2015 ISPO에서 아시아제품 대상과 황금상을 거머쥐었다. 지금은 미주, 유럽, 아시아 등지의 60개 국가에서 팔리고 있다.

기술과 함께 가는 디자인

1988년 부산에서 설립된 트렉스타는 OEM 방식이었지만 연구개발에 투자를 아끼지 않았다. 280그램에 불과한 초경량 등산화를 세계 최초로 만들어 등산화 시장을 뒤흔들었다. 이전에는 무겁고 딱딱한 통가죽 등산화가 대세였지만 지금은 경량 등산화가 대세다. 등산객의 절대다수는 가볍고 부드러우며 통기성도 좋은 경량 등산화를 애용한다. 트렉스타는 인라인스케이트의 하드 부츠를 소프트 부츠로 바꾸었는가 하면 자동차 현가장치 기능을 신발창에 접목해 불규칙한 지면에서 균형을 맞추는 기술도 개발했다. 트렉스타의 국내외 기술특허는 27개가 넘는다.

1994년 트렉스타는 자체 브랜드를 내놓으면서 해외시장도 적극적으로 공략했다. 초기 진입장벽이 높은 미주와 유럽에서 발군의 실력을 발휘해 한국 신발산업의 가능성을 입증했다. 트렉스타는 기술 경쟁력과 유통망 확충에 힘입어 세계에서 가장 빠르게 성장하는 아웃도어 신발업체가 될 수 있었다. 이미 아시아 시장점유율 1위를 자랑하며 별과 같은 아웃도어 길잡이 역할을 해내고 있다.

권동칠 대표는 남다른 창의성으로 국내외 아웃도어 신발시장의

과거에는 무겁고 딱딱한 전통적인 통가죽 등산화가 대세였지만 요즘은 가볍고 기능성이 뛰어난 경량 등산화가 대세다. 등산을 좋아하는 절대다수의 등산객은 가볍고 부드러우며 통기성도 좋은 경량 등산화를 애용한다.

판도를 바꾸어왔다. 그는 세상의 모든 것이 잘못됐다는 전제 아래 감히 남다르고자 하는 트렉스타 정신에 집착했다. 다들 디자인 중심으로 나갈 때, 그는 디자인과 함께 기술과 기능도 중시해 연구개발 투자를 아끼지 않았다. 혁신은 어떤 타이밍이라기보다는 평생에 걸친 라이프 스타일이어야 한다.

머슴 탈출, 연봉보다 생산 라인

다르게 보지 않고서는 다른 인생을 살 수 없다. 성경에서 야곱은 완전히 다르게 보았다. "라반이 이르되 내가 무엇으로 네게 주랴 야곱이 이르되 외삼촌께서 내게 아무것도 주시지 않아도 나를 위하여 이 일을 행하시면 내가 다시 외삼촌의 양 떼를 먹이고 지키리이다 오늘 내가 외삼촌의 양 떼에 두루 다니며 그 양 중에 아롱진 것과 점 있는 것과 검은 것을 가려내며 또 염소 중에 점 있는 것과 아롱진 것을 가려내리니 이같은 것이 내 품삯이 되리이다"(성경 창세기 30장 31~32절).

📖—— 14년간 해온 무보수 양치기 경험에서 야곱은 흰 양 떼에서 희지 않은 양 새끼가 나오고, 검은 염소 떼에서 검지 않은 염소 새끼가 나오는 것을 알고 있었다. 그래서 그는 고용 재계약 협상에서 그토록 희한한 제안을 한 것이었다. 겉보기로는 그에게 아주 불리한 제안이었기에 노회한 고용주라도 선뜻 받아들일 수밖에 없었다. 그게 사실은 그의 고단수 전략이기도 했다. 요즘으로 치자면 연봉 올리기에 연연하지 않고 생산 라인 확보에 집중한 셈이었다. 그는 또한 자신이 다르게 보는 것을 가축도 미리 볼 수 있게 하는 실행가였다.

📖—— "야곱이 버드나무와 살구나무와 신풍나무의 푸른 가지를 가져다가 그것들의 껍질을 벗겨 흰 무늬를 내고 그 껍질 벗긴 가지를 양 떼가 와서 먹는 개천의 물 구유에 세워 양 떼를 향하게 하매 그 떼가 물

을 먹으러 올 때에 새끼를 배니 가지 앞에서 새끼를 배므로 얼룩얼룩한 것과 점이 있고 아롱진 것을 낳은지라"(성경 창세기 30장 37~39절).

📖 —— 그는 흰 양에게서 희지 않은 양 새끼가 나오는 것을 경험으로 알고 있었고 그런 사실을 양들도 보게끔 하고 싶었다. 그래서 나뭇가지의 껍질을 벗겨 얼룩덜룩하게 만들고는 양들이 물을 먹을 때에 볼 수 있게 했다. 양들이 물구유의 얼룩덜룩한 나뭇가지 앞에서 임신해서는 얼룩덜룩한 새끼를 낳았다. 그는 다르게 보고, 다르게 실행했고, 다른 결과를 만들어냈다.

끝까지 방심하지 않는다

"야곱이 새끼 양을 구분하고 그 얼룩무늬와 검은 빛 있는 것을 라반의 양과 서로 마주보게 하며 자기 양을 따로 두어 라반의 양과 섞이지 않게 하며 튼튼한 양이 새끼 밸 때에는 야곱이 개천에다가 양 떼의 눈 앞에 그 가지를 두어 양이 그 가지 곁에서 새끼를 배게 하고 약한 양이면 그 가지를 두지 아니하니 그렇게 함으로 약한 것은 라반의 것이 되고 튼튼한 것은 야곱의 것이 된지라 이에 그 사람이 매우 번창하여 양 떼와 노비와 낙타와 나귀가 많았더라"(성경 창세기 30장 40~43절).

📖 —— 그는 방심하지 않았다. 철두철미했다. 철저히 질을 추구해 양이 따라오도록 했다. 튼튼한 새끼만 골랐던 것이다. 그렇게 해서 그의

양들은 다 튼튼했다. 마침내 그는 거부가 됐다. 양 떼가 많았을 뿐만 아니라 낙타와 나귀가 많았고 노비까지 많았다. 하나에 집중해 성공한 후 그 성공을 인접 영역으로 확장시킨 것이었다. 그는 남들이 보지 못하는 것을 보았고, 그래서 남다르게 실행했고, 그 결과 남다른 인생을 살 수 있었다. 다르게 보면 다르게 살 수 있다. 완전히 다르게 보면 완전히 다르게 살 수 있다.

📖── "그대들도 알거니와 내가 힘을 다하여 그대들의 아버지를 섬겼거늘 그대들의 아버지가 나를 속여 품삯을 열 번이나 변경하였느니라 그러나 하나님이 그를 막으사 나를 해치지 못하게 하셨으며 그가 이르기를 점 있는 것이 네 삯이 되리라 하면 온 양 떼가 낳은 것이 점 있는 것이요 또 얼룩무늬 있는 것이 네 삯이 되리라 하면 온 양 떼가 낳은 것이 얼룩무늬 있는 것이니 하나님이 이같이 그대들의 아버지의 가축을 빼앗아 내게 주셨느니라 그 양 떼가 새끼 밸 때에 내가 꿈에 눈을 들어 보니 양 떼를 탄 숫양은 다 얼룩무늬 있는 것과 점 있는 것과 아롱진 것이었더라"(성경 창세기 31장 6~10절).

📖── 열심히 노력하면 성공할 수도 있다. 꾸준히 관찰하여 방법적인 지혜를 터득하면 성공하기가 쉬워진다. 그러나 노력과 지혜로 성공한다고 할지라도 그 성공을 지켜내지 못하면 허사다. 새로운 성공은 기득권 세력에 타격을 주는 경우가 많다. 그래서 기득권 세력의 반격

을 받아 침몰하곤 한다. 더 큰 세력의 도움과 보호가 있어야 한다. 야곱의 성공에는 하나님의 개입과 보호가 있었다. 하나님의 도우심이 있었기에 성공했고, 하나님의 지키심이 있었기에 그 성공을 빼앗기지 않았다. 스스로의 노력과 지혜를 과신하지 말아야 한다. 더 큰 세력의 일방적인 은혜가 필수적이라는 진리를 망각해서는 안 된다.

문제와 상상력

픽사의 애니메이션 〈인사이드 아웃〉에 어린 라일리의 상상 친구로 '빙봉'이 나온다. 빙봉은 놀기 좋아하고 로켓도 만들어 날린다. 빙봉의 캐릭터를 구성하는 세 동물은 코끼리, 돌고래, 고양이다. 다 영리하다. 특히 고양이는 높게 달린 문고리 5개를 차례로 열고 나갈 정도다.

3쪽짜리 론리 슈즈

"하이힐보다 진입장벽이 낮은 단화를 공략하자.
3쪽을 한 켤레로 만들어 특별한 날에는 기분전환용으로 짝짝이를 신게 하자."

– 김대환, 슈페리어 대표

단화시장 선택, 론리데이 마케팅

슈페리어는 골프 의류의 명가다. 1967년 김귀열 회장이 동원섬유를 세운 데서 시작됐다. 40년 넘게 꾸준한 성장을 지속했지만 더 젊은 감각이 필요했다. 젊은이들이 점점 외면하고 있었다. 장남 김대환 대표이사는 2010년 미국의 페리엘리스 브랜드를 들여왔다. 직원 40명을 뽑고 8개월을 준비해 대형 매장을 열었다. 결과는 참담했다. 100억 원 넘게 손해를 보고 브랜드를 접어야 했다. 시장 트렌드를 살피지 않고 잘 준비만 하면 잘 팔릴 것으로 오산한 탓이었다.

안정적이긴 하지만 구태의연한 스타일을 계속 고집할 수만은 없었다. 2011년 프랑스 디자이너의 이름을 딴 마틴싯봉 브랜드의 한국

여성의 로망이 담겨 있는 하이힐시장은 업체 간의 경쟁이 치열해 진입장벽이 높은 편이다. 슈페리어는 과감히 굽이 없고 평평한 단화를 시장의 공략 대상으로 삼아 출발했다.

판권을 사들였고, 2012년에는 세계 판권을 인수했다. 블랙마틴싯봉으로 이름을 바꾸어 더 세련된 이미지를 강조했다. 이번에는 시장 트렌드를 챙겼다. 여성용 신발의 경우 하이힐 중심의 브랜드들에는 일종의 성역과도 같은 진입장벽이 있었다. 하이힐에는 여성의 로망이 담겨 있기 때문이다.

캐주얼 의류시장의 성장에 맞추어 굽이 없고 평평한 단화를 공략하기로 했다. 2010년의 실패를 거울 삼아 김대환은 신입직원 1명과 단출하게 출발했다. 기존의 단화들과 달리 예쁜 자수를 넣었다. 3쪽을 한

2012년 5월, 압구정의 아주 작은 매장에서 '론리 슈즈'가 블랙마틴싯봉이란 브랜드로 론칭했다. 한쪽에 일부러 색다른 자수를 넣어 다른 두 쪽과 짝짝이가 되도록 디자인한 이 3쪽짜리 신발은 그야말로 폭발적인 선풍을 일으켰다.

세트로 해서 짝짝이 신발로 내놓겠다고 했을 때 1명뿐인 신입직원마저도 망할 것 같다며 만류했지만, 튀어야 산다는 절박감에 밀어붙였다. 2012년 5월, 33㎡(약 10평)밖에 안 되는 압구정 매장에서 '론리 슈즈'라는 이름의 블랙마틴싯봉 브랜드로 론칭했다.

한쪽에는 일부러 색다른 자수를 넣어 다른 두 쪽과 짝짝이가 되도록 디자인했다. 그래서 외로운 신발이라는 뜻의 론리 슈즈였다. 론리 슈즈는 한 켤레를 샀어도 두 켤레 효과를 주었다. 평소에는 제짝대로 신다가 특별한 날에는 기분전환용으로 짝짝이로 바꾸어 신을 수 있다. 3쪽이 한 켤레라서 기분에 따라 다른 스타일을 연출할 수 있는 경험을 주는 것이다.

예상 밖의 감탄과 반전

반응이 폭발적이었다. 김남주 슈즈로 불리면서 연예인들이 즐겨 찾았고 일반인들도 뒤따랐다. 수십 미터씩 줄을 서서 사는 경우까지 생겼다. 단기간에 이슈 브랜드로 부상했다. 입점 매장이 계속 늘어났고 매출도 급증했다. 2012년에 매출이 80억 원이었고, 2013년에는 4배 이상 늘어난 350억 원을 기록했다. 2014년 매출은 450억 원에 달했다.

론리 슈즈는 염가판매가 없지만 '론리데이'에는 염가로 판매한다. 1월 11일과 11월 1일이 3쪽 신발을 나란히 놓은 모양과 같다고 해서 론리데이다. 론리데이에는 온종일 장사진을 치는 모습이 진풍경이다. 오른쪽 신발을 덤으로 해서 3쪽을 한 세트로 팔다가 왼쪽 신발도 덤으로 해서 한 세트로 판다. 소비자들이 더 다양한 스타일을 연출하게 해주기 위해서다.

론리 슈즈의 성공 요인은 3가지다. 첫 번째는 시장 트렌드를 잘 파악하여 진입장벽이 상대적으로 낮은 단화시장에 진출했다는 점이다. 두 번째는 웃돈을 주고라도 사고 싶을 만큼 매력적인 3쪽짜리 신발이라는 점이다. 세 번째는 메이저 브랜드 가격의 절반 정도인 10만 원대가 주효했다는 점이다. 론리 슈즈의 매출은 앞으로도 계속 더 늘어날 것으로 전망되고 있다.

짝짝이 양말뿐만 아니라 짝짝이 신발도 유행이다. 그만큼 유연한 세상으로 바뀌었다는 증거다. 하지만 유명 브랜드들이 난무하는 여성용 잡화시장에서 단순히 3쪽짜리 짝짝이라는 발상만으로는 소비 심리를 사로잡을 수 없다. 기대 밖의 감탄을 자아내는 반전을 경험으로 줄 수 있어야 한다. 다양한 디자인의 차이가 개성의 차이를 드러낼 수 있게 해야 하는 한편, 덤으로 주어지는 한쪽이 더 색다르고 매력적이어서 구매 효용이 두 배로 커지게 해야 한다.

선한 사마리아인, 역설의 진리

"어떤 율법교사가 일어나 예수를 시험하여 이르되 선생님 내가 무엇을 하여야 영생을 얻으리이까 예수께서 이르시되 율법에 무엇이라 기록되었으며 네가 어떻게 읽느냐 대답하여 이르되 네 마음을 다하며 목숨을 다하며 힘을 다하며 뜻을 다하여 주 너의 하나님을 사랑하고 또한 네 이웃을 네 자신 같이 사랑하라 하였나이다 예수께서 이르시되 네 대답이 옳도다 이를 행하라 그러면 살리라 하시니" (성경 누가복음 10장 25~28절).

📖 —— 로마 제국 치하에서 예수님은 새 신성국가를 세우고자 하셨다. 많은 사람이 예수님께로 몰렸다. 정치 세력과 종교 세력의 기득권 유지에 빨간 불이 켜졌다. 곳곳에 그물을 쳐 기필코 예수님을 잡으려 했다. 그날도 한 율법교사가 예수님에게 그물을 던졌다. "내가 무엇을 하여야 영생을 얻으리이까?" 종교에서 최우선 질문이다. 예수님은 그가 스스로 대답하도록 반문하셨고, 그는 율법교사답게 정답을 내놓았다. 하나님을 사랑하고 이웃을 사랑하는 것, 이것이 영생의 길이다.

📖 —— "그 사람이 자기를 옳게 보이려고 예수께 여짜오되 그러면 내 이웃이 누구니이까 예수께서 대답하여 이르시되 어떤 사람이 예루살렘에서 여리고로 내려가다가 강도를 만나매 강도들이 그 옷을 벗기고 때려 거의 죽은 것을 버리고 갔더라 마침 한 제사장이 그 길로 내려가다가 그를 보고 피하여 지나가고 또 이와 같이 한 레위인도 그 곳에 이르러 그를 보고 피하여 지나가되"(성경 누가복음 10장 29~32절).

📖 —— 예수님은 그더러 아는 대로 행하라며 끝내셨지만, 그는 사랑해야 할 이웃이 누구냐며 다시 그물을 던졌다. 예수님은 탁월한 스토리텔링을 동원해 재차 반문하셨다. 어떤 사람을 강도들이 죽도록 때리고는 버렸다. 한 제사장이 그를 봤지만 지나갔다. 한 레위인도 마찬가지였다. 둘 다 거룩한 일에 종사하기에 세상사에는 무관심해야 했을까. 하나님은 성전의 건물 속에 계실까. 예수님의 출현에 따라 이제 성

전은 하나님을 믿고 따르는 사람의 마음이어야 할 테다.

이것저것 재지 않는다

"어떤 사마리아 사람은 여행하는 중 거기 이르러 그를 보고 불쌍히 여겨 가까이 가서 기름과 포도주를 그 상처에 붓고 싸매고 자기 짐승에 태워 주막으로 데리고 가서 돌보아 주니라 그 이튿날 그가 주막 주인에게 데나리온 둘을 내어 주며 이르되 이 사람을 돌보아 주라 비용이 더 들면 내가 돌아올 때에 갚으리라 하였으니 네 생각에는 이 세 사람 중에 누가 강도 만난 자의 이웃이 되겠느냐 이르되 자비를 베푼 자니이다 예수께서 이르시되 가서 너도 이와 같이 하라 하시니라"(성경 누가복음 10장 33~37절).

📖── 유대인이 잡것이라며 상종도 않던 사마리아인이 등장했다. 사마리아인은 이것저것 계산하지 않고 오직 피해자를 살리는 데만 집중했다. 아낌없이 돈도 썼다. 여기서 스토리텔링은 끝났고 질문이 이어졌다. "누가 강도 만난 자의 이웃이 되겠느냐?" 선한 사마리아인이다. 물론 선한 사마리아인이 되는 것에만 머물지 않고 선한 법규와 제도를 만드는 데까지 나아가야 할 것이다. 이렇게 예수님은 그 율법교사의 예봉을 따돌리시는 한편 예상 밖의 진리를 드러내셨다. 예수님의 진리는 정반대로 뒤집는 역설이다.

📖 —— 거룩한 종교인이 아니라 잡것이라며 무시했던 사람한테서 도움을 받게 된다. 악인은 반드시 가려서 피해야 한다. 하지만 어떤 사람이든지 편견에 사로잡혀 무시해서는 안 된다. 어느 날 그 사람에게 도움을 받아야만 할 수도 있기 때문이다. 또 거룩한 일이 아니라 어려운 사람을 돕는 세상사를 통해 영생을 얻는다. 하나님을 사랑하는 것은 곤경에 처한 이웃을 사랑하는 것으로 증명된다. 더 나아가 동물을 비롯해 모든 생명을 사랑해야 한다. 애견과 애묘는 물론 돼지와 닭을 넘어 곤충과 벌레까지도 사랑할 수 있어야 한다. 예수님의 복음은 자연생태계에서도 성취돼야 할 것이다.

반전의 묘미

개가 모범생이라면 고양이는 반항아에 해당한다. 까칠하다가 시큰둥하다가 애교로 필살기를 날린다. 없는 듯하다가, 빠끔히 쳐다보다가, 붕붕 하늘을 난다. 개 스타일 인재보다 고양이 스타일 인재를 기르기가 더 어렵다. 하지만 개에게 없는 반전의 묘미가 고양이에게 있다.

© Tom Pingel

비대칭 짝짝이 양말

"양말을 맞추어 신기에는 인생이 너무 짧다.
짝짝이로 신어도 개성미가 더 살아나게 다양한 색상과 디자인의 양말을 만들자."

– 메리앤 워커린, 솔메이트 삭스 창업자

화려한 색상, 수제 스타일

메리앤 워커린은 어려서 어머니한테 배운 니팅 기술로 매년 100개쯤 양말을 짜곤 했다. 취미로 했지만 지인들의 반응이 커 아예 회사를 차렸다. 그녀의 솔메이트 삭스는 1990년대 중반 미국 버몬트 주의 가정집 2층에서 조촐하게 시작됐다. 재능이 뒷받침된 취미가 일정한 수요를 만나면 창업이 가능하다. 그럴 경우 성공률이 높다. 창업한 지 20년이 지난 요즘 솔메이트 삭스는 연간 10억 켤레 넘게 팔린다. 미주 시장은 물론 유럽과 아시아 시장에서도 탄탄한 인기를 얻고 있다.

솔메이트 삭스의 성공 요인은 크게 3가지다. 첫 번째는 입다 버린 티셔츠나 헌 양말에서 실을 뽑아 양말을 만드는 업사이클 방식이다.

지금은 물량을 충당하기 위해 스페인 회사로부터 재활용 실을 조달받는다. 오래 사용된 재료이기에 화학물질이 빠져나가 친환경적이다. 친환경 품질은 Oeko-Tex(www.oekotex.com)의 Made in Green(www.madeingreen.com)으로 인증된다. 본사의 보관창고 등도 오래된 건물이다. 꽃과 곤충 등 자연에서 색상의 영감을 얻었다고 해서 양말의 이름을 백합, 튤립, 수선화, 양귀비, 카네이션, 코스모스, 나비, 꿀벌, 잠자리, 메뚜기, 개똥벌레, 무당벌레 등으로 지어 자연 친화성을 강조하기도 한다.

두 번째는 수제 방식이다. 주문량이 많아진 요즘은 수제와 방불하게 만들어내는 니팅 기계로 생산하고 있다. 친환경 업사이클링 양말일 뿐만 아니라 수작업 스타일 양말이어서 호평을 얻을 수 있었다. 세 번째는 짝짝이 방식이다. "양말을 맞추어 신기에는 인생이 너무 짧다." 이런 슬로건을 내걸고 짝짝이 양말을 만들어 판다. 세 쪽을 한 세트로 묶어 팔기에 소비자들은 기분이 내키는 대로 짝을 바꾸어 신을 수 있다. 양말 한 쪽에 문제가 생겨도 양말 두 쪽을 다 버리지 않아도 된다. 짝짝이 양말이기에 문제가 생긴 그 쪽만 버리면 된다. 그만큼 낭비를 줄일 수 있다.

규칙을 깨는 파격

니트 양말이어서 도톰하고 무거워 보이지만 가볍다. 신축성, 보온성, 통기성이 좋다. 땀도 잘 흡수한다. 남녀노소가 다 신을 수 있도록 종류,

솔메이트 삭스의 성공 요건은 친환경 업사이클링 양말일 뿐만 아니라 수작업 스타일의 제품이라는 점, 또 남녀노소가 다 신을 수 있도록 종류, 패턴, 색상이 독특해 소비자들에게 개별적인 자부심을 준다는 점이다.

패턴, 색상이 다양하고 독특하다. 형형색색 화려한 색감과 다양하고 독특한 디자인은 소비자들에게 개별적인 자부심을 준다. 실수로 짝짝이를 신은 것이 아니라 패션으로 신은 것이다. 간혹 등산 양말이냐는 질문도 받지만 자기만의 개성을 드러낼 수 있다. 커플이나 가족이 함께 신으면 개성과 일체성을 다 살릴 수 있다.

솔메이트 삭스는 재활용 재료를 써야 하기에 더욱 디자인 개발에 힘쓴다. 같은 디자인이 하나도 없을 정도다. 짝짝이로 신으니까 오히려 패션 감각이 도드라진다. 디자인 파워에 힘입어 양말 한 세트 가격은 3만 원 정도다. 버몬트의 본사에서는 5명 남짓한 직원들이 디자인에서부터 바이어 미팅에 이르기까지 모든 일을 다 한다. 광고나 홍보에는 돈을 쓰지 않는다. 입소문만으로 성장세를 지속하고 있다. 유명 모델도 쓰지 않는다. 홈페이지나 팸플릿에 등장하는 모델들은 가족, 친지, 이웃이다.

요즘 소비자들은 리사이클링에 가치를 둔다. 그렇지만 그것만으로는 구매하지 않는다. 업사이클링의 신선함이 있어야 한다. 솔메이트 삭스의 성공은 리사이클링의 한계를 넘어서는, 디자인의 다양성과 독특성에 크게 힘입었다. 과거에는 규칙을 깨는 파격이 잘 먹히지 않았지만 요즘 들어서는 연예인뿐만 아니라 일반인도 비대칭 디자인을 즐기는 양상이다. 그만큼 남다른 차별성이 중요해지는 세상으로 변모하고 있다. 솔메이트 삭스는 형형색색 비대칭 디자인을 제공함으로써 소비자들이 남다른 특별함을 경험할 수 있게 한다.

이기적인 인간, 무조건적인 사랑
"또 이르시되 어떤 사람에게 두 아들이 있는데 그 둘째가 아버지에게 말하되 아버지여 재산 중에서 내게 돌아올 분깃을 내게 주소서 하는지라 아버지가 그 살림을 각각 나눠 주었더니 그 후 며칠이 안 되어 둘째

아들이 재물을 다 모아 가지고 먼 나라에 가 거기서 허랑방탕하여 그 재산을 낭비하더니 다 없앤 후 그 나라에 크게 흉년이 들어 그가 비로소 궁핍한지라 가서 그 나라 백성 중 한 사람에게 붙여 사니 그가 그를 들로 보내어 돼지를 치게 하였는데 그가 돼지 먹는 쥐엄 열매로 배를 채우고자 하되 주는 자가 없는지라" (성경 누가복음 15장 11~16절).

📖 —— 아들에게 아버지는 귀찮게 억누르는 꼰대처럼 느껴질 수도 있다. 모범적인 큰아들은 견디지만 삐딱한 작은아들은 탈출을 꿈꾼다. 하루는 작은아들이 재산 중에서 자기 몫을 요구했고, 너그러운 아버지는 생전에 두 아들에게 재산을 분배했다. 작은아들은 자기 재산을 다 처분해서 먼 외국으로 날랐다. 그렇게 꿈꾸던 자유와 독립이었다. 방종과 방탕을 넘어 고난과 멸망으로 치달았다. 인간에게 완전한 자유는 없다. 하나님과의 끈을 끊을 수 없고 아버지와의 끈을 끊을 수 없다. 귀찮아서 탈출하지만 그 끝은 방탕과 멸망이다.

📖 —— "이에 일어나서 아버지께로 돌아가니라 아직도 거리가 먼데 아버지가 그를 보고 측은히 여겨 달려가 목을 안고 입을 맞추니 아들이 이르되 아버지 내가 하늘과 아버지께 죄를 지었사오니 지금부터는 아버지의 아들이라 일컬음을 감당하지 못하겠나이다 하나 아버지는 종들에게 이르되 제일 좋은 옷을 내어다가 입히고 손에 가락지를 끼우고 발에 신을 신기라 그리고 살진 송아지를 끌어다가 잡으라 우리가

먹고 즐기자 이 내 아들은 죽었다가 다시 살아났으며 내가 잃었다가 다시 얻었노라 하니 그들이 즐거워하더라"〈성경 누가복음 15장 20~24절〉.

📖── 작은아들은 돼지와 경쟁해야 하는 처지에 이르러서야 아버지께로 돌이킨다. 아버지가 그립다기보다는 아버지의 양식이 그리운 것이다. 아버지의 많은 품꾼들은 풍족한 양식으로 배부르다. 작은아들은 염치없지만 아버지의 품꾼이라도 됐으면 했다. 작은아들은 끝까지 계산적이었다. 여하튼 작은아들은 아버지께로 돌아갔다. 이게 중요하다. 아버지는 오래 기다릴 수는 있어도 작은아들이 돌아오게 할 수는 없다. 그것은 완전히 작은아들의 몫이다. 인간이 하나님 아버지께로 돌이키는 것도 그렇다.

최상급으로 회복되다

아버지는 기다리고 기다리다가 작은아들에게 달려가 뜨겁게 포옹했다. 작은아들은 자기 잘못을 언급하기에 급급한 듯했다. 아버지한테 빌붙어 먹고살아야 한다는 절박감 때문이었을까. 아버지의 생각은 완전히 달랐다. 돌아온 작은아들을 최상급으로 회복시키고는 큰 잔치를 벌였다. 이게 아버지의 무조건적인 사랑이다. 그 어떤 재산보다도 작은아들 자체가 소중한 것이다. 작은아들의 입장에서는 아버지께 당연히 용서를 구해야 하겠지만, 아버지의 입장에서는 작은아들이 돌아왔다는 사실이 기쁠 뿐이다. 하나님 아버지의 입장도 마찬가지다.

📖 —— "맏아들은 밭에 있다가 돌아와 집에 가까이 왔을 때에 풍악과 춤추는 소리를 듣고 한 종을 불러 이 무슨 일인가 물은대 대답하되 당신의 동생이 돌아왔으매 당신의 아버지가 건강한 그를 다시 맞아들이게 됨으로 인하여 살진 송아지를 잡았나이다 하니 그가 노하여 들어가고자 하지 아니하거늘 아버지가 나와서 권한대 아버지께 대답하여 이르되 내가 여러 해 아버지를 섬겨 명을 어김이 없거늘 내게는 염소 새끼라도 주어 나와 내 벗으로 즐기게 하신 일이 없더니 아버지의 살림을 창녀들과 함께 삼켜 버린 이 아들이 돌아오매 이를 위하여 살진 송아지를 잡으셨나이다"(성경 누가복음 15장 25~30절).

📖 —— 작은아들이 건강하게 돌아온 데 대해 아버지도, 종들도 즐거워했다. 그런데 큰아들은 잔뜩 화가 나서 집에 안 들어갔다. 아버지가 큰아들에게 권했지만 큰아들은 불평을 쏟아냈다. 여러 해 충성한 자기에게는 염소 새끼 한 마리도 안 잡아주시더니 아버지의 재산을 창녀들한테 탕진한 작은아들을 위해 살진 송아지를 다 잡아주시느냐는 항변이었다. 큰아들은 그날도 밭에서 일하고 온 모범생이긴 했다. 하지만 작은아들더러 "이 아들"이라며 비꼬았다. 자기 동생이 아니던가. 게다가 창녀들을 언급했다. 어떻게 알아냈다는 것인가. 단지 추측이었을 뿐인가. 아버지의 재산을 말아먹은 것도 아니었다. 동생 자신의 재산이었다.

📖 —— 삐딱한 작은아들도 자기 입장에서 생각했고, 모범적인 큰아들도 자기 입장에서 판단했다. 그러나 아버지는 작은아들의 입장에서 다르게 생각하고 판단했다. 아버지는 작은아들에게 무조건적인 포용의 부성애를 경험하게 했다. 이 스토리를 통해 예수님은 하나님의 다른 모습을 드러내셨다. 인과응보의 하나님이 아니라 관용과 자애의 하나님을 보이신 것이다. 또 삐딱하고 방탕하고 이기적인 인간, 모범적이긴 하나 몰인정하고 이기적인 인간, 여하튼 하나님 아버지를 순수하게 사랑할 수 없는 인간도 보게 하셨다. 하나님과 상대방, 사물과 현상에 대해 다르게 보면서도 바르고 깊게 볼 수 있는가.

까다로운 자존심

고양이는 이기적이다. 자존심도 세다. 사람의 사정 따위는 모른다. 사람은 때마다 밥을 챙겨주는 존재일 뿐이다. 그토록 자다가도 밤이면 일어나 후다닥 뛰어다닌다. 사람이 마시는 물컵에다 코를 박고 발을 담근다. 양육이 까다롭다. 하지만 반전이 있다. 유연하고 창의적이다.

환자 선별하는 병원

"아무나 받지 않는다. 탈장 외에 다른 문제가 없는 환자만 선택한다.
환자는 왕이 아니다. 환자가 스스로 돌보도록 훈련한다."

– 쇼울다이스, 쇼울다이스병원 창업자

병원 중심, 훈련받는 환자

에드워드 얼 쇼울다이스(1890~1965)는 캐나다의 토론토대학교에서 해부학 강사로 있다가 2차 세계대전에 참여했다. 그는 캐나다의 신병훈련소에서 군의관으로 복무했다. 당시 징집된 캐나다 청년들의 흔한 질병 중 하나는 탈장이었다. 그의 임무는 탈장 입소자들을 치료해 4주 안에 부대로 복귀시키는 일이었다. 마취 전문의나 간호사가 부족한 상황에서 탈장 수술은 부분 마취와 진통제 처방으로 진행해야 했다.

수술 후에는 스스로 걸어서 나가야 했고 식사도 직접 가져다 먹어야 했다. 실제로 탈장 입소자들은 나이가 젊어 수술 후 누워 있기보다는 끼리끼리 어울려 돌아다니며 운동도 하고 수술 자국을 서로 비교하며 농담도 했다. 탈장 수술을 함께 치렀다는 동지애도 싹텄다. 환자들의 정신과 육체는 회복이 빨랐고 재발률도 낮았다. 2차 대전이 끝나자 쇼울다이스는 신병훈련소에서 경험을 바탕으로 1945년 쇼울다이스병원을 차렸다. 재능, 전공, 경험을 살린 창업이 성공률을 높인다.

그의 병원은 그가 정착시킨 '쇼울다이스 방식'으로 운영된다. 탈장 환자는 부분 마취를 받는다. 개복수술 중에 의식이 남아 있어 의사와 농담도 하곤 한다. 절개 부위는 철제 클립으로 순식간에 봉합한다. 수술은 낭비되는 시간 없이 빠른 속도로 진행한다. 수술이 끝나면 자기 발로 걷게 한다. 마취로 느려진 신진대사를 조금이라도 빨리 회복시키기 위해서다. 또 수술해도 몸을 움직일 수 있다는 자신감도 갖게 해준다.

엘리베이터는 수술 후 병실로 복귀하면서 단 한 번 사용할 수 있고 나머지는 계단으로 이동해야 한다. 수술 당일에는 환자가 자기 침대에서 저녁 식사를 할 수 있지만 다음 날부터는 직접 식당에 내려가야 하고 휴게실에서 운동도 해야 한다. 1일 2회 집단체조는 필수다. 병실에 TV도 없다. 휴게실에는 가벼운 운동기구들과 당구대가 있다. 정원에는 게이트볼장이 있다. 큰 무리가 없다면 수술 후 자꾸 몸을 움직여야 상처가 빨리 아물고 장도 빨리 제자리를 찾는다는 게 쇼울다이스의 철학이다.

쇼울다이스병원에서 수술을 주도하는 의사가 되려면 수술에 보조 의사로 100회 참여해야 하고, 고참 의사 1명이 지켜보는 가운데 수술을 100회 치러야 한다. 매일 몇 건씩 탈장 수술만 하다 보니 세계 최고 수준의 전문의가 된다. 개원 이후 지금까지 쇼울다이스병원은 30만 회 넘게 수술했다. 전문의 12명이 매년 7,500여 회씩 수술한다. 다른 병원들에서는 환자들이 최장 8일 입원하고 최저 3,500달러를 내지만 쇼울다이스병원에서는 최장 5일 입원하고 최저 1,200달러를 낸다. 다른 병원들의 재발률이 15%에 육박한다면 쇼울다이스병원 0.08% 정도다. 합병증 위험도 현저히 낮다.

환자 동창회 마케팅

다른 병원들이 경영에 어려움을 겪는 중에도 쇼울다이스병원은 높은 수술 성공률과 빠른 회복세 덕분에 계속 수익을 올릴 수 있었다. 수술실 5개, 병상 89개인 작은 병원이지만 쇼울다이스병원은 하버드 비즈니스스쿨의 케이스 스터디로 유명세를 떨치기도 했다. 쇼울다이스병원은 설립 이후 지금까지 세계 최고 수준의 완치율과 환자 만족도를 자랑한다. 늘 많은 환자가 대기 리스트에 이름을 올려놓고 있다. 물론 캐나다의 엄격한 의료제도 때문에 마음대로 진료비와 수술비를 올릴 수 없고 시설과 병상을 늘릴 수도 없긴 하다.

쇼울다이스병원의 성공 비결은 2가지로 압축된다. 첫 번째는 고객 선택이다. 아무 환자나 받지 않는다. 탈장이 없었다면 건강했을 환자만 받는다. 비만해서 재발이 우려되는 경우는 먼저 체중을 줄이고 오라며 돌려보낸다. 심장에 문제가 있는 환자도 거절한다. 다른 질병과 함께 복합 증세를 보이는 환자는 큰 종합병원으로 보낸다. 함께해도 좋을 고객만 버스에 태우는 것이다. 두 번째는 고객 훈련이다. 수술 전에 스스로 체모를 깎아야 하고, 수술 후에는 걷고 운동하고 식당에서 밥을 먹어야 한다. 이런 과정을 거친 고참 환자는 신참 환자에게 멘토링을 하게 된다.

수술을 앞두고 신참 환자를 대상으로 오리엔테이션을 한다. 고참 환자가 신참 환자에게 수술 과정과 회복 과정 등을 설명함으로써 신참 환자의 불안감을 줄이고 안정감을 높여준다. 당연히 간호사 인건비도 줄어든다. 이렇게 환자들이 치료 과정에 능동적으로 참여함으로써 의사는 수술에만 집중할 수 있게 된다. 퇴원한 환자들과는 우편물 발송 등을 통해 적극적으로 소통함으로써 입소문을 확산시킨다.

퇴원한 환자들도 입원 때의 유쾌했던 경험을 잊지 못해 동창회 활동을 이어가기도 한다. 10만 명이 넘는 옛 환자들의 추천으로 신규 환자의 87%가 입원한다. 다른 병원들이 환자를 왕처럼 모셨다면 쇼울다이스병원은 일꾼처럼 부렸다. 진정한 고객 중심은 고객을 어르는 것이 아니라 고객에게 남다른 경험을 선사해 고객의 수준을 높이는 것이다. 경쟁하지 말고 차별화하라. 남다른 경험을 제공하라.

격동의 국제정세, 기대 밖의 답

"그 해 곧 유다 왕 시드기야가 다스리기 시작한 지 사 년 다섯째 달 기브온앗술의 아들 선지자 하나냐가 여호와의 성전에서 제사장들과 모든 백성이 보는 앞에서 내게 말하여 이르되 만군의 여호와 이스라엘의 하나님이 이같이 일러 말씀하시기를 내가 바벨론의 왕의 멍에를 꺾었느니라 내가 바벨론의 왕 느부갓네살이 이 곳에서 빼앗아 바벨론으로 옮겨 간 여호와의 성전 모든 기구를 이 년 안에 다시 이 곳으로 되돌려 오리라 내가 또 유다의 왕 여호야김의 아들 여고니야와 바벨론으로 간 유다 모든 포로를 다시 이 곳으로 돌아오게 하리니 이는 내가 바벨론의 왕의 멍에를 꺾을 것임이라 여호와의 말씀이니라 하시니라"(성경 예레미야 28장 1~4절).

📖 —— 거짓 선지자인 하나냐는 유다 왕과 유다 백성이 듣고 싶은 예언을 전했다. 하나님이 바벨론 왕의 멍에를 꺾으시고 예루살렘 성전의 빼앗긴 기물들을 되돌리는 한편 유다 포로들도 귀환시키신다는 내용이었다. 참으로 달콤한 답이었다. 하지만 거짓이었다. 하나님의 이름을 빙자해 하나냐 자신의 주관적인 기대와 희망을 객관화했다. 거대한 위협 앞에서 불안과 공포에 떠는 왕과 백성에게 가짜 약병을 흔들어댄 사이비 약장수였던 것이다. 변두리 지역의 무당처럼 세상의 흐름과 단

절한 채, 하나님의 이름과 성경의 구절로 혹세무민하는 크리스천 리더가 오늘날에도 적잖이 있을 것이다.

📖 —— "이제 내가 이 모든 땅을 내 종 바벨론의 왕 느부갓네살의 손에 주고 또 들짐승들을 그에게 주어서 섬기게 하였나니 모든 나라가 그와 그의 아들과 손자를 그 땅의 기한이 이르기까지 섬기리라 또한 많은 나라들과 큰 왕들이 그 자신을 섬기리라 여호와의 말씀이니라 바벨론의 왕 느부갓네살을 섬기지 아니하며 그 목으로 바벨론의 왕의 멍에를 메지 아니하는 백성과 나라는 내가 그들이 멸망하기까지 칼과 기근과 전염병으로 그 민족을 벌하리라 너희는 너희 선지자나 복술가나 꿈꾸는 자나 술사나 요술자가 이르기를 너희가 바벨론의 왕을 섬기게 되지 아니하리라 하여도 너희는 듣지 말라"(성경 예레미야 27장 6~9절).

📖 —— 선지자 예레미야는 남달랐다. 하나님의 뜻에 정통했다. 국제 정세도 정확하게 꿰고 있었다. 이제는 바벨론 왕 느부갓네살이 국제관계의 대세다. 누구든지 그의 권세에 굴복해야 한다. 그의 치하에서 벗어나려는 국가와 민족은 멸망하고 말 것이다. 그의 멍에를 메지 않아도 될 것이라는 거짓 예언을 믿어서는 안 된다. 사실 예레미야의 이런 선포는 매국노적인 것이다. 원흉을 타도하자는 것이기는커녕 원흉에게 순복하자는 것이지 않은가. 예레미야는 살해 위협을 당할 수밖에 없었다. 그래도 예레미야는 자신의 남다른 관점을 포기하지 않았다.

멸종을 피하는 길

"만군의 여호와 이스라엘의 하나님께서 예루살렘에서 바벨론으로 사로잡혀 가게 한 모든 포로에게 이와 같이 말씀하시니라 너희는 집을 짓고 거기에 살며 텃밭을 만들고 그 열매를 먹으라 아내를 맞이하여 자녀를 낳으며 너희 아들이 아내를 맞이하며 너희 딸이 남편을 맞아 그들로 자녀를 낳게 하여 너희가 거기에서 번성하고 줄어들지 아니하게 하라 너희는 내가 사로잡혀 가게 한 그 성읍의 평안을 구하고 그를 위하여 여호와께 기도하라 이는 그 성읍이 평안함으로 너희도 평안할 것임이라"(성경 예레미야 29장 4~7절).

📖── 바벨론에 포로로 잡혀간 유다 백성에 대해서도 예레미야는 기대 밖의 예언을 보냈다. '단기간에 귀환할 수 없으니 거기서 터전을 일구고 살아야 한다. 결혼을 하고 자녀를 낳아서 대를 이어야 한다. 평안히 살려면 그곳이 평안해야 하니 그곳의 평안을 위해 기도해야 한다.' 마치 바벨론 정부의 대리자이기라도 한 듯이 예언했으나 예레미야는 진정한 애국자였다. 존망이 걸려 있는 위협 앞에서는 듣고 싶은 답이 아니라 들어야만 하는 답을 줄 수 있어야 한다. 민족 보존에 필요한 답을 예레미야는 알고 있었다.

📖── "여호와께서 이와 같이 말씀하시니라 바벨론에서 칠십 년이 차면 내가 너희를 돌보고 나의 선한 말을 너희에게 성취하여 너희를

이 곳으로 돌아오게 하리라 여호와의 말씀이니라 너희를 향한 나의 생각을 내가 아나니 평안이요 재앙이 아니니라 너희에게 미래와 희망을 주는 것이니라 너희가 내게 부르짖으며 내게 와서 기도하면 내가 너희들의 기도를 들을 것이요 너희가 온 마음으로 나를 구하면 나를 찾을 것이요 나를 만나리라"(성경 예레미야 29장 10~13절).

📖── 70년이 차면 유다 포로들이 바벨론에서 유다로 귀환하게 될 것이다. 국제정세의 대변동이 있을 것이기 때문이다. 하나님의 뜻에 따라 페르시아의 고레스 대왕이 일어나 바벨론을 정복한 후 바벨론 현지의 소수민족 포로들을 다 석방하게 될 것이다. 위협 앞에서 미래의 답을 찾아 제시해야만 멸족을 피할 수 있다. 지금의 위협은 개인이나 국가 차원을 넘어선다. 기후변화 등에 따라 6차 대멸종이 진행 중이라고 한다. 인공지능이 부상함에 따라 대규모 실업도 예상된다. 친환경과 창의성 추구가 답이다.

방치된 뚱보

최고의 미래학자로 꼽히는 레이 커즈와일은 18년간 고양이 두 마리를 키우기도 했다. 지금은 고양이 피규어 400개를 소장하고 있다. 그는 고양이를 매우 우아한 창조물이라고 본다. 고양이는 우아할 뿐만 아니라 우수하다. 그렇지만 방치하면 잠만 자고 빈둥거리며 뚱뚱해진다.

© Oksana Ariskina

어제의 공식이 오늘의 문제에는 통하지 않는다. 정답이 없는 격변기다. 다르게 보고, 다르게 생각하고, 다르게 움직여야 한다. 다르지 않고서는 새로울 수 없다. 새로운 것은 늘 다른 것이다. 조금 다른 것으로는 안 된다. 완전히 달라야 한다. 위험할 정도로 다른 것이어야 한다.

숍킥의 애플리케이션은 오프라인을 위한 솔루션이다. 온라인 솔루션들이 오프라인 매장을 잠식하던 때, 숍킥은 오프라인 매장을 더 활성화하는 솔루션을 내놓아 O2O(online to offline) 서비스의 선구자가 될 수 있었다. 인피노의 면도기는 여성용이다. 이전에 없던 세라믹 재질이다. 면도날과 프레임을 통째로 깎아 만든 스타일이다. 제모 수요의 가파른 증가와 함께 판매 급증이 예상된다.

대전환기다. 모든 영역에서 개념 전환이 진행되고 있다. 작은 개념을 바꾸면 소혁신가가 되고, 큰 개념을 바꾸면 대혁신가가 된다. 완전히 다른 개념이 완전히 다른 승리를 낳는다. 다르지 않고서는 다르게 살 수 없다. 완전히 다르면 완전히 다르게 살 수 있다. 다른 각도로 보고 다른 발상으로 접근하는가.

PART 2
완전히 다른
각도로 본다

오프라인을 위한 **온라인**

"온라인 쇼핑 때문에 오프라인 매장이 죽어서는 안 된다.
오히려 오프라인을 더 활성화하는 모바일 플랫폼을 만들어야 한다."

– 시리악 로딩, 숍킥 창업자

오프라인 우선, 옴니채널

아마존이 출현하자 수많은 서점이 문을 닫아야 했다. 이베이의 등장도 오프라인 매장들을 두려움으로 몰아넣었다. 온라인 쇼핑은 마치 오프라인 시장의 파괴자 또는 점령군과도 같았다. 이런 현상을 유심히 살핀 시리악 로딩은 딴생각을 했다. '오프라인 쇼핑이 더 활기차게 작동하도록 도움을 주는 방향으로 모바일 플랫폼을 짤 수 없을까?' 남들이 온라인만을 위한 온라인에 집중할 때, 그는 오프라인을 위한 온라인을 생각했다.

2009년 그는 공동 창업자 두 명과 함께 모바일 커머스 플랫폼 '숍킥'을 설립했다. 숍킥은 스마트폰으로 소비자와 오프라인 매장을 연결하는 모바일 쇼핑 애플리케이션이다. 이 애플리케이션을 설치한 고객이 오프라인 매장에 들어서면 자동으로 확인돼 포인트, 상품 쿠폰, 할인 정보, 신상품 정보, 이벤트 정보가 스마트폰으로 쏟아진다. 단순히 매장을 들르기만 해도 포인트가 제공된다. 포인트는 기프트 카드나 영화 티켓, 공짜 커피와 교환할 수 있다. 고객은 누적된 포인트를 쓰려고 작은 휴가지에 가듯이 매장을 찾곤 한다. 자연히 방문횟수가 늘어나고 매출도 오르게 된다.

다양한 보상과 혜택을 모바일 애플리케이션으로 제공해줌으로써 매장 현장에서 고객 반응이 즉시 나타날 수 있다. 그만큼 상호작용이 빠르고 활발하게 된다. 이런 효과 덕분에 숍킥 애플리케이션은 타깃, 메이시스, 베스트바이 등 14개 대형 업체의 1만 2,000여 매장에서 사용하고 있다. 코카콜라, 유니레버, 로레알 등 글로벌 업체와도 제휴를 맺고 할인 쿠폰과 상품 정보를 제공하고 있다. 이미 미국인 사용자가 1,000만 명을 넘었다. 아마존, 이베이, 그루폰에 이어 네 번째로 미국인들이 자주 사용하는 애플리케이션이다. 2012년에는 사용빈도가 가장 높기도 했다.

2007년 아이폰이 나오고 2008년 앱스토어가 열리면서 쇼핑 환경이 급변하기 시작했다. 오프라인 매장에서 상품을 확인한 뒤 정작 저렴한 온라인 쇼핑몰에서 구매하는 쇼루밍 현상(showrooming effect)이 기

요즘 소비자들은 한곳에만 머물지 않고 PC, 모바일, TV, 오프라인을 두루 거친다. 따라서 다양한 채널을 서로 연결하고 융합하는 옴니채널까지 나타나고 있다. 온라인과 오프라인을 통합하는 O2O 마케팅 또한 치열해지고 있다.

세를 떨치는 와중에 모바일 쇼핑이 빠르게 성장했다. 요즘은 소비자들의 족적이 한곳에만 머물지 않는다. PC, 모바일, TV, 오프라인을 두루 거친다. 따라서 다양한 채널을 서로 연결하고 융합하는 옴니채널까지 나타나고 있다.

7년 동안 관찰하다

이런 가운데 온라인과 오프라인을 보완하고 통합하는 O2O online to

offline 마케팅에 대한 유통업체들의 사랑은 뜨겁다. O2O 서비스를 활용하면 이전에 없던 수요가 창출된다. 소비자 취향에 따라 각각 다른 혜택을 제공함으로써 소비자를 유인할 수 있기 때문이다. O2O 서비스는 대세로 굳어지고 있다. 사물인터넷, 핀테크, 인공지능 등이 가속으로 발전함에 따라 O2O 서비스도 한층 전망이 밝다. 이미 비콘Beacon 등을 이용한 근거리 정보제공 기술과 모바일 간편결제 기술에 힘입어 온라인의 오프라인화가 많이 진행된 상황이다.

숍킥 CEO 시리악 로딩은 새롭게 등장한 모바일의 특성을 알아내기 위해 7년을 매달렸다고 한다. 스마트폰으로 쇼핑하고 결제하는 모바일 플랫폼은 소비자들이 편하게 갖고 다니면서 오프라인 매장과 활발하게 상호작용할 수 있게 한다. 모바일의 특성을 이해하고 활용함으로써 그는 처음으로 O2O 방식을 실현시킨 기업들 중 하나로 평가받는 숍킥을 세울 수 있었다.[5]

2014년 SK플래닛이 인수한 숍킥은 SK플래닛의 커머스 플랫폼 역량까지 흡수해 최적화된 O2O 서비스를 미국시장에 제공하고 있다. 시리악 로딩의 성공 비결은 관점의 반전에 있다. 남들이 온라인 확장

---

5 배정원, "쇼루밍族 밖으로 끌어내기…모바일 서비스에 달렸다," 조선일보(2015.1.31.), C4면 참조.

에 치중할 때, 그는 온라인을 끌어다 오프라인을 살리는 모바일 플랫폼을 생각해냈던 것이다. 기술이 계속 발전함에 따라 사회의 흐름이 바뀌고 사람들의 행동양식이 바뀐다. 집요하게 관찰하고 생각해서 남다른 관점을 가져야 남다른 성공을 예약할 수 있다.

광야의 뷔페, 나를 찾아오는 시장

모세는 이스라엘 백성을 노예 상태에서 해방시킨 데서 더 나아가 그들의 필요와 욕심까지 해결해주어야 했다. 그는 도무지 감당할 수 없으니 차라리 죽는 게 낫겠다며 하나님께 부르짖었다. "이 모든 백성에게 줄 고기를 내가 어디서 얻으리이까 그들이 나를 향하여 울며 이르되 우리에게 고기를 주어 먹게 하라 하온즉 책임이 심히 중하여 나 혼자는 이 모든 백성을 감당할 수 없나이다"(성경 민수기 11장 13~14절).

📖 ── 답은 있게 마련이다. 그렇지만 믿지 못하는 게 늘 문제다. 답이 없다고 불신하면 원점으로 회귀하려는 퇴행이 나타난다. 광야에서 이스라엘 백성은 고기를 먹을 수 없겠다는 불신에 빠지자 이집트에서 탈출한 것 자체를 원망하기 시작했다. "하루나 이틀이나 닷새나 열흘이나 스무 날만 먹을 뿐 아니라 냄새도 싫어하기까지 한 달 동안 먹게 하시리니 이는 너희가 너희 중에 계시는 여호와를 멸시하고 그 앞에서 울며 이르기를 우리가 어찌하여 애굽에서 나왔던가 함이라 하라"(성경 민수기 11장 19~20절).

📖── 이스라엘 백성의 불신에 대해 하나님은 한 달 동안 신물나게 고기를 먹게 해주겠다고 장담하셨고, 모세는 믿지 못하겠다고 대든다. "모세가 이르되 나와 함께 있는 이 백성의 보행자가 육십만 명이온데 주의 말씀이 한 달 동안 고기를 주어 먹게 하겠다 하시오니 그들을 위하여 양 떼와 소 떼를 잡은들 족하오며 바다의 모든 고기를 모은들 족하오리이까 여호와께서 모세에게 이르시되 여호와의 손이 짧으냐 네가 이제 내 말이 네게 응하는 여부를 보리라"(성경 민수기 11장 21~23절).

📖── 궁지에 몰린 모세의 생각은 육지의 양 떼와 소 떼, 그리고 바다의 고기 떼에 머물렀다. 궁지에 몰릴수록 오히려 느슨하게 여유를 갖고 전혀 다른 각도로 보았어야 했다. '바람이 여호와에게서 나와 바다에서부터 메추라기를 몰아 진영 곁 이쪽 저쪽 곧 진영 사방으로 각기 하룻길 되는 지면 위 두 규빗쯤에 내리게 한지라 백성이 일어나 그 날 종일 종야와 그 이튿날 종일토록 메추라기를 모으니 적게 모은 자도 열 호멜이라 그들이 자기들을 위하여 진영 사면에 펴 두었더라"(성경 민수기 11장 31~32절).

크고 쉬운 시장이 있다

하나님은 하늘의 메추라기 떼까지 보셨다. 바람에 휘몰려 광야까지 날아온 메추라기 떼를 이스라엘 백성은 쉽게 잡을 수 있었다. 땅에서 살다 보면 하늘의 새 떼는 염두에 두기도 어렵고 잡을 엄두도 안 난다.

그러나 하늘에는 새 떼가 많다. 대량으로 잡을 수도 있다. 새 떼가 직접 날아들면 되는 것이다. 내가 새 떼를 찾아다니는가, 아니면 새 떼가 나를 찾아들게 하는가. 답이 아주 없는 게 아니다. 다르게 보고 다르게 생각하지 않아서 찾지 못할 뿐이다.

📖 —— "예수께서 한 배에 오르시니 그 배는 시몬의 배라 육지에서 조금 떼기를 청하시고 앉으사 배에서 무리를 가르치시더니 말씀을 마치시고 시몬에게 이르시되 깊은 데로 가서 그물을 내려 고기를 잡으라 시몬이 대답하여 이르되 선생님 우리들이 밤이 새도록 수고하였으되 잡은 것이 없지마는 말씀에 의지하여 내가 그물을 내리리이다 하고 그렇게 하니 고기를 잡은 것이 심히 많아 그물이 찢어지는지라"(성경 누가복음 5장 3-6절).

📖 —— 무의미한 노력도 있다. 요즘처럼 변동이 심할 때는 더 그렇다. 베드로는 밤새도록 고기 떼를 찾아다녔지만 허사였다. 그런데 예수님의 말씀을 따라 깊은 데로 가서 그물을 내리자 거기에 고기 떼가 몰려 있었다. 잠재고객이 많지도 않은데 여기저기 흩어져 있다면 작고 어려운 시장이다. 잠재고객이 많은데 한곳에 몰려 있다면 크고 쉬운 시장이다. 잠재고객이 한곳에 많이 몰려 있는 시장을 선점하고 독점할 수 있다면 큰 성장을 빠르게 이룰 수 있다. 잠재고객이 많이 몰려 있는 제품, 서비스, 비즈니스 모델이 나에게 있는가.

📖 —— 2015년 9월 23일 2015-2016 분데스리가 6라운드 경기에서 바이에른 뮌헨의 로베르트 레반도프스키 선수는 후반전 시작과 동시에 교체 투입 6분 만에 볼프스부르크의 골망을 갈랐다. 후반전 10분까지 분데스리가 사상 가장 빠른 헤트트릭을 기록했고, 이어 후반전 15분까지 2골을 더 넣었다. 9분 동안 5득점, 유럽의 빅리그 사상 최단시간 기록이었다. 그가 공을 쫓아다녔다기보다는 공이 그를 쫓아다녔다고 해도 과언이 아니었다. 고객과 시장이 더 나를 찾고 잡아당겨야 한다.

느슨한 여백

멀거니 창밖을 바라보거나 우두커니 벽을 응시하는 한가로움의 여백 없이는 창조도 없다. 창조의 아이디어는 느슨함에서 나온다. 개는 주인의 일거수일투족에 민감하지만 고양이는 혼자만의 시공간을 즐긴다. 당신의 자녀, 학생, 직원에게 멍하니 있을 수 있도록 허용하는가.

소리 나오는 만화

"모바일 만화시장의 빠른 성장세도 몇 년 후에는 멈출 것이다.
모바일 만화에 오디오 요소를 가미한다면 더 오래가지 않을까."

– 정승화, 콕코스 CEO

오디오카툰, 만화와 소리의 조합

(주)콕코스의 정승화 대표는 한 번의 사업 실패를 딛고 디지털 만화사업으로 재기했다. 그는 200명에 달하는 국내 중견 만화가들의 만화 1만 2,000권을 디지털화해 웹과 모바일 플랫폼에 유료로 공급하던 중 디지털 만화에 오디오까지 입히는 사업에 새로운 눈을 떴다. 그는 많은 사람이 전철에서 스마트폰으로 웹툰에 몰입해 있는 장면을 보고는 오디오 만화 아이템을 생각해냈다.

'모바일 만화시장이 빠르게 성장한다고 해도 몇 년 후에는 성장세가 멈출 것이다. 모바일 만화에 오디오 요소를 가미하면 성장세를 지속할 수 있지 않을까.' 그는 평면 디지털 만화에 오디오를 넣어 아주

색다른 사용자 경험을 제공할 수 있는 '오디오카툰' 제작에 나섰다. 이미 디지털화된 만화에 성우 음성, 배경 음악, 음향 효과를 입히는 '오디오카툰'은 만화와 애니메이션의 중간 장르다.

그는 창조경제 교류공간 '드림엔터'의 도움을 받아 KBS의 제작 협조를 얻어낼 수 있었다. 그는 KBS 성우들과 음향 엔지니어들의 도움을 받아 오디오카툰 작업을 진행한다. 눈으로 보기만 하던 만화가 귀로 듣는 만화로 재탄생함으로써 독자층에게 새로운 흥미, 박진감, 집중력을 유발시킬 수 있게 되었다. 기존의 만화를 디지털화하는 데 그치지 않고 거기에 오디오를 덧입혀 또 하나의 한류 콘텐츠를 만들어 낸 것이다.

다면적으로 살핀다

오디오카툰은 물론 움직이는 웹툰 '무빙툰'도 등장한 상황이다. 웹툰에 음향과 움직임이 섞였다. 마치 영화를 보듯이 소리가 나고 화면이 움직이고 떨림도 있다. 눈으로만 즐기던 웹툰을 오감으로 만끽할 수 있게 한 것이다. 2015년 들어 네이버는 창작자들이 쉽게 사용할 수 있는 특수효과 소프트웨어 '웹툰효과 에디터'를 내놓았다. 창작자들은 효과를 내게 하는 이미지 파일을 선택한 후 이동, 확대, 축소, 회전, 흔들기 등 원하는 효과 버튼을 클릭해 무빙툰을 만들 수 있다.

콕코스는 오디오카툰을 영어·스페인어·중국어로도 만들어 미국·중국과 남미 등지로 확산시킬 전망이다. 2015년 콕코스는 미국 최대의 한인방송 tvK를 등에 업고 미국시장에 진출했다. KBS와 함께 제작한 오디오카툰 콘텐츠에 영어 자막을 추가해 미국시장에 송출한다. 〈불멸의 이순신〉 등 KBS 콘텐츠를 오디오카툰으로 제작해 한류문화 콘텐츠로 퍼뜨리는 방안도 추진하고 있다. 콕코스의 오디오카툰 매출은 2016년 100억 원을 넘어서고 2018년에는 380억 원에 달할 것으로 예상된다.

콕코스의 성공 비결은 모바일 시대의 변화를 읽고 이전과 다른 만화 콘텐츠를 만들어낸 데 있다. 콕코스의 오디오카툰은 ICT(정보통신기술) 융합을 통해 보는 만화에 듣는 만화라는 새로운 측면을 추가한 형태다. 단순하게 단면적으로 집중해서는 성공할 수 없다. 시대의 흐름을 간파할 뿐만 아니라 다면적으로 보고 생각하고 실행해야 한다. 고객의 욕구가 점점 더 다면화하고 있기 때문이다. 수년 만에 수십조 원의 기업 가치를 창출해내는 스타트업들이 돌출하는 시대다. 고도의 다면적인 관점이 요구되고 있다.

대전환기, 흐름을 읽어내는 눈

사울 왕은 천심을 어기고 민심을 돌보지 않았다. 자신의 이름을 날리기 위해 승전 기념비를 세웠다. "사무엘이 사울을 만나려고 아침에 일

콕코스의 성공 비결은 모바일 시대의 변화를 읽고 이전과 다른 만화 콘텐츠를 만들어낸 데 있다. 콕코스는 오디오 카툰을 영어·스페인어·중국어로도 만들어 미국·중국과 남미 등지로 확산시킬 전망이다.

찍이 일어났더니 어떤 사람이 사무엘에게 말하여 이르되 사울이 갈멜에 이르러 자기를 위하여 기념비를 세우고 발길을 돌려 길갈로 내려갔다 하는지라"(성경 사무엘상 15장 12절). 종국에 그는 자신의 미래를 물으려고 무녀를 찾아갈 정도였다. "사울이 그의 신하들에게 이르되 나를 위하여 신접한 여인을 찾으라 내가 그리로 가서 그에게 물으리라 하니 그의 신하들이 그에게 이르되 보소서 엔돌에 신접한 여인이 있나이다"(성경 사무엘상 28장 7절).

　📖── 천심도, 민심도 이반했다. 40년간 통치에 종지부가 찍히고 다

윗이 이스라엘의 새 통치자로 떠오르고 있었다. 각 지파에서 수천, 수만의 용사가 다윗에게 넘어갔다. "그 때에 사람이 날마다 다윗에게로 돌아와서 돕고자 하매 큰 군대를 이루어 하나님의 군대와 같았더라 싸움을 준비한 군대 지휘관들이 헤브론에 이르러 다윗에게로 나아와서 여호와의 말씀대로 사울의 나라를 그에게 돌리고자 하였으니 그 수효가 이러하였더라"(성경 역대상 12장 22~23절).

📖 —— 그런데 12지파 중에서 잇사갈 지파는 남달랐다. "잇사갈 자손 중에서 시세를 알고 이스라엘이 마땅히 행할 것을 아는 우두머리가 이백 명이니 그들은 그 모든 형제를 통솔하는 자이며 스불론 중에서 모든 무기를 가지고 전열을 갖추고 두 마음을 품지 아니하고 능히 진영에 나아가서 싸움을 잘하는 자가 오만 명이요 납달리 중에서 지휘관 천 명과 방패와 창을 가지고 따르는 자가 삼만 칠천 명이요"(성경 역대상 12장 32~34절).

힘보다 눈이 더 필요하다

다윗을 새 왕으로 옹립하려고 스불론 지파에서 충성된 용사들이 무려 5만 명이나 이동했다. 납달리 지파에서는 3만 8,000명이었다. 그런데 잇사갈 지파에서는 지혜자 200명이 특별히 언급되고 있다. 그들은 시대의 추세를 읽고 마땅히 행할 것을 아는 우두머리들이었다. 사울 왕조에서 다윗 왕조로 전환되는 격변기에는 용사들의 강한 근력보다 시대의 변화를 간파해 미래의 방향을 제시하는 지혜자들의 통찰력이 더 중요했을 것이다. 고려 말기에 조선 왕조의 밑그림을 그렸던 정도전처럼 말이다.

📖 ── 10년이면 변하던 강산이 요즘엔 1년 만에도 다 변한다. 격변기다. 격변기에는 힘보다 눈이 훨씬 더 중요하다. 시대의 흐름을 무시하거나 간과하는 크리스천은 골방에서 점괘나 뽑는 점쟁이처럼 낙오하고 말 것이다. 각 분야에서 개념의 대전환도 강하게 일어나고 있다. 부유한 사람일지라도 기존의 개념에 집착하면 낙오자가 되고, 가난한 사람일지라도 새 개념을 만들어내면 선도자가 된다. 각도를 달리해서 보고 유연하게 움직여야 한다. 단면적인 집중에서 벗어나 다면적인 콘텐츠와 플랫폼을 만들 수 있어야 한다.

관찰의 습관화

고양이는 늘어지게 자거나 게으르게 빈둥대기도 한다. 혼자만의 시공간을 즐기기도 한다. 그러나 영롱한 눈빛으로 먼 곳을 바라보기도 하고 주변을 살피기도 하고 사람을 엿보기도 한다. 충성하되 변화에 둔감해서는 유능한 인재가 될 수 없다. 고양이처럼 관찰을 습관화하는가.

© Linn Currie

옥수수섬유 친환경 양말

"먹는 옥수수가 아니라 신는 옥수수다.
옥수수섬유 양말을 만들어 팔자. 수익의 일부는 빈곤국의 옥수수농장 설립에 보태자."

– 이태성, 더뉴히어로즈 창업자

신는 옥수수, 기부 마케팅

이태성은 역사 다큐멘터리를 찍고 싶어서 강원대학교 사학과에 입학했다. 그러나 고등학교 때처럼 암기식 공부를 해야 하는 것이 싫었다. 영화에 눈이 팔려 혼자 영화를 찍다가 독립영화 조감독도 하게 됐다. 지인의 추천으로 공연기획사에 들어갔다. 기획 쪽은 적성에 맞았지만 조직생활은 안 맞았다. 반복되는 일상에 싫증이 났다. 돈만 벌다가 끝난다면 스스로에게 미안한 인생이겠다는 생각이 들었다. 평범하게 선택하고서 특별한 결과를 기대할 수는 없었다.

그렇다. 역량을 쌓는 것보다 방향을 정하는 것이 더 중요하다. 역량이 있어도 방향이 없다면 진정한 리더일 수 없다. 그는 직장을 그만두고는 새 일을 찾기로 했다. 그의 눈에 양말이 잡혔다. 아버지 때에는 양말이 모자라 기워 신기도 하고 선물로 나누기도 했었다. 양말은 나눔이었다. 혼자 잘사는 세상이 아니라 함께 나누는 세상이어야 한다. 그는 양말 사업으로 함께 나눌 수 있다고 보았다. 사회의 부족한 곳에 늘 관심이 갔던 그에게 나눔은 특별한 게 아니었다. 고등학교 때는 400시간 가까이 봉사활동을 했던 그였다.

처음에 그는 일반 양말을 판매하려고 했다. 그런데 합성섬유라는 게 마뜩찮았다. 친환경 소재를 찾다가 옥수수섬유를 만났다. 그는 독립영화 조감독 때에 접했던 사회적기업의 개념을 연결시키고는 그때의 일부 지인들과 뜻을 함께하며 창업을 준비했다. 2011년 고용노동부의 사회적기업가 육성을 위한 아이템 공모전에 당선돼 사회적기업진흥원에서 창업지원금을 받을 수 있었다. 그는 강원도 춘천시 운교동에 더뉴히어로즈를 세웠다.

시행착오가 만만찮았다. 정부 위탁기관과 불협화음이 잦았고, 옥수수섬유 양말을 개발하는 데 1년이 걸렸다. 희망은 막연했고 인건비 지급도 어려웠다. 창업한 지 5개월 만에 창업 멤버들이 뿔뿔이 흩어졌다. 상실감이 컸고 우울증이 왔다. 고군분투 끝에 후배 디자이너가 합류하는 등 다시 진용을 갖추었다. 섬유업체 휴비스에서 소재를 공급받아 서울 방학동의 한 공장에서 주문생산할 수 있게 됐다. 2012년 10월 옥수수섬유 양말 '콘삭스'를 시장에 내놓았다. 2013년 매출이 1억 원을 넘었다.

목적도 강해야 한다

친환경 제품이라고 해서 소비자들이 구매하지는 않는다. 품질도 좋아야 하고 디자인도 좋아야 한다. 콘삭스는 좀 비싼 편인데도 반응이 좋다. 홍콩디자인센터의 2013 디자인 아시아 어워드에서 우수상도 받았다. 이태성 대표는 콘삭스가 패션의 종결이 될 수 있도록 디자인 개발에 더욱 박차를 가하고 있다. 위안부 할머니를 돕는 마케팅에도 나섰고, 한 켤레를 사면 노숙자에게 한 켤레를 보내는 마케팅도 추진했다. 국내시장에서 점유율을 높이는 한편 홍콩과 중국 등 해외시장 개척에도 나서고 있다.

콘삭스의 매력은 두 가지다. 먼저는 친환경 양말이다. 옥수숫대, 잎, 열매로 옥수수섬유를 만들고 그것으로 양말을 생산한다. 땅에 묻히면 1년 안에 다 분해된다. 제조 시의 탄소 배출량도 합성섬유 양말보다 30% 적다. 피부 트러블이 없고 세균 번식도 막아 특히 아이들에게 좋다. 다음은 기부다. 옥수수 하나로 양말 두 켤레가 만들어지는데 그 수익금의 10%를 아프리카의 부르키나파소에 보낸다. 기부금은 옥수수농장 설립에 쓰인다. 고객이 다 신은 양말로 코니돌 양말인형을 만들어 보내면 거기에 옥수수 씨앗을 담아 빈곤국의 아이들에게 보내기도 한다.

　　이태성 대표는 먹는 옥수수가 아니라 신는 옥수수를 생각했다. 남들과 다른 관점에서 보고 생각하는 창의성이 있어야 한다. 또 능력을 갖추어야 창의성을 구현할 수 있다. 두 손뼉이 마주쳐야 소리가 나듯이 창의성과 능력이 마주쳐야 가치가 창출된다. 더 나아가 더 큰 공동체의 이익을 지향하는 목적이 있어야 한다. 목적이 허약하면 이기적인 수준에 머물고 만다.

생명의 관점, 손가락 글씨

"아침에 다시 성전으로 들어오시니 백성이 다 나아오는지라 앉으사 그들을 가르치시더니 서기관들과 바리새인들이 음행중에 잡힌 여자를 끌고 와서 가운데 세우고 예수께 말하되 선생이여 이 여자가 간음하다가 현장에서 잡혔나이다 모세는 율법에 이러한 여자를 돌로 치라 명하였거니와 선생은 어떻게 말하겠나이까 그들이 이렇게 말함은 고발할 조건을 얻고자 하여 예수를 시험함이러라 예수께서 몸을 굽히사 손가락으로 땅에 쓰시니"(성경 요한복음 8장 2~6절).

　📖── 예수님은 지금의 미국이나 중국보다 훨씬 더 강력했던 로마제국 치하에서 하나님의 나라를 건설하고자 하셨다. 예수님의 백성은 소외계층일 수밖에 없었고 통치원리는 사랑과 자비일 수밖에 없었다.

가난한 대중이 속속 예수님께로 몰려들자 기득권층은 계속 덫을 놓았다. 하루는 서기관들과 바리새인들이 간음하다가 현장에서 잡힌 여자를 끌고 와 가운데 두고는 예수님을 시험했다. 모세의 율법에 따르면 돌로 쳐 죽여야 한다. 로마법에 따르면 사형 처벌권이 로마인에게 있다. 진퇴양난이다. 예수님은 땅에 손가락 글씨를 쓰시며 호흡 조절을 하신다.

📖──── "그들이 묻기를 마지 아니하는지라 이에 일어나 이르시되 너희 중에 죄 없는 자가 먼저 돌로 치라 하시고 다시 몸을 굽혀 손가락으로 땅에 쓰시니 그들이 이 말씀을 듣고 양심에 가책을 느껴 어른으로 시작하여 젊은이까지 하나씩 하나씩 나가고 오직 예수와 그 가운데 섰는 여자만 남았더라 예수께서 일어나사 여자 외에 아무도 없는 것을 보시고 이르시되 여자여 너를 고발하던 그들이 어디 있느냐 너를 정죄한 자가 없느냐 대답하되 주여 없나이다 예수께서 이르시되 나도 너를 정죄하지 아니하노니 가서 다시는 죄를 범하지 말라 하시니라" (성경 요한복음 8장 7~11절).

성찰하게 하는 질문

그들이 계속 재촉하자 예수님은 일어나 답변하셨다. 돌로 쳐 죽이되 조건이 있다. 죄 없는 사람부터 시작하라는 것이다. 예수님은 재차 땅에 손가락 글씨를 쓰시며 여백의 시간을 가지신다. 어른들부터 슬금슬금 꽁무니를 내뺀다. 나이가 들수록 늘어나는 게 죄다. 젊은이들도 죄에서 자유로울 수 없다. 다 떠나고 예수님과 여자만 남았다. 모세의 율법도 어기지 않았고 로마법도 어기지 않았다. 그러고도 여자는 살아남았다. 예수님은 여자에게 용서를 베푸시되 다시는 죄를 짓지 말라고 당부하셨다.

📖 —— 덫을 놓는 사람은 죽이고자 할 뿐이고 덫을 푸는 사람은 살리고자 할 뿐이다. "도둑이 오는 것은 도둑질하고 죽이고 멸망시키려는 것뿐이요 내가 온 것은 양으로 생명을 얻게 하고 더 풍성히 얻게 하려는 것이라"(성경 요한복음 10장 10절). 로마 제국 치하에서 기득권층이 억압과 착취 관점에서 소외계층을 보았다면, 예수님은 정반대로 생명과 부활 관점에서 보셨다. 예수님은 살리고 또 살리고자 하셨고, 더 나아가 죽었어도 살리고자 하셨다. "예수께서 이르시되 나는 부활이요 생명이니 나를 믿는 자는 죽어도 살겠고"(성경 요한복음 11장 25절).

강점의 차이

다 같은 고양이이지만 귀엽기로는 스코티시 폴드이고, 우아하기로는 래그돌이고, 깔끔한 외모로는 러시안 블루이고, 징그러운 매력으로는 스핑크스이고, 강렬한 눈빛으로는 샴이고, 유연한 동작으로는 벵골이다. 독특한 개성과 강점의 차이를 파악해 고양이형 인재를 길러내야 한다.

© Eric Isselee

옆길로 새는 **용기**

> "성실과 노력만으로는 승리할 수 없다.
> 너만의 게임을 펼쳐라. 너만의 생각으로 너만의 주먹을 던지며 네 방식대로 싸우라."
>
> – 현대카드, 'MBM' 철학의 기업

길 만드는 모세, 황새 부수는 뱁새

현대카드는 '남들과 다를 것'을 유난히 요구한다. "성실, 노력, 최선만으로는 승리할 수 없다. 스스로 자신의 멘토가 돼 자신만의 게임을 펼쳐라. 너만의 생각으로 너만의 주먹을 던지며 네 방식대로 싸우라." 기존의 틀을 깨뜨리고 새 틀을 만들자는 것이다. 'Make Break Make(MBM)'가 현대카드의 기업철학이다. 이 철학을 대중에게 효과적으로 전달하고 확산시키기 위해 현대카드는 지금껏 남다른 발상과 열정을 과시해왔다.

특히 젊은이의 공감을 얻고자 'MC 옆길로새×현대카드'라는 뮤직비디오를 만들어 2013년 12월 5일 유튜브에 올렸다. 힙합 스타일로 제작된 이 뮤직 비디오는 신나는 음악, 재미있는 영상, 도발적인 가사를 교차하며 강하게 유혹한다. 20대를 비롯해 네티즌은 폭발적인 반응을 보였다. 조회 수가 550만을 넘었다. 현대카드의 브랜드 철학을 쉽게 이해하게 했을 뿐만 아니라 널리 퍼지게 했다는 극찬을 받았다.

이 전설적인 광고는 미국 디트로이트에 사는 큰유황앵무 'MC 옆길로새'를 래퍼로 하고 현대카드를 DJ로 한다. 제작진이 유튜브 영상을 유심히 보다가 발탁한 이 앵무새는 1987년생이고 본명이 '퀄러비 3세'다. 한국 래퍼 '리오 케이코아'가 2007년 발표했던 'Like That'을 리메이크한 힙합 음악의 경쾌한 흐름을 타고 '새' 또는 '세'라는 운율이 반복해서 튀어나오는 광고 영상의 빠른 전개에 넋을 빼앗기지 않을 수 없다.

광고를 접한 네티즌들은 도무지 정지 버튼을 누를 수 없었노라고 한결같이 고백한다. 영어로 노래하고 춤추며 실연하는 주인공 앵무새의 몸짓은 물론 음악의 흥겨움과 운율의 반복성에다 가사의 도발성에 이르기까지 네티즌들을 홀리는 중독성은 대단했다. 남들과 똑같이 살지 말고 옆길로 새라는 메시지는 사이렌의 목소리처럼 고혹적이다. 자칫 진부하고 딱딱한 메시지일 수 있는데도 깊이 빠져들어 헤어나지 못하게 한다.

둥지보다 방향을 튼다

"…친구 따라 강남 갔으면 서커스 앵무새/ 방앗간이 싫어졌다면 미라클 참새/ 내 날개는 요새, 한계 없이 나네/ Feel에 취한 날개는 바람 못지않네/ 내 삶의 방식은 에드워드 8세/ 죽어도 싫은 말, 새장에 갇힌 신세/ 같은 길로 달려봤자 거기서 거길세/ 옆길에서 만나 황새 부순 뱁새/ 내 스타일은 언제나 우세보단 열세/ 누가 뭐라 해도 후회 절대 절대 안 새/ 뻔한 길로 가지 말고 옆길로 새…" 남들과 똑같은 길로 달리지 말고 옆길로 새라는 외침이다. 옆길로 샌 뱁새가 황새도 부순다는 과장법은 대기업도 깨부수는 스타 벤처를 떠올리게 한다.

대세를 좇지 말고 다른 길로 가라는 유혹은 계속된다. "…난 싫지 허세/ 무시하지 대세/ 눈에 띄는 날개가 남게 되지, 후세/ 내 삶의 목표는 영웅이야, 난세/ 세상 모두 쫓아가도 쫓지 않아 절대/ 틈새를 노려보는 한 마리의 늑대/ 뻔한 길은 싫어, 길 만들지 모세/ 한번쯤은 옆길로 새, 같이 새/ 뻔한 인생 옆길로 새, 같이 새/ 가던 길을 한 번 부수면, 같이 새/ Different 오늘 만세 / I make break make…/ 어디로든 한번쯤 옆길로 새 / 뻔한 길로 가지 말고 옆길로 새…"

뻔한 길, 같은 길, 가던 길, 모두가 좇아가는 길, 틀에 박힌 성공방식, 고정관념, 대세, 우세를 떠나 남들과 다른 길, 자기만의 길, 새로운 길 곧 옆길로 새는 일탈의 용기가 남다른 창조의 삶을 살 수 있게 한다는 것이다. 대체로 모범생은 기존의 틀 안에서 빠르게 앞서지만 새 틀을 만들어내지는 않는다. 기존의 틀 안에서 둥지를 틀기보다는 새롭게 방향을 틀고 도전할 수 있어야 한다.

절대 위기, 중심부 공략

히브리 민족이 몇 백 년 동안 이집트에서 노예생활을 하던 중 그 숫자가 점점 불어나자 위협을 느낀 이집트 왕이 히브리 민족의 사내 아기들을 다 죽이고자 했다. "애굽 왕이 히브리 산파 십브라라 하는 사람과 부아라 하는 사람에게 말하여 이르되 너희는 히브리 여인을 위하여 해산을 도울 때에 그 자리를 살펴서 아들이거든 그를 죽이고 딸이거든 살려두라"(성경 출애굽기 1장 15~16절). 아기 모세의 어머니에게도 재앙의 불똥이 튀었다. 특단의 조치를 취해야 했다.

📖── "레위 가족 중 한 사람이 가서 레위 여자에게 장가 들어 그 여자가 임신하여 아들을 낳으니 그가 잘 생긴 것을 보고 석 달 동안 그를 숨겼으나 더 숨길 수 없게 되매 그를 위하여 갈대 상자를 가져다가 역청과 나무 진을 칠하고 아기를 거기 담아 나일 강 가 갈대 사이에 두고 그의 누이가 어떻게 되는지를 알려고 멀리 섰더니 바로의 딸이 목욕하러 나일 강으로 내려오고 시녀들은 나일 강 가를 거닐 때에 그가 갈대 사이의 상자를 보고 시녀를 보내어 가져다가 열고 그 아기를 보니 아기가 우는지라 그가 그를 불쌍히 여겨 이르되 이는 히브리 사람의 아

기로다."(성경 출애굽기 2장 1~6절).

📖── 아기 모세를 어디에 숨길 것인가. 다락방엔가, 앞마당 장독대엔가, 뒷마당 구덩이엔가. 모세의 어머니는 완전히 다르게 보았다. 오히려 태풍의 눈 속이 가장 안전하다고 보고 거기로 모세를 밀어 넣고자 했다. 어떻게 가능할 것인가. 모세의 어머니는 이집트 왕의 공주가 목욕하러 내려오는 때에 맞춰 모세를 일종의 방수 보트였던 갈대상자에 넣고는 강가의 갈대 사이에 두었다. 다행히 공주의 눈에 띄었고, 아기는 구사일생의 기회를 얻었다. 히브리 사람의 아기인 줄 알고도 공주는 측은히 여겨 데려다 키울 심산이었다.

위기일수록 다르게 본다

"그의 누이가 바로의 딸에게 이르되 내가 가서 당신을 위하여 히브리 여인 중에서 유모를 불러다가 이 아기에게 젖을 먹이게 하리이까 바로의 딸이 그에게 이르되 가라 하매 그 소녀가 가서 그 아기의 어머니를 불러오니 바로의 딸이 그에게 이르되 이 아기를 데려다가 나를 위하여 젖을 먹이라 내가 그 삯을 주리라 여인이 아기를 데려다가 젖을 먹이더니 그 아기가 자라매 바로의 딸에게로 데려가니 그가 그의 아들이 되니라 그가 그의 이름을 모세라 하여 이르되 이는 내가 그를 물에서 건져내었음이라 하였더라"(성경 출애굽기 2장 7~10절).

📙—— 모세의 어머니는 이제 하늘의 뜻에 맡기겠다며 두 손을 놓고 있지 않았다. 마지막까지 집중했다. 똑똑한 큰딸을 현장에 남겨 일이 제대로 추진되게 했다. 큰딸은 공주가 자기 동생을 입양하는 것이 아주 당연하다는 듯이 자기 어머니를 유모로 추천했다. 일이 술술 풀려 모세는 살았고, 모세의 어머니는 자신의 모유로 모세를 키울 수 있었다. 뿐만 아니라 그 삯까지 받았다. 인간적인 노력과 과감한 전략 너머에 하나님의 은총과 섭리까지 있었기에 가능했다.

📙—— 큰 위기를 만날수록 더 다르게 보아야 한다. 대충 다르게 보는 것으로는 역부족이다. 상류층 1%, 하류층 99%, 그리고 인공지능과 자동화 로봇의 중간층으로 대별될 미래의 태풍이 다가오고 있다. 완전히 다르게 볼 수 있는가. 태풍의 눈 속으로 자식을 밀어 넣을 수 있는 정도인가. 변두리를 때리지 않고 중심부의 중앙을 향해 정면으로 돌진하는 정공법이 필요할 때도 있다.

개성을 표현할 기회

어렵사리 대기업에 취직했어도 1년 만에 그만두는 경우가 25%나 된다. 고양이형 인재의 자아는 사자인 양 강하다. 타율과 통제를 싫어한다. 상사에게 굽히지 않는다. 개성을 표현하고 자아를 실현하려고 한다. <mark>고양이형 인재에게 자기 주도성이 발휘될 수 있는 기회를 주어야 한다.</mark>

특급 정보와 **속도전**

> "길이 없는 게 아니다. 찾지 못했을 뿐이다.
> 특급 정보를 기필코 확보하고 활용해 상대방의 허점을 신속하게 공략해야 한다."
>
> – 칭기즈칸, 몽골 창건자

정보 최우선, 허점 공략

1218년 몽골의 칭기즈칸(1167~1227)은 호라즘의 알라 웃딘 무함마드에게 사절단 3명을 보내 중국과 유럽을 잇는 실크로드 통행을 재개하자고 제안했다. 칭기즈칸보다 무함마드가 더 우위에 있다는 것을 분명히 하면서 진기한 선물을 내놓자 무함마드는 기꺼이 조약에 서명했다. 당시 호라즘은 지금의 우즈베키스탄에서 이란에 이르는 이슬람 제국이었다. 호라즘의 수도 사마르칸트는 실크로드 교역으로 막대한 부를 축적하고 있었다.

몇 달 후 몽골 상인 500명이 호라즘의 북동쪽 도시인 오트라에 당도했다. 그런데 오트라의 영주가 첩자 혐의를 씌워 그들을 다 살해하고 그들의 교역품도 압수했다. 칭기즈칸은 대노하며 특사를 보내 무함마드에게 사과를 요구했다. 칭기즈칸이 대등한 위치에서 사과를 요구한 것으로 해석한 무함마드는 격분한 나머지 특사의 목을 잘라 칭기즈칸에게 보냈다. 전쟁 선포나 마찬가지였다. 무함마드는 병력 40만 명으로 사마르칸트 등 주요 도시들을 방어하고 있었다. 몽골군의 두 배가 넘는 숫자였다.

무함마드는 몽골군이 침입하려면 반드시 건너야 하는 시르다리아 강변을 따라 압도적인 숫자의 병력을 심어놓았다. 1219년 여름, 호라즘 정찰대는 몽골군이 시르다리아 강 남쪽으로 접근 중이라고 보고했다. 무함마드는 그의 아들인 잘랄 앗딘에게 많은 군사를 맡겨 파견했다. 잘랄 앗딘은 치열한 전투 끝에 몽골군을 패퇴시키고는 초췌한 몽골군이 더 이상 전쟁을 원하지 않는 것 같았으며 말들도 말라 있었다고 전했다.

그런데 몇 달 후 갑자기 북쪽에서 몽골군이 나타나 오트라를 공격하더니 몽골 상인들을 살해한 영주를 사로잡아 그의 눈과 귀에 끓는 은을 부어 죽였다. 몽골군의 기습에 당황한 무함마드는 군대를 급파해 북쪽 전선을 보강했다. 그러나 칭기즈칸의 두 장수가 이끌던 몽골군은 오트라에서 시르다리아 강을 따라 남쪽으로 신속하게 이동했다. 한 부대는 강 주변을 따라 이동하면서 주요 요새들을 공략했고, 다른 부대는 남쪽으로 사라졌다.

무함마드는 사마르칸트에 주둔군을 남겨놓고는 시르다리아 강가에 병력을 재배치했다. 그러나 몽골군의 속도전을 당해낼 수 없었다. 몽골군의 말은 작고 가볍고 빨랐으며, 지치면 다른 말로 교체됐고, 약해지면 잡혀서 식량으로 활용됐다. 몽골군은 두 배나 빨랐고 활솜씨도 능숙했다. 서로 멀리 떨어져 있어도 깃발이나 봉화로 소통했다. 몽골군의 기습은 예측 불허였고 정교했다. 다시 속도가 판세를 좌우하는 시대가 왔다. 요즘 대기업들을 벌벌 떨게 하는 게 있다면 신생기업들의 속도다.

달리면서 집중하라

무함마드의 군대는 몽골군의 파상 공격에 지쳤다. 그 와중에 남쪽으로 사라졌던 몽골군 부대가 북서쪽으로 진격했다. 무함마드가 병력 5만 명을 급파했지만 몽골의 중무장 기마병들을 당할 재간이 없었다. 무함마드는 서쪽으로 퇴각해 재정비하는 수밖에 없었다. 그런데 그것마저 쉽지 않았다. 1220년 2월, 칭기즈칸이 직접 지휘하던 몽골군이 사마르칸트 서쪽의 상업 중심도시인 부하라를 공략하고 있었던 것이다. 부하라는 북쪽만 제외하고는 모든 방비가 철통같았다. 북쪽의 키질쿰 사막을 관통해 부하라로 접근한다는 것은 불가능했다.

그러나 칭기즈칸은 오직 한 사람을 붙잡기 위해 투르크메니스탄의 자눅을 점령했다. 그 사람은 키질쿰에서 평생을 살았기에 오아시스의 위치를 모두 알고 있었다. 그의 정보를 바탕으로 칭기즈칸의 군대는 오아시스를 따라 키질쿰을 넘었고 부하라의 뒤를 찔렀다. 길이 없는 게 아니다. 찾지 못했을 뿐이다. 칭기즈칸은 꼭 필요한 정보를 확보하고 활용함으로써 상대방의 허점을 공략할 수 있었다. 칭기즈칸의 기습으로 부하라는 초토화됐다. 1220년 3월 칭기즈칸의 군대는 부하라 동쪽의 사마르칸트로 향했다.

사마르칸트는 부하라보다 더 강력한 요새였고 무함마드의 병력도 더 많았다.[6] 그런데도 칭기즈칸의 포위망을 뚫을 수 없었다. 5일 만에 사마르칸트는 무너졌고, 1220년 12월 카스피 해안까지 도망친 무함마드는 작은 섬에 몸을 숨겼지만 누더기 옷을 입고 굶주린 채 병사하고 말았다. 칭기즈칸은 사마르칸트 등 호라즘의 주요 도시를 차례로 점령하면서 대학살극을 벌였다. 그는 사상 최고이자 최악의 영웅이었다. 그의 몽골 제국은 남달랐던 정보전과 전격전으로 동유럽 일대까지 세력을 확장할 수 있었다.

정보를 더 많이 알수록 전쟁과 비즈니스에서 더 자주 승리할 수

---

6 김종춘, 『너는 전략으로 싸우라』(아템포, 2013), 38면 참조.

있다. 새로운 정보, 중요한 정보, 핵심적인 정보를 입수하고 활용하고 보호하기 위해 백방으로 노력해야 한다. 정보의 확보는 힘이고, 정보의 확충은 더 큰 힘이고, 정보의 활용은 가장 큰 힘이며, 정보의 보안은 생명 그 자체다. 치명적이고 유일무이한 정보를 확보하기 위해 모든 자원을 총동원할 수도 있어야 한다.[7)]

또 신속한 기동력으로 예측 불허의 전격전도 펼칠 수 있어야 한다. "그때, 좀 더 빨리 움직였더라면 좋았을 텐데." 시스코의 존 체임버스 회장이 오랜 재임기간 중 늘 후회한 것이 있었다면 바로 속도다. 그에 따르면 큰 물고기가 아니라 빠른 물고기가 딴 물고기들을 잡아먹는다. 요즘은 모든 게 전광석화처럼 변한다. 집중해야 진척이 있지만, 집중하는 순간부터 도태가 시작된다. 집중하되 바퀴를 달고 달리면서 집중해야 한다.

장애물과 새 표지, 원안 수정

"성령이 아시아에서 말씀을 전하지 못하게 하시거늘 그들이 브루기아와 갈라디아 땅으로 다녀가 무시아 앞에 이르러 비두니아로 가고자 애쓰되 예수의 영이 허락하지 아니하시는지라 무시아를 지나 드로아로

---

7 김종춘, 『너는 전략으로 싸우라』(아템포, 2013), 42면 참조.

내려갔는데 밤에 환상이 바울에게 보이니 마게도냐 사람 하나가 서서 그에게 청하여 이르되 마게도냐로 건너와서 우리를 도우라 하거늘 바울이 그 환상을 보았을 때 우리가 곧 마게도냐로 떠나기를 힘쓰니 이는 하나님이 저 사람들에게 복음을 전하라고 우리를 부르신 줄로 인정함이러라" (성경 사도행전 16장 6~10절).

📖 —— 바울은 불타는 열정으로 로마 제국의 아시아 주에서 예수님의 복음을 전하고자 했다. 그러나 길이 닫혔다. 비두니아로 가고자 방향을 틀었지만 마찬가지였다. 예수님의 성령이 막으신 것이었다. 그의 선교 계획보다 성령님의 선교 계획이 더 위대한 것이었기 때문이다. 원래 계획을 좌절시키는 방해물이 나타나면 그것을 돌파할 수 있어야 한다. 그러나 돌파했다는 사실 외에는 상처뿐인 경우도 있다. 돌파의 저주에 빠지게 되는 것이다. 누차 방해받게 되면 딴 길을 가리키는 표지가 있는지 살펴보아야 한다.

📖 —— 그는 항구도시 드로아로 내려가 마침내 에게 해에 이를 수 있게 됐다. 때마침 그는 마게도냐 사람이 도움을 요청하는 환상을 보고는 곧장 그리스로 방향을 틀었다. 선교의 목적지가 아시아에서 유럽으로 바뀐 것이다. 원안대로 추진하는 뚝심도 멋지지만 변수에 따라 원안을 수정해 더 나은 방향으로 전환하는 유연성은 더 멋지다. 뚝심은 고집이 될 수도 있다. 격변기에는 유연성이 더 요구된다. 유연성 없이

는 새로운 기회의 표지를 감지하지 못한다.

수정은 수치가 아니다

"우리가 드로아에서 배로 떠나 사모드라게로 직행하여 이튿날 네압볼리로 가고 거기서 빌립보에 이르니 이는 마게도냐 지방의 첫 성이요 또 로마의 식민지라 이 성에서 수일을 유하다가 안식일에 우리가 기도할 곳이 있을까 하여 문 밖 강가에 나가 거기 앉아서 모인 여자들에게 말하는데 두아디라 시에 있는 자색 옷감 장사로서 하나님을 섬기는 루디아라 하는 한 여자가 말을 듣고 있을 때 주께서 그 마음을 열어 바울의 말을 따르게 하신지라 그와 그 집이 다 세례를 받고 우리에게 청하여 이르되 만일 나를 주 믿는 자로 알거든 내 집에 들어와 유하라 하고 강권하여 머물게 하니라" (성경 사도행전 16장 11~15절).

바울은 드로아에서 배를 타고 에게 해를 지나 그리스의 빌립보에 당도했다. 거기에는 유대인 회당이 없었던 게 분명했다. 그는 안식일에 기도처를 찾았다. 몇몇 여자들이 강가에 모여 있었다. 그가 말을 건네자 루디아가 마음을 열었다. 루디아는 유대교의 하나님을 알았지만 아직 예수님은 몰랐다. 그가 전하는 복음을 듣고 루디아는 믿었다. 루디아와 루디아의 집이 다 세례를 받았다. 루디아는 자기 집을 열어 그의 일행에게 거처를 제공했다. 그렇게 루디아의 집은 유럽 선교의 첫 거점이 됐다. 루디아는 자색 옷감장사를 하던 여성 사업가였다. 루디아는 그가 유럽 선교를 펼칠 수 있도록 물심양면으로 도왔을 것이다.

📖── 술술 풀려서 좋은 것도 있지만 꽉 막혀서 좋은 것도 있다. 장애물 때문에 딴 길을 모색했는데 그 길이 더 나을 수 있다. 환경이 바뀌면 더 이상 초심도, 계획도, 전략도 안 먹힌다. 변화에 따라 유연하게 움직이면서 수정하고, 수정하면서 움직여야 한다. 잘못된 결정인데도 과신하며 강하게 추진한다면 반드시 몰락과 마주칠 것이다. 변화에 따라 다르게 수정하는 것은 수치가 아니라 지혜다. 페이팔은 원래 보안 소프트웨어로 만들었으나 실험과 수정을 여섯 차례 반복하면서 결제 시스템으로 업그레이드됐다. 구글은 검색으로 출발했지만 지금 지구와 우주로 향하지 않는가.

유연한 발상

고양이는 암모나이트처럼 몸을 동그랗게 말아서 자기도 하고, 미꾸라지처럼 좁은 구멍에서 유유히 빠져나오기도 한다. 공중제비와 낙법도 자유자재다. 고양이는 어디에도, 누구에게도 고착되는 법이 없다. 당신의 자녀, 학생, 직원을 고양이처럼 유연한 발상을 지닌 인재로 키우는가.

© Haru

다양한 문고 시리즈

"작은 문고판을 싸게 만들자.
큰 할인점에서도 팔고 모든 판로를 다 활용하자. 낱권보다는 이슈 중심 시리즈로 출간하자."

– 앨런 레인, 펭귄북스 창업자

싸고 작은 책, 이슈 파이팅

펭귄랜덤하우스는 세계 최대 단행본 출판사다. 신간을 연간 1만 2,000종 내고 매출은 3조 8,500만 원에 이른다. 영미권 출판시장에서 점유율 25%를 자랑한다. 노벨 문학상 수상자 60여 명의 판권도 갖고 있다. 그 모체가 되는 펭귄북스는 1935년 앨런 레인이 세웠다. 당시 책은 양장본이어서 비쌌고 호사품이었다. 아무나 가지고 읽을 수 없었다. 그는 기차역에서 읽을거리를 찾다가 마땅한 게 없자 아예 작고 싼 책을 직접 만들자는 생각에 미쳤다. 그는 소프트 커버로 된 손바닥만 한 문고판을 담배 1갑 값인 6펜스에 내놓았다.

출판업계도, 서점업계도 회의적인 반응을 보였다. 판로가 막히자 그는 당시 모든 상품을 6펜스 이하로 팔던 울워스에 펭귄 문고판을 보내 팔기 시작했다. 반응이 엄청났다. 날개 돋친 듯 팔렸다. 한 달여 만에 100만 부를 돌파하더니 1년 후에는 300만 부를 기록했다. 그는 판로를 다변화했다. 재래식 서점뿐만 아니라 동네 구멍가게, 담배 가게, 신문 가판대, 기차역 편의점, 대형 체인점에서도 팔게 했다. 서민들은 쉽게 사서 읽을 수 있었다.

영국의 날씨가 영국인을 만들었다면, 펭귄북스는 영국인의 머리를 채웠다고 할 만큼 펭귄북스가 영국의 지성사에 미친 영향은 막대하다. 1960년 D. H. 로렌스의 소설 『채털리 부인의 연인』을 무삭제로 내놓자 금서였는데도 불구하고 6개월 만에 200만 권이 팔렸고 모두 350만 권이 팔렸다. 영국 학생들은 고전문학 시리즈인 펭귄 클래식으로 공부한다. 펭귄 클래식은 지금껏 2,600종이 나왔고 전 세계에서 매일 2만 권이 팔린다.

펭귄북스의 성공 포인트는 남다른 브랜딩에 있다. 다른 출판사들이 책 그 자체에 집중했다면 펭귄북스는 자신의 존재감을 키우고 알리는 데 주력했다. 다들 책의 표지 디자인에 사활을 걸었지만 펭귄북스의 표지 디자인은 간결했다. 책의 제목, 저자 이름, 펭귄 로고, 그 로고를 감싸는 타원을 보여줄 뿐이었다. 펭귄북스의 표지 디자인에는 통일성과 일관성이 있었다. 각각의 책보다는 펭귄북스가 편집했다는 사실

을 더 부각시켰다.[8]

장르에 따라 표지 색깔도 달리했다. 예를 들어 소설은 오렌지색, 전기물은 남색, 범죄물은 녹색, 드라마는 적색이었다. 책의 표지만 보고서도 독자들은 펭귄북스의 책이라는 것을 알 수 있었다. 앨런 레인이 출판사 이름을 펭귄으로 한 것도 브랜드 전략의 일환이었다. 펭귄이라는 이름은 문고판처럼 가벼운 느낌을 주었고 펭귄의 이미지는 유쾌한 느낌을 주었다. 독자들의 마음에 쉽게 각인될 수 있었다.

지식을 민주화하다

펭귄 문고판의 강점은 시리즈에 있었다. 각 시대의 수요를 찾아 참신한 기획력으로 시리즈를 엮어냈다. 아동도서는 퍼핀 시리즈로, 고전문학은 펭귄 클래식으로, 비소설 인문서는 펠리컨 시리즈로 내놓았다. 셰익스피어 시리즈도 출간했다. 값싸고 다양한 문고판 시리즈는 배움에 목말라 있던 영국인에게 홈스쿨링 역할을 했다. 지식 독점을 무너뜨리고 지식 민주화를 가능하게 했다. 특히 펠리컨 시리즈는 영국 노동자의 눈을 열어 노동운동과 정치운동을 촉발시킨 것으로 평가된다.

---

8 윤형준, "출판사 '펭귄' 80년 브랜드 파워," 조선일보(2015. 4. 18.), C1면 참조.

펠리컨 시리즈를 필두로 한 펭귄 시리즈는 BBC 등과 함께 영국을 영원히 바꾸었다고 이야기될 정도다. 펠리컨 시리즈는 인문, 예술, 과학 등 비소설 분야에서 3,000종이 발행됐다. 디자인이 세련됐고 바지 뒷주머니에 들어가는 크기와 두께였다. 모두 2억 5,000만 권이 팔렸다. 시집, 미술책, 아동그림책 등도 시리즈로 나왔다. 낱권도 뛰어나지만 시리즈도 수집욕구를 자극한다. 펭귄북스의 다양한 시리즈는 시대의 수요를 찾아 이슈화하는 데 성공했다. 독자들에게 꼭 읽어야 할 정보와 지식을 잘 골라서 제공했다. 단발로 끝내지 않고 일관되게 지속했다.

2012년 펭귄북스는 독일계의 랜덤하우스와 합병해 펭귄랜덤하우스로 거듭났다. 펭귄랜덤하우스는 모바일 환경의 확산 속에서 빠르게 변신하고 있다. 전자책시장의 성장으로 문고판 판매량이 위축되는 양상이다. 전자책은 일종의 현대식 문고판이다. 서로 상충관계에 있을 뿐이다. 펭귄랜덤하우스의 전자책 비중은 25%다. 전자책시장의 전반적인 성장세가 주춤하면서 향후 펭귄랜덤하우스의 전자책 비중은 30%에 머물 전망이다. 여전히 종이책의 질감을 선호하고 종이책을 선물하려는 독자들이 많기 때문이다.

사실 깊이가 있는 정보와 지식을 전달할 수 있는 매체는 많지 않다. 방대한 분량과 콘텐츠를 담을 수 있는 매체는 거의 책뿐이다. 미지의 영역을 탐색하게 하는 도구로서 책보다 나은 게 없다. 중요한 정보와 지식은 여전히 책에서 나온다. 그럴지라도 스마트폰에 익숙한 어린이들이 자라고 있어 향후 출판시장은 약화될 게 분명하다. 어린이들은 스마트폰으로 빠르고 쉽게 콘텐츠를 소비하고는 그만이다. 장차 세계 출판업계의 지각변동이 예고되는 이유다.

펭귄랜덤하우스 경영진은 다른 출판사들이 아니라 디즈니, 레고, BBC, 가디언 등 디지털 콘텐츠를 생산하는 업체들이 진정한 경쟁자라고 본다. 펭귄이 찾는 돌파구는 독자들과 직접 소통하는 SNS 마케팅이다. 요즘에는 서점이 점점 사라지고 있는 데다 신문과 같은 전통 미디어의 역할도 줄어드는 추세다. 독자들이 책에 대한 정보를 얻을 수 있는 통로가 자꾸 좁아지고 있는 것이다.[9]

책의 패스트푸드화

펭귄은 SNS에서 적극적으로 신간을 소개하고 읽을거리를 추천한다. 펭귄의 트위터 팔로어는 90만 명, 페이스북 팬은 35만 명이다. 이메일로는 50만 명에게 뉴스레터를 보내고 있다. 사진 중심의 인스타그램 Instagram과 사진 공유의 핀터레스트 Pinterest도 한다. 책의 패스트푸드화

---

9 윤형준, "믿고 읽는 책… '펭귄' 브랜드 파워," 조선일보(2015. 4. 18.), C3면 참조.

도 추진 중이다. 2012년 펭귄은 디지털 출판 프로젝트 '펭귄 쇼트 프로그램'을 시도했다. 종전에는 책으로 발행할 수 없었던 시사 논평, 단편 에세이, 단편 소설을 디지털 문고판으로 내는 것이었다.

분량은 30페이지 이하 팸플릿 수준이고, 제작기간은 3~4주이며, 가격은 1.99파운드에 불과했다. 디지털 시대에 맞는 신형 문고판이었다. 성공을 거둔 것은 아니었지만 출판에 미래적인 방향을 열었다는 호평을 받았다. 창사 80주년을 맞아서는 64페이지짜리인 작고 가벼운 종이책 문고판 80권을 만들어 권당 80펜스에 팔았다. 커피는 물론 신문보다 싸다.

펭귄은 싼 책을 만들었지만 최고 수준의 디자이너를 영입해 세련되고 일관된 디자인으로 브랜드 입지를 빨리 굳힐 수 있었다. 지금은 문고판이나 시리즈 출간이 드물어지면서 각각의 책에 맞도록 책의 표지 디자인을 새롭게 개발하고 있다. 펭귄 클래식의 표지 디자인은 엽서, 머그컵, 보온병, 티타월, 손가방, 쿠션, 의자 등에 재활용해 독자들의 마음을 다시 사로잡고 있다.

펭귄의 성공 비결은 남다른 브랜드 전략으로 압축된다. 펭귄이라는 친근한 출판사 이름, 작고 저렴한 문고판, 같은 이슈로 연이어 출간되는 시리즈, 간결하고 일관된 표지 디자인이 펭귄 브랜드를 80년 넘게 일류로 각인시켰다. 단면적인 남다름으로는 역부족이다. 다양한 남다름을 다면적으로 연결해 더 크고 강한 차이를 낼 수 있어야 한다.

비장의 무기, 하이틴 리더

"다윗이 곁에 서 있는 사람들에게 말하여 이르되 이 블레셋 사람을 죽여 이스라엘의 치욕을 제거하는 사람에게는 어떠한 대우를 하겠느냐 이 할례 받지 않은 블레셋 사람이 누구이기에 살아 계시는 하나님의 군대를 모욕하겠느냐 백성이 전과 같이 말하여 이르되 그를 죽이는 사람에게는 이러이러하게 하시리라 하니라 큰형 엘리압이 다윗이 사람들에게 하는 말을 들은지라 그가 다윗에게 노를 발하여 이르되 네가 어찌하여 이리로 내려왔느냐 들에 있는 양들을 누구에게 맡겼느냐 나는 네 교만과 네 마음의 완악함을 아노니 네가 전쟁을 구경하러 왔도다 다윗이 이르되 내가 무엇을 하였나이까 어찌 이유가 없으리이까 하고"(성경 사무엘상 17장 26~29절).

📖 —— 다윗은 여덟 형제 중에서 막내였다. 세 형은 사울 왕을 따라 참전했고, 다윗은 남아서 아버지의 양 떼를 쳤다. 하루는 아버지 이새가 다윗을 시켜 세 형에게 먹을 것을 가져다주고 안부를 알아보게 했다. 다윗이 전쟁터인 엘라 골짜기에 이르자 이스라엘 군대와 블레셋 군대가 대치하고 있었다. 마침 블레셋의 거구 골리앗이 나타나 이스라엘 군대를 모욕하며 심리전을 펼치고 있었다. 이스라엘 군대는 골리앗

의 위협에 혼비백산했다. 그러나 다윗은 골리앗을 꺾으면 무슨 대접을 받게 되느냐며 큰소리를 쳤다. 큰형이 막내 다윗더러 교만하다며 꾸짖었다. 자신감과 교만은 구별이 어렵다. 그러나 다윗에게는 자신감의 근거가 있었다.

📖── "다윗이 사울에게 말하되 주의 종이 아버지의 양을 지킬 때에 사자나 곰이 와서 양 떼에서 새끼를 물어가면 내가 따라가서 그것을 치고 그 입에서 새끼를 건져내었고 그것이 일어나 나를 해하고자 하면 내가 그 수염을 잡고 그것을 쳐죽였나이다 주의 종이 사자와 곰도 쳤은즉 살아 계시는 하나님의 군대를 모욕한 이 할례 받지 않은 블레셋 사람이리이까 그가 그 짐승의 하나와 같이 되리이다 또 다윗이 이르되 여호와께서 나를 사자의 발톱과 곰의 발톱에서 건져내셨은즉 나를 이 블레셋 사람의 손에서도 건져내시리이다 사울이 다윗에게 이르되 가라 여호와께서 너와 함께 계시기를 원하노라"(성경 사무엘상 17장 34~37절).

📖── 다윗에게 골리앗은 사자나 곰과 다르지 않았다. 평소 다윗이 아버지의 양 떼를 지키면 사자나 곰이 나타나 양 떼에서 새끼를 물어가곤 했다. 다윗은 맹수를 치고 새끼를 건져냈을 뿐만 아니라 맹수를 쳐 죽이기까지 했다. 다윗에게 골리앗은 맹수보다 어렵지 않은 상대였다. 다윗은 맹수의 발톱에서 자신을 건져내신 하나님이 골리앗의 손에서도 건져내실 것이라고 공언했다. "내가 사망의 음침한 골짜기로 다

닐지라도 해를 두려워하지 않을 것은 주께서 나와 함께 하심이라 주의 지팡이와 막대기가 나를 안위하시나이다"(성경 시편 23편 4절). 맹수로부터 끝까지 양 떼를 지켜냈던, 다윗 자신의 경험이 투영된 신앙 고백이었을 것이다.

위협에서 탈출

"블레셋 사람이 일어나 다윗에게로 마주 가까이 올 때에 다윗이 블레셋 사람을 향하여 빨리 달리며 손을 주머니에 넣어 돌을 가지고 물매로 던져 블레셋 사람의 이마를 치매 돌이 그의 이마에 박히니 땅에 엎드러지니라 다윗이 이같이 물매와 돌로 블레셋 사람을 이기고 그를 쳐죽였으나 자기 손에는 칼이 없었더라 다윗이 달려가서 블레셋 사람을 밟고 그의 칼을 그 칼 집에서 빼내어 그 칼로 그를 죽이고 그의 머리를 베니 블레셋 사람들이 자기 용사의 죽음을 보고 도망하는지라"(성경 사무엘상 17장 48-51절).

다윗은 책임감만 강한 게 아니었다. 주특기를 발굴하고 연마해 끝까지 책임졌다. 다윗의 돌팔매질은 남달랐고 탁월했다. 이스라엘 군대의 집단 불안을 한 방에 해결할 정도였다. 다윗은 하이틴이었지만 리더로 급부상할 수 있었다. 요즘에는 청년들의 한 방이 더욱 잦다. 20대들이 소수의 인원으로 세상을 놀라게 하는 발명을 하거나 창업을 한다. 검은 머리들이 흰머리들을 압도하는 디지털 시대다. 미래의 답은 어른들에게 있지 않다. 청년들이 미래의 답이다.

📖── 기후변화에 따라 빙하, 만년설, 섬, 도시가 사라지고 있다. 인공지능이 발전함에 따라 개인, 기업, 국가를 넘어 세계 전체가 실업 위협에 시달리고 있다. 이 시대의 키워드는 위협에서 탈출하는 것일 수밖에 없다. 크고 작은 공동체의 집단 불안을 어떻게 해결할 것인가. 미래에 부상할 위협과 기회에 대해 정확하게 예측하는 콘텐츠를 시리즈로 계속 제공할 수 있는 쪽이 리더십을 갖게 될 것이다.

남다른 주특기

고양이는 미스터리다. 방석을 사주면 신문지에 앉고, 캣터널을 사주면 박스에 들어가고, 캣타워를 사주면 창문에 올라간다. 고양이에게 없는 것이 있다면 불면증이다. 하루에 16시간쯤은 잔다. 박스라도 있으면 하루 종일 틀어박힐 수 있다. 그러나 남다른 주특기가 확실히 있다.

© Maxy M

직원 행복과 **지속 성장**

"직원이 즐거워야 회사가 잘된다.
직원을 기쁘게 하고 직원이 늘 생각하게 하면 창조적인 제품이 나오고 돈도 잘 벌게 된다."

– 야마다 아키오, 미라이공업 창업자

오직 당근, 최고 수준의 대우

스위치 박스 등 전기설비 플라스틱 자재를 만드는 미라이공업은 샐러리맨들의 천국이다. 모든 직원이 종신고용 정규직이다. 정년 70세, 연간 휴가 140일, 육아휴직 3년, 5년마다 해외 공짜여행이 보장된다. 하루 7시간 남짓 일하고 잔업은 없다. 급여는 최고 수준이다. 그런데도 미라이공업은 망하기는커녕 승승장구하고 있다. 1965년 창립 이후 50년 넘게 성장하고 있다. 연평균 경상이익률이 15%를 넘어 동종업계의 5배 수준이다.

이러한 성공은 야마다 아키오 창업주의 남다른 경영철학 때문에 가능했다. "직원은 말이 아니다. 채찍은 필요 없고 당근만 있으면 된

일본의 미라이공업은 샐러리맨들의 천국으로 하루 7시간 남짓 일하고 잔업은 없다. 모든 직원이 종신고용 정규직이다. 70세까지 정년이 보장되고 연간 휴가 140일, 육아휴직 3년, 그리고 5년마다 해외 공짜여행이 보장된다.

다. 직원이 즐거워야 회사가 잘 돌아간다. 우수 인재 20%뿐만 아니라 보통 인재 80%에게도 기회를 주어야 한다. 일단 막이 오르면 더 이상 연출자가 개입할 수 없고 배우가 다 알아서 해야 하듯이 직원이 스스로 감동하고 생각하고 일해야 성과가 나온다." 그가 직원을 승진시키는 방식은 독특하다 못해 희한하다. 선풍기 바람에 더 멀리 날아가는 종이에 적힌 이름의 직원이 승진된다. 누구나 그 자리에 오르면 잘해낼 것이라고 믿기 때문이다.

야마다 회장은 자율적인 열심이 있어야 성과가 나온다고 강조한다. 그는 회사의 곳곳에 "항상 생각한다"라는 문구를 걸어놓고 아이디어 창출을 독려한다. 어떤 아이디어든지 내기만 하면 500엔을 지불한다. 매년 쌓이는 아이디어가 1만 개를 넘는다. 현장 공사의 마무리를 깔끔하게 보이게 하는 효과 때문에 폭발적인 반응을 일으켰던 흰색 전깃줄과 베이지색 비닐파이프도 그렇게 해서 나왔다. 2014년 354억 엔 매출을 올린 변두리 중견기업이지만 미라이공업의 특허는 8,000건을 넘는다. 미라이공업에서 팔리는 제품의 90%가 특허 제품이다.

비싸게 팔고 최대한 아낀다

야마다 회장의 경영 노하우는 간단하다. "직원들을 기쁘게 하고 직원들이 끝없이 생각하도록 하면 창조적인 아이디어와 제품이 나오게 되고 당연히 돈도 잘 벌게 된다." 야마다 회장은 창조적인 제품을 만들어 비싸게 팔아야 돈을 벌 수 있다고 역설한다. 미라이공업의 1,100여 직원들이 만들어내는 2만여 제품은 거의 다 창조적이다. 그 결과, 미라이공업은 일본의 벽면내장 콘센트시장에서 점유율 80%를 자랑한다.

미라이공업은 짠돌이 경영으로도 유명하다. 아낄 수 있는 것은 최대한 아낀다. 회사의 현관과 복도는 어두컴컴하다. 전기를 절약해야 하기 때문이다. 직원들은 자기 자리의 전원 스위치를 직접 관리한다. 잠깐 자리를 비워도 소등한다. 회사 전체에 복사기는 한 대뿐이다. 꼭 필요한 복사만 하되 모든 복사는 이면지로 한다. 회사 차라고는 미니 승합차 1대가 전부다.

수많은 기업의 명멸에도 불구하고 미라이공업이 50년 넘게 성장세를 유지할 수 있었던 것은 아마다 회장의 완전히 다른 경영철학 덕분이었다. 그는 직원들에게 남다르게 행복할 수 있는 경험을 다양하게 제공했고, 직원들은 남다른 발상과 창조적인 제품으로 보답했다. 2014년 작고한 그의 뒤를 이어 그의 장남이 성장세를 이끌어가고 있다.

유별난 대답, 특별한 신뢰

"예수께서 거기서 나가사 두로와 시돈 지방으로 들어가시니 가나안 여자 하나가 그 지경에서 나와서 소리 질러 이르되 주 다윗의 자손이여 나를 불쌍히 여기소서 내 딸이 흉악하게 귀신 들렸나이다 하되 예수는 한 말씀도 대답하지 아니하시니 제자들이 와서 청하여 말하되 그 여자가 우리 뒤에서 소리를 지르오니 그를 보내소서 예수께서 대답하여 이르시되 나는 이스라엘 집의 잃어버린 양 외에는 다른 데로 보내심을 받지 아니하였노라 하시니"(성경 마태복음 15장 21~24절).

예수님이 두로와 시돈 지방에까지 가셨다. 예수님의 소문을 듣고 그 지역의 한 헬라 여인이 찾아왔다. 소문 속에 희망이 있고 미래가 있다. 헛소문과 뜬소문을 걸러내야 한다. 소문의 출처가 정확하고 믿을 만해야 한다. 독보적이어서 대체재도, 보완재도 없어야 한다. 예수님은 그런 분이셨다. 그녀는 자기의 어린 딸이 흉악하게 귀신에 사로잡혔다고 소리쳤다. 예수님은 묵묵부답이셨다가 단호히 거절하셨다. 외국인에게는 어떤 혜택을 주실 수 없다는 것이었다.

📖 —— "여자가 와서 예수께 절하며 이르되 주여 저를 도우소서 대답하여 이르시되 자녀의 떡을 취하여 개들에게 던짐이 마땅하지 아니하니라 여자가 이르되 주여 옳소이다마는 개들도 제 주인의 상에서 떨어지는 부스러기를 먹나이다 하니 이에 예수께서 대답하여 이르시되 여자여 네 믿음이 크도다 네 소원대로 되리라 하시니 그 때로부터 그의 딸이 나으니라"(마태복음 15장 25~28절).

자녀와 개의 간극을 없애다

독보적인 존재로부터 해답을 얻으려면 당연히 거절쯤은 감안해야 한다. 그녀는 초면인 데다 외국인이었고 남남이었다. 어떤 신뢰도 형성되지 않은 상태였다. 예수님의 입장에서는 그녀의 간절함과 신뢰의 정도를 확인하셔야 했다. 그녀는 물러서지 않고 도우심을 요청했다. 요청하지 않으면 가능성이 없지만 요청하면 가능성이 생긴다. 그런데 예수님의 두 번째 대답은 더 냉정했다. 그녀를 개처럼 취급했다. 자녀와 개의 간극이 얼마나 큰가. 떠돌이 잡견이라면 더욱 그럴 것이다.

📖 —— 그런데도 그녀의 절박함은 짧은 시간에 신뢰를 형성시켰다. 떠돌이 잡견이 아니라 사랑스러운 집개이기라도 한 듯이 꼬리를 흔들었다. 주인의 상에서 떨어지는 부스러기를 먹는 애견인 양 바싹 다가섰다. 설사 개라고 해도 한 가족의 테두리 안에 있다는 호소였다. 자녀와 개의 간극이 거의 없어지게 하는 명답이었다. 예수님은 그녀의 유별난 대답에서 특별한 신뢰를 발견하시고는 그녀의 소원에 응답하셨다. 남들과 다르게 대답하는 데서 기적이 시작된다. 다른 각도에서 대답을 재구성하면 돌파구가 드러난다.

딴청 부리는 시간

구글, 고어, 3M 등 뛰어난 기업들은 직원에게 근무 중에도 자유롭게 쓸 수 있는 재량 시간을 준다. 규율과 타율, 명령과 통제, 충성과 복종, 근면과 성실만으로는 창의성을 촉발할 수 없다는 것을 잘 알기 때문이다. ==고양이처럼 딴청도 부리게 허용하는 부모, 교사, CEO인가.==

© Vinogradov LIlya

정체성과 **존재 이유**

> "애플을 어떻게 세상에 알릴 것인가.
> 남다른 생각으로 더 나은 세상을 만든 사람들에게 경의를 표하는 광고 방식이어야 한다."
>
> – 스티브 잡스, 애플 창업자

혁신가들, 완전히 다른 생각

1997년 스티브 잡스는 쫓겨났었던 애플로 복귀했다. 그가 비웠던 12년 동안 애플은 휘청거리고 있었다. 그는 회사를 회생시키려고 제품을 350개에서 10개로 단축하는 한편, 회사의 정체성을 세상에 각인시키는 마케팅 작업에 착수했다. 그는 업무 수행을 돕는 컴퓨터 박스의 우수성이 아니라 회사의 정체성, 상징성, 존재 이유, 핵심가치, 신념, 심지어 영성을 알리는 데 마케팅의 초점을 맞추었다.

그의 벤치마킹 대상은 나이키였다. 나이키는 신발을 광고하지 않는다. 경쟁사의 신발보다 자사의 신발이 더 우수하다고 강조하지도 않는다. 그저 위대한 운동선수들에게 경의를 표하고 위대한 스포츠 역사를 기린다. 그게 나이키의 정체성이고 존재 이유다. 그는 애플도 그래야 한다고 보았다. 남들과 다르게 생각함으로써 더 나은 세상을 만든 사람들에게 경의를 표하는 것, 그것이 이제 애플이 새롭게 시행하려는 마케팅의 본질이어야 했다.

그는 애플의 제품을 알리려고 하지 않았다. 애플이 누구인지, 어디에 속해 있는지, 왜 존재하는지, 무엇을 상징하는지에 대해 알리려고 했다. 그는 전문 광고회사의 도움을 받아 "다르게 생각하라"라는 주제를 정하고는 남다른 생각으로 세상을 진보시킨 사람들에게 경의를 표하는 방식으로 광고를 제작했다. 그것은 부적응자들, 반항아들, 사고뭉치들, 그러니까 세상을 남다르게 보고 남다르게 바꾼 미치광이들에게 바치는 헌사였다. 광고의 후폭풍이 일기 시작했다.

미치광이들에게 바치다

사람들의 시야에서 점점 사라지던 애플 브랜드가 다시 떠올랐다. 애플의 팬들이 일어선 것은 물론 무관심자들도 갑자기 새로운 눈으로 애플을 보았다. 별다른 신제품이 없었는데도 애플의 가치가 급상승했다. 1년 만에 애플의 주가는 3배로 뛰었다. 광고가 나간 지 1년 후 다양한 색상으로 아이맥을 출시했다. 광고에 힘입어 아이맥은 혁명적인 디자인을 자랑하는, 최대 판매량 컴퓨터로 기록되었다.

스티브 잡스는 애플이 누구인지, 어디에 속해 있는지, 왜 존재하는지, 무엇을 상징하는지에 대해 세상에 알리려고 했다. "다르게 생각하라" 라는 주제를 정하고 남다른 생각으로 세상을 진보시킨 사람들에게 경의를 표하는 방식으로 광고를 제작했다.

　　세상을 바꾼 미치광이들에게 바쳐진 애플의 광고는 애플 자신도 세상을 바꾸는 미치광이가 되게 했다. 세상을 바꾸기는커녕 아예 세상에서 사라질 뻔했던 애플은 "다르게 생각하라"라는 콘셉트 광고로 세계 최고의 자리를 차지할 수 있었다. 생각이 세상을 바꾼다. 그러나 다른, 미친, 황당한, 터무니없는, 오해받기 쉬운, 심지어 쓰레기처럼 보이는 생각이어야 한다. 그럴싸한 생각은 이미 아무것도 아니다. 위험하게 다른 생각이어야 한다. 세상을 바꿀 만한 혁신은 위험하게 다른 생각에서 시작된다.

긍정의 생각으로 대하면 모든 게 옳다. 그러나 창의의 생각으로 대하면 모든 게 틀렸다. 긍정의 생각만으로는 세상을 새롭게 혁신할 수 없다. 니콜라우스 코페르니쿠스는 지구가 아니라 태양을 중심에 놓았고, 마틴 루터는 교황이 아니라 성경을 중심에 놓았다. 그래서 세상을 뒤바꾸었다. 에어비앤비는 집 하나 없는 숙박업 강자가 될 수 있었고, 우버는 택시 하나 없는 운수업 강자가 될 수 있었다. 완전히 다르게 접근해야 완전히 뒤바꿀 수 있다.

진짜 리더십, 저 너머의 미래

"이튿날 그들이 베다니에서 나왔을 때에 예수께서 시장하신지라 멀리서 잎사귀 있는 한 무화과나무를 보시고 혹 그 나무에 무엇이 있을까 하여 가셨더니 가서 보신즉 잎사귀 외에 아무 것도 없더라 이는 무화과의 때가 아님이라 예수께서 나무에게 말씀하여 이르시되 이제부터 영원토록 사람이 네게서 열매를 따 먹지 못하리라 하시니 제자들이 이를 듣더라"(성경 마가복음 11장 12~14절).

📖 —— 4월이었다. 잎사귀가 달린 무화과나무가 저 멀리 보였다. 시장기가 든 예수님께서 다가가 살펴보셨지만 아무 열매도 없었다. 열매가 여름에 열리는 줄 알면서도 예수님은 무화과나무를 저주하셨다. 영원

히 열매를 맺지 못하리라는 것이었다. 겉으로 보기에는 가혹한 처사였다. 그러나 깊은 의미를 드러내시려는 상징 행위였다. 무화과나무는 이스라엘을 상징했고, 잎사귀만 있고 열매는 없는 상태는 선한 결과가 없는 유대교를 상징했다.

📖 —— "그들이 아침에 지나갈 때에 무화과나무가 뿌리째 마른 것을 보고 베드로가 생각이 나서 여짜오되 랍비여 보소서 저주하신 무화과나무가 말랐나이다 예수께서 그들에게 대답하여 이르시되 하나님을 믿으라 내가 진실로 너희에게 이르노니 누구든지 이 산더러 들리어 바다에 던져지라 하며 그 말하는 것이 이루어질 줄 믿고 마음에 의심하지 아니하면 그대로 되리라 그러므로 내가 너희에게 말하노니 무엇이든지 기도하고 구하는 것은 받은 줄로 믿으라 그리하면 너희에게 그대로 되리라"(성경 마가복음 11장 20~24절).

전혀 새로운 주역의 출현

다음 날 아침에 지나가면서 보니 무화과나무가 뿌리째 말라 있었다. 장차 이스라엘이 망할 것이며 유대교 성전도 종식될 것이라는 상징이었다. 무화과나무가 말라 죽은 사실을 베드로가 환기시키자 예수님은 한층 강하게 말씀하셨다. 이 산더러 들려서 바다에 던져지라고 명령하고 믿어도 그대로 된다는 것이었다. 무화과나무가 마른 것과는 비교할 수 없는 비약이었다. 성전이 완파되리라는 예언의 또 다른 울림 같았다. "예수께서 이르시되 네가 이 큰 건물들을 보느냐 돌 하나도 돌 위에 남지 않고 다 무너뜨려지리라 하시니라"(성경 마가복음 13장 2절).

📖 ── 무화과나무가 말라 죽은 것은 대단한 사건이다. 산이 들려서 바다로 던져진다면 더 대단한 사건일 테다. 산처럼 단단한 기득권 세력일지라도 바다에 던져져 형체도 없이 사라지고 전혀 새로운 세력이 기필코 나타날 것이라는 말씀이었을까. 예수님은 기득권층의 현실을 넘어 새롭게 도래하는 하나님 나라를 제자들이 바라볼 수 있게 하신다. 불변의 현실 너머로 전혀 다른 미래의 큰 그림을 바라볼 수 있게 하는 것, 그것이 진짜 리더십이다. 이제 예수님을 따르는 무리는 하나님 나라의 도래를 바라보며 무엇이든지 믿고 기도할 수 있어야 한다.

심장을 흔드는 법

금전, 승진, 포상, 칭찬과 같은 외부 보상을 바라보며 움직이게 하지 말고 위대한 가치, 숭고한 목적, 관심, 흥미와 같은 내부 동기에 따라 움직이며 스스로 배우고 성장하고 결정하도록 이끌어야 한다. 무엇으로, 어떻게 고양이형 인재의 심장을 흔들어 깨우며 움직이게 하는가.

© Africa Studio

현실 너머를 **보는 눈**

> "로마에서 한니발의 군대와 정면승부를 벌이는 것은 승산이 없다.
> 카르타고 본토를 공격해 한니발을 카르타고로 끌어들이자."
>
> – 스키피오, 로마 대장군

대전략가, 큰 그림과 다른 각도

아프리카 북부의 카르타고는 B.C. 7세기 페니키아의 무역도시였던 티루스가 건설한 식민도시였다. 카르타고는 B.C. 3세기 지중해 서부의 강자로 떠올라 서쪽으로는 스페인 서남부, 동쪽으로는 이스라엘을 차지하고 있었다. 당시 이탈리아 반도의 대부분을 점령하며 세력을 확장하고 있던 로마로서는 그런 카르타고와 지중해 패권을 두고 다투지 않을 수 없었다.

양국은 각각 절반씩 차지하고 있던 시칠리아 섬을 중심으로 23년간에 걸쳐 1차 포에니 전쟁(B.C. 264~B.C. 241)을 벌였는데 결국 로마의 승리로 끝났다. 로마의 위세에 밀린 카르타고는 서쪽의 스페인에 카르타고 식민지를 세우고 힘을 키웠다. B.C. 221년 26세에 카르타고 식민지의 총사령관이 된 한니발(B.C. 247~B.C. 183)은 3년 후 스페인 동쪽 해안의 로마 동맹도시였던 사군툼을 공격했다. 로마가 그의 소환을 카르타고에 요구하자 카르타고는 2차 포에니 전쟁(B.C. 218~B.C. 202)의 선포로 맞섰다.[10]

B.C. 218년 여름 한니발은 보병 3만 명, 기병 9,000명, 전투용 코끼리 40마리를 이끌고 스페인을 떠나 피레네 산맥을 넘었다. 계속해서 오늘날 프랑스 남부지역인 갈리아를 지나 알프스 산맥까지 가로질렀다. 그가 15일 만에 알프스 산맥을 횡단했을 때, 병력 2만 6,000명과 코끼리 3마리만 남았다. 그해 11월 이탈리아 북단에 도착한 그의 군대는 티치노 강 근처에서 로마 군대를 격퇴하며 첫 승리를 거두었다.

그의 로마 공략은 무모했다. 현지에서 조달한 물자로 전투를 벌여야 했고 그의 병력도 로마 정예군에 비하면 오합지졸이었다. 그런데도 그는 계속 남하했고, 트레비아 강 근처에서는 매복 작전을 벌여 로마군을 대파했다. 로마군은 용맹하게 싸웠지만 군사 수천 명이 차가운 트레비아 강물 속으로 가라앉았다. B.C. 218년 12월 트레비아 전투는

---

10 김종춘, 『너는 전략으로 싸우라』(아템포, 2013), 74~75면 참조.

로마군에게 재앙이었다. 병력 4만 명 중에서 1만 명만 간신히 살아남았다.

한니발은 아펜니노 산맥을 넘고 늪지대를 지나 오늘날의 이탈리아 중부로 접어들었다. 한쪽 시력을 잃었지만 그는 B.C. 217년 5월 트라시메네 호숫가에서 또 한 번 매복 작전으로 로마군을 격파했다. B.C. 216년에는 이탈리아 남동부의 칸나에 마을에서 격전을 벌였다. 그는 전통적인 방식과 달리 전투대형의 중앙부에 경장보병을 느슨하게 배치해 중앙부를 일부러 약하게 했다.

중앙부 양쪽에는 강한 보병을 심었고 양익에는 기마병을 배치했다. 그는 중앙부가 약하다는 것을 로마군이 알아차리도록 중앙부를 더 앞으로 전진시켜 로마군을 끌어들였다. 양측 중앙부에서 군사 수천 명이 필사적으로 싸웠다. 그가 중앙부의 보병을 뒤로 물려 길을 트자 로마 보병이 강하게 파고들었다.

비전통적인 전투방식

그때 갑자기 좌익에 있던 카르타고 기마병이 로마군의 우익 기마병을 패주시키고 로마군의 뒤를 돌아 좌익 기마병까지 기습했다. 로마 기마병은 양익에서 다 무너졌다. 양익의 카르타고 기마병이 로마군의 배후를 포위했다. 먼지에 뒤덮인 로마군은 수천 명씩 도륙됐다. 칸나에 전

한니발의 전투방식은 혁신적이었다. 그는 질서정연하고 전통적인 로마인들을 예측할 수 없는 비전통적인 방식으로 마구 뒤흔들었다. 예측 불허인 알프스 산맥을 넘었고 매복 작전으로 불시에 로마군을 기습했다.

투에서 전사한 로마 군사는 최대 5만 명으로 추산됐다. 제1차 세계대전 때 비로소 깨졌지만, 1일 전사자 숫자로는 사상 최고치였다.

한니발의 전투방식은 혁신적이었다. 그는 예측할 수 없고 비전통적인 방식으로 질서정연하고 전통적인 로마인들을 뒤흔들었다. 예측 불허인 알프스 산맥을 넘었고 매복 작전으로 불시에 기습했다. 전투대형의 중앙부를 일부러 약하게 만들어 적을 유인하고 섬멸했다. 그는 힘으로만 싸우지 않았다. 예상 밖의 독창적인 행동으로 적을 혼란에 빠뜨렸다.

그가 처음부터 로마 정복을 겨냥한 것은 아니었다. 그의 병력은 적었고 로마의 성벽은 견고했다. 그는 이탈리아 반도를 혼란에 빠뜨림으로써 로마와 주요 도시국가들 사이의 동맹을 깨뜨리고자 했다. 그렇게 되면 로마를 고립시켜 최종적인 일격을 가할 수 있을 것이었다. 그러나 그의 기대대로 되지 않았다. 3차례 연승과 칸나에 전투에서 대승을 거뒀는데도 주요 도시국가들이 로마와 동맹에서 이탈하지 않았다.

그의 군대는 점점 지쳐갔고 이탈리아 남부에서 오히려 고립되고 있었다. 스페인 식민지에서나 카르타고 본토에서 증원군이 도착하지 않으면 고립은 더 심화될 수밖에 없었다. 그 후 수년간 2차 포에니 전쟁은 교착상태에 빠졌다. 전쟁 초반부와는 달리 한니발은 더 이상 혁신을 보여주지 못했다.

B.C. 218년 17세이던 스키피오 아프리카누스(B.C. 235~B.C. 183)는 아버지 푸블리우스 스키피오 장군을 따라 이탈리아 북부의 티치노 전투에 참가했지만 한니발의 카르타고군에게 패배하는 아픔을 겪었다. 1년 후 그의 아버지는 스페인으로 파견됐다. 거기서 그의 아버지는 스페인에 주둔하고 있던 카르타고군이 이탈리아로 넘어가 한니발의 군대와 합세하지 못하도록 저지해야 했다.

스페인 식민지는 카르타고의 군사기지 역할을 했고 로마로 침투

하는 전진기지 역할도 했다. 그의 아버지는 6년간 카르타고군을 저지하며 맞서 싸우다가 B.C. 211년 전사했다. 1년 후 스키피오 아프리카누스가 25세에 스페인 주둔 로마군 지휘관을 자청했다. 그의 임무도 그의 아버지처럼 스페인 북동부의 에브로 강을 지키는 것이었다.[11]

정면승부를 피하다

그는 적의 전력과 전략을 직접 경험해서 익히 알고 있던 터였다. 한니발의 군대와 정면승부를 벌이는 것은 승산이 없어 보였다. 그는 자기 한계를 인식하고는 남다른 전략을 두 가지 궁리했다. 첫 번째는 스페인 내부의 카르타고 군사기지를 격파해 스페인 땅의 카르타고군과 이탈리아 땅의 카르타고군 사이에 연결고리를 차단하는 것이었다. 두 번째는 카르타고 본토를 공격함으로써 이탈리아에 주둔하던 한니발을 카르타고로 불러들이는 것이었다.

그는 에브로 강을 넘어 남쪽으로 해안을 따라 내려가 카르타고의 스페인 식민도시를 치기로 했다. 에브로 강 너머의 정황을 정확히 파악한 그는 에브로 강가에 대기하라는 상부 명령을 어기고 B.C. 209년 배를 타고 남쪽으로 이동했다. 바뀐 상황에서 달라진 정보를 정확히

---

11 김종춘, 『너는 전략으로 싸우라』(아템포, 2013), 84~85면 참조.

손에 넣었다면 상부 명령을 어길 수도 있어야 한다. 그는 북쪽 개펄에서 기다리다가 조수가 빠지자 성벽을 기어올라 기습했다. 단번에 카르타고군의 중심지를 차지할 수 있었다.

그 후 수년간 그는 스페인에서 카르타고군의 세력을 몰아내고 로마군의 세력을 확장시켰다. B.C. 208년 그는 바이쿨라 전투에서 한니발의 동생이 이끄는 카르타고군을 무찔렀고, B.C. 206년 일리파 전투에서 카르타고군을 궤멸시킴으로써 스페인에서 카르타고 세력을 몰아냈다. 스페인 쪽의 위협이 아주 사라진 것이었다.

B.C. 205년 로마로 금의환향해 30세에 집정관이 된 스키피오는 이탈리아 반도에서 한니발의 카르타고군을 완전히 몰아내기로 작정했다. 그가 카르타고 본토를 치겠다고 하자 로마군 지휘부는 반발했다. 한니발에게 로마 중심부 공격의 빌미를 제공한다는 것이었다. 그러나 그를 신임하던 로마 원로원이 병력 3만 8,000명을 내주었다.

그는 즉시 움직였다. 45일 만에 함선 30척을 만들었고, 카르타고와 이웃한 매실레즈의 왕과 동맹해 잘 훈련된 기마병 6,000명을 공급받기로 했다. B.C. 204년 봄 스키피오는 카르타고로 출범해 카르타고 인근의 유티카 주변에 정박했다. 당황한 카르타고군이 총집결했다. 방어선이 두꺼워 로마군을 돌파할 수 없었다. 그렇다고 해도 지체하다가는 보급품이 바닥나버릴 것이었다.

그는 카르타고 진영과 협상을 추진하는 척하다가 갑자기 공격했다. 카르타고군의 병력이 절반이나 무너졌다. 그는 신속하게 카르타고 내륙으로 진입해 카르타고 도시들을 함락시켰다. 카르타고의 중심부 성벽이 위험에 처하자 B.C. 203년 한니발은 로마를 포기하고 카르타고로 귀환했다. 한니발은 카르타고 남쪽에 진을 치고 결전에 나섰다.

유리한 곳에서 싸운다

스키피오는 튀니지 서부의 자마까지 한니발을 유인하려고 계속 전투를 거부하며 후퇴했다. 그는 자마 인근의 탁 트인 평원에서 든든한 입지를 확보했고 물이 없는 쪽은 한니발에게 넘겼다. B.C. 202년 10월 19일, 결전의 날이 밝았다. 한니발의 병력은 동맹군을 포함해 보병 4만 6,000명, 기마병 4,000명, 전투용 코끼리 80마리였고, 스키피오의 병력은 보병 3만 4,000명, 동맹군 기마병 6,000명이었다.

먼저 한니발이 전투용 코끼리 80마리를 풀어 스키피오 진영을 공격했다. 그러자 로마군은 약속이나 한 듯이 양옆으로 길을 트고 코끼리들을 지나보내면서 고함을 치고 창을 던졌다. 코끼리들이 놀라서 도망쳤고 일부는 되돌아서 카르타고 진영으로 달려들었다. 코끼리 투입은 더 이상 혁신이 아니었다.

양측 보병이 일진일퇴하며 맹렬한 접전을 벌였다. 막상막하였다. 그러던 중 카르타고 기마병을 추격하던 동맹군 기마병이 되돌아와 카르타고군 후미를 쳤다. 카르타고군은 급속히 무너졌고, 자마 전투는 로마군의 승리로 끝났다. 카르타고군은 2만 명이 전사했고 2만 명이 포로로 잡혔다. 로마군 전사자는 1,500명에 불과했다.

한니발은 추방돼 지중해안의 여기저기를 방랑해야 했다. B.C. 183년 흑해 연안에서 로마군에게 발각된 한니발은 64세 나이에 독약을 먹고 자살했다. 그러나 스키피오는 아프리카 정복자라는 뜻의 아프리카누스라는 이름을 얻으며 로마의 알렉산드로스로 불렸다. 알프스 산맥을 넘어 이탈리아 반도를 휘저었던 한니발의 명성이 전체 그림을 볼 줄 알았던 스키피오의 대전략 앞에 무릎을 꿇은 셈이었다.

2차 포에니 전쟁에서 최후 승자가 된 스키피오는 같은 문제라도 전체 그림 속에서 다른 각도로 보았다. 그는 로마에 주둔하던 한니발이 아니라 카르타고의 스페인 식민지를 보았고 카르타고 본토를 보았던 것이다. 전체 그림을 다르게 볼 수 있어야 한다. 혁신가일수록 철저히 다르게 본다. 남들과 다른 각도나 남들보다 다양한 각도를 갖는 것이 혁신이다.

십자가 사건, 장소 성전의 붕괴

"이에 유대인들이 대답하여 예수께 말하기를 네가 이런 일을 행하니 무슨 표적을 우리에게 보이겠느냐 예수께서 대답하여 이르시되 너희가 이 성전을 헐라 내가 사흘 동안에 일으키리라 유대인들이 이르되 이 성전은 사십육 년 동안에 지었거늘 네가 삼 일 동안에 일으키겠느냐 하더라 그러나 예수는 성전된 자기 육체를 가리켜 말씀하신 것이라 죽은 자 가운데서 살아나신 후에야 제자들이 이 말씀하신 것을 기억하고 성경과 예수께서 하신 말씀을 믿었더라"(성경 요한복음 2장 18~22절).

📖 —— 종교 기득권층이 예수님을 헐고자 했다. 예수님은 정면승부를 거시지 않고 다른 핵심을 보셨다. 저들이 목숨보다 더 중요하게 여기는 성전이었다. 성전이 헐려야 저들의 고정관념도 헐릴 것이며, 새 성전 곧 하나님의 나라도 건설될 수 있었다. 예수님은 저들이 도무지 알 수 없는 방식으로 접근하셨다. 자기 몸을 십자가에서 헐리도록 허락하심으로써 성전을 허셨다.

📖 —— "예수께서 다시 크게 소리 지르시고 영혼이 떠나시니라 이에 성소 휘장이 위로부터 아래까지 찢어져 둘이 되고 땅이 진동하며 바위가 터지고"(성경 마태복음 27장 50~51절). 예수님이 옆구리를 창에 찔리시고 운명하시자 성전의 성소를 구분하던 휘장이 완전히 찢어져 두 동강이 났다. 예수님의 몸이 헐리고 성전의 휘장도 동시에 헐림으로써 하나님

께로 가는 길이 새롭게 열린 것이다. "그 길은 우리를 위하여 휘장 가운데로 열어 놓으신 새로운 살 길이요 휘장은 곧 그의 육체니라"(성경 히브리서 10장 20절).

소혁신가와 대혁신가

예수님은 종교 기득권층과 맞붙어 싸우지 않으셨다. 자기 몸의 헐리심을 통해 성전의 휘장을 허셨다. 이제 예수님을 믿고 따르는 성도에게는 예수님을 통해 하나님께로 가는 새 길이 열리게 된 것이다. 성전의 개념이 완전히 바뀌었다. 장소로서 성전이 아니라 예수님으로서 성전이다. 더 나아가 예수님을 믿는 우리 안에 있는 성전이다. "너희 몸은 너희가 하나님께로부터 받은 바 너희 가운데 계신 성령의 전인 줄을 알지 못하느냐 너희는 너희 자신의 것이 아니라"(성경 고린도전서 6장 19절).

📖── 장소에 고정돼 있던 성전이 예수님의 십자가 사건을 통해 성도의 몸 안에 계시는 하나님의 성령의 모바일 성전 곧 유비쿼터스 성전으로 바뀐 것이다. 장소로서 성전은 이제 무효다. 성도 안에 성전이 있다. 성도가 있는 곳이 성전이고, 성도가 가는 곳이 성전이다. 성도 자신이 성전이다. 성전으로서 성도로 구성되는 하나님의 나라가 시작된 것이다. 옛 개념의 장소 성전과 달리 새 개념의 성도 성전 곧 하나님의 나라는 고정적이지 않고 유동적이며 유연하다.

📕── 작은 개념을 바꾸면 작은 혁신가가 되고 큰 개념을 바꾸면 큰 혁신가가 된다. 예수님은 하나님의 성전 개념을 완전히 바꾸신 대혁신가로 영원히 살아 계신다. 대혁신가이신 예수님을 믿고 따르는 성도라면 소혁신가는 돼야 할 것이다. 어떤 개념을 바꿀 것인가. 무엇을 다르게 보고 어떻게 다르게 할 것인가.

창문 너머의 세계

고양이는 애교가 많아 귀엽고 사랑스럽다. 그러나 고양이에게는 사자나 호랑이의 기백이 남아 있다. 개들 앞에서 결코 기죽지 않는다. 개 5마리를 상대로 전광석화처럼 몸을 날려 펀치를 먹이기도 한다. ==고양이형 인재는 창문 너머의 세계를 바라보는 한편 그곳을 향해 도전한다.==

© Rita Kochmarjova

개인 맞춤 서재 서비스

*"책 판매보다 친분 쌓기가 더 중요하다.
모임을 장려하고 모임 장소를 내주자. 고객의 주제별 맞춤 서재 서비스도 제공하자."*

– 헤이우드 힐, 헤이우드 힐 서점 창업자

친분 중시, 모임 장소 제공

헤이우드 힐 서점은 런던의 메이페어에 있다. 1936년 헤이우드 힐이 세웠다. 그는 책을 파는 곳으로 서점을 보지 않았다. 예술과 문학을 사랑했고, 작가들에게 활동 무대를 제공하고자 했다. 책 판매보다 친분 관계를 더 중시했다. 1942년 12월 제2차 세계대전에 소집되면서 그의 서점은 문을 닫아야 했지만 문학가 낸시 밋포드를 비롯해 충성 고객들이 지켜냈다. 낸시 밋포드는 평생 그와 절친한 관계를 지속했다.

2차 세계대전이 끝나고 생계에 여유가 생기면서 지식에 대한 사람들의 관심이 늘어났다. 헤이우드 힐 서점은 모임을 장려하고 모임 장소를 내주었다. 사람들이 몰려들면서 헤이우드 힐 서점은 문학의 천국이 돼갔다. 고객들과 친분이 쌓이면서 그들에게 개인적인 책 추천을 할 수 있게 됐다. 그런 문화는 더 큰 비즈니스 기회를 가져왔다. 고객 맞춤 서비스가 헤이우드 힐 서점의 차별적인 강점이 됐고, 그 덕에 헤이우드 힐 서점은 80년간 생존과 성장을 지속할 수 있었다.

헤이우드 힐 서점은 문학, 역사, 전기, 아동, 건축, 여행 등의 영역을 취급하고 있으며 연간 17억 원 정도 매출을 올린다. 영세 서점의 20배에 달하는 수준이다. 이는 세 가지 맞춤 서비스가 있었기에 가능했다. 첫 번째는 희귀본 서비스다. 고서 수집가들을 겨냥해 초판본 등 희귀한 책을 찾아준다. 두 번째는 북클럽 서비스다. 정식 회원으로 가입해 관심 분야를 알려주면 1년에 10권 정도 필독서를 선정해 배송한다. 북클럽 활성화를 위해 인터넷으로 주문을 받기 시작하자 미국, 홍콩 등으로 고객층이 확장됐다. 현재 60여 국가에 북클럽 서비스를 제공한다.

꼼꼼히 오래 읽는다

세 번째는 주제별 서재 서비스다. 특정 주제에 맞는 책들을 골라 방 하나를 개인 서재로 꾸며준다. 반드시 읽어야 할 책을 적게는 수십 권, 많게는 수천 권 엄선해준다. 2013년에는 한 스위스 거부에게 개인 서재를 만들어주었다. '20세기 근대미술·디자인'을 주제로 책 3,000여 권을 선정했다. 책을 고르는 데만 6개월이 걸렸다. 제작 가격은 8억 5,000만 원에 달했다. 연간 매출의 절반이었다. 이탈리아의 어느 고객으로부터 '항해의 역사'라는 주제로 주문을 받고는 고대 그리스에서 시작해 스페인과 포르투갈에 이르는 탐험가들을 다 훑으며 다양한 책을 골라냈다.[12]

개인 고객뿐만 아니라 호텔 같은 데서도 주문한다. 런던에 있는 불가리호텔의 스위트룸에 맞춤 서재가 짜였는데 첫 사용자는 미국의 빌 클린턴 전 대통령이었다. 그는 투숙 기간 중 여러 책을 읽었고 많은 영감을 얻었다는 말을 남겼다. 헤이우드 힐 서점은 책을 선별하는 큐레이션 작업에 큰 공을 들인다. 책이 홍수처럼 쏟아지고 있기에 읽어야 할 책과 읽지 말아야 할 책을 골라내는 게 무엇보다 중요하다. 문장이 아름답거나 감동을 주거나 교훈을 남기는 책을 뽑아야 한다. 그러려면 사소한 표현도 놓치지 않고 꼼꼼히 오래 읽어야 한다.

2013년 시작한 맞춤 서재 서비스는 연간 10건에 달하는데, 앞으로도 계속 늘어날 전망이다. 아마존이 등장한 이후 기존의 서점들이 크게 위축됐지만 헤이우드 힐 서점은 고객들과 친분에 기반을 둔 맞춤 서비스로 생존을 넘어 번성을 구가하고 있다. 기존의 개념에 매몰되면 그 개념의 판에서 강자가 된 상대를 결코 이길 수 없다. 기존 개념을

12 윤형준, "영국 동네 서점, 마법 같은 이야기," 조선일보(2015. 5. 23.), C2면 참조.

전복시키고 새 개념을 만들어야 새 판의 주인공이 될 수 있다.

돈보다는 몸, 몸보다는 뜻

"그러므로 내가 너희에게 이르노니 목숨을 위하여 무엇을 먹을까 무엇을 마실까 몸을 위하여 무엇을 입을까 염려하지 말라 목숨이 음식보다 중하지 아니하며 몸이 의복보다 중하지 아니하냐 공중의 새를 보라 심지도 않고 거두지도 않고 창고에 모아들이지도 아니하되 너희 하늘 아버지께서 기르시나니 너희는 이것들보다 귀하지 아니하냐 너희 중에 누가 염려함으로 그 키를 한 자라도 더할 수 있겠느냐 또 너희가 어찌 의복을 위하여 염려하느냐 들의 백합화가 어떻게 자라는가 생각하여 보라 수고도 아니하고 길쌈도 아니하느니라"(성경 마태복음 6장 25~28절).

📖—— 우리는 몸을 위해 먹고, 마시고, 입는다. 그런데 음식과 의복을 얻기 위해 염려하며 몸을 혹사시킨다. 몸보다 음식과 의복이 더 앞서버린 것이다. 예수님의 말씀은 뒤바뀐 순서를 늘 반전시킨다. 사람 자체가 안식일의 규정보다 더 중요하듯이, 몸 자체가 음식과 의복보다 더 중요하다. 내일의 삶을 위해 오늘에 준비하고 저축해야 한다. 그러나 지나친 준비와 저축은 자신의 삶과 남들의 삶을 망친다. 마땅히 돌보고 챙겨야 할 자신과 남들을 등한시하기 때문이다.

📖—— 오늘에 준비하고 저축하되 지나치게 염려하며 몸을 혹사하지

말아야 한다. 이성복 시인이 "네 고통은 나뭇잎 하나 푸르게 하지 못한다"고 잘라 말했지 않은가. 내일의 삶을 너무 염려해 몸을 혹사함으로써 과로사나 사고사를 당하곤 한다. 예수님의 말씀대로 돈보다 몸을 더 앞세워야 한다. 거액을 벌어도 다 쓰지 못한다. 누가 취할지도 모른다. "어떤 사람은 그 지혜와 지식과 재주를 다하여 수고하였어도 그가 얻은 것을 수고하지 아니한 자에게 그의 몫으로 넘겨 주리니 이것도 헛된 것이며 큰 악이로다"(성경 전도서 2장 21절). 창고에 저축하지 않고도 사는 새로부터 배울 수 있어야 한다.

삶의 뒤집힌 순서

"그러나 내가 너희에게 말하노니 솔로몬의 모든 영광으로도 입은 것이 이 꽃 하나만 같지 못하였느니라 오늘 있다가 내일 아궁이에 던져지는 들풀도 하나님이 이렇게 입히시거든 하물며 너희일까보냐 믿음이 작은 자들아 그러므로 염려하여 이르기를 무엇을 먹을까 무엇을 마실까 무엇을 입을까 하지 말라 이는 다 이방인들이 구하는 것이라 너희 하늘 아버지께서 이 모든 것이 너희에게 있어야 할 줄을 아시느니라 그런즉 너희는 먼저 그의 나라와 그의 의를 구하라 그리하면 이 모든 것을 너희에게 더하시리라"(성경 마태복음 6장 29~33절).

📖 ── 하찮은 들풀도 살아간다. 하나님이 돌보신다. 참새마저 지키시는 하나님이 우리는 더욱 지키시지 않겠는가. 우리의 머리털까지 다

세시며 지키신다. "참새 두 마리가 한 앗사리온에 팔리지 않느냐 그러나 너희 아버지께서 허락하지 아니하시면 그 하나도 땅에 떨어지지 아니하리라 너희에게는 머리털까지 다 세신 바 되었나니 두려워하지 말라 너희는 많은 참새보다 귀하니라"(성경 마태복음 10장 29~31절). 내일에 대한 염려가 지나쳐 오늘을 놓치지 말아야 한다. 오늘이 즐겁고 행복해야 한다. "그가 비록 천 년의 갑절을 산다 할지라도 행복을 보지 못하면 마침내 다 한 곳으로 돌아가는 것뿐이 아니냐"(성경 전도서 6장 6절).

📖 —— 몸을 위해 돈을 벌려고 염려하다가 오히려 몸을 상하게 한다. 염려한다고 해서 몸을 자라게 할 수 있는 것도 아니지 않은가. 고액 연봉을 받고 빌딩을 소유하기 위해 몸을 바치는 사람이 많다. 우리의 몸은 고액 연봉이나 빌딩 소유보다 더 귀하다. "사람이 만일 온 천하를 얻고도 자기 목숨을 잃으면 무엇이 유익하리요 사람이 무엇을 주고 자기 목숨과 바꾸겠느냐"(성경 마가복음 8장 36~37절). 삶의 뒤집힌 순서가 반전돼야 한다. 돈보다 몸이 먼저다. 몸은 뜻을 위해 있다. 정의와 공평, 사랑과 평화, 공존과 공영 등 하나님의 뜻이 세상에서 실현되도록 자기 영역에서 몸을 바쳐야 한다.

먼저 기다리기

고양이는 무심하다. 적당히 거리를 둔다. 그러다가도 관심을 독차지하려고 달려든다. 책, 책상, 노트북, TV, 화장대 등 사람이 집중하고 있는 것이면 무엇이든 다 올라가 뭉갠다. 고양이형 인재한테 먼저 다가가 무엇을 짜내려고 하기보다는 스스로 하도록 기다리며 기회를 주어야 한다.

수평 세라믹 면도기

"금속 면도기 대신에 세라믹 면도기를 만들면 안 될까.
면도날을 끼우는 대신에 면도날과 프레임을 통째로 깎을 수 없을까."

– 유형석, 인피노 창업자

세레이져, 피부 트러블 최소화

인피노의 유형석 사장은 면도할 때마다 불만이 컸다. 베이거나 따갑거나 가렵기 때문이었다. 2009년 어느 날, 그는 반도체 검사장비 제조업을 하던 동생에게 불쑥 제안했다. "교세라가 세라믹 부엌칼을 만든 것처럼 우리는 세라믹 면도기를 만들면 어떨까." 당시 은행에 다니던 그가 돈을 대기로 하고 동생은 제품 개발에 나섰다. 30억 원을 투입해 5년간 개발 과정을 거친 후 여성용 세라믹 면도기를 출시했다. 인피노의 '세레이져Cerazor'는 세계 최초 여성용 세라믹 면도기다. 교세라나 질레트도 만들지 못한 세라믹 면도기를 만들어낸 것이다.

세레이져는 인공관절과 임플란트의 소재인 지르코니아로 만들기에 생체 적합성이 뛰어나다. 금속 면도기와 달리 피부 트러블을 최소화한다. 금속 면도날에는 산화를 막기 위해 니켈, 크롬, 수은 등이 쓰이는데, 이 때문에 따갑거나 가렵거나 붉어지는 피부 트러블이 생긴다. 금속 면도날은 사선으로 접촉하는 방식인 데 반해 세라믹 면도날은 수평으로 밀착하는 방식이어서 베일 염려가 없다. 건식으로 사용할 수 있어 비누 거품이나 셰이빙 폼이 없어도 된다. 산화나 부식이 없어 청결하게 관리할 수 있다. 카트리지 결합과 분리가 쉽고 세척도 수월하다.

처음에는 세라믹 면도날을 만들어 프레임에 끼우는 방식으로 개발을 추진했다. 머리카락 두께인 세라믹 날이 금속 날보다 고강도였지만 쉽게 부러지는 바람에 계속 실패했다. 금속 날이 아니라 세라믹 날을 생각해냈던 유형석 사장은 이번에도 다르게 생각했다. 면도날과 프레임을 아예 통째로 만들어보자는 것이었다. 반도체 검사장비 제조기술로 쌓아온 가공 노하우에 힘입어 드디어 일체형 면도기를 만들어낼 수 있었다. 세라믹을 통째로 깎아 면도날과 프레임을 일체형으로 만드는 가공 노하우가 인피노의 핵심 경쟁력이다.

깎아 만드는 새 방식

여성들은 제모에 신경을 많이 쓴다. 레이저 제모시술을 하기도 하지만 시간과 돈이 문제다. 그래서 집에서 간편하게 면도기로 제모하는데,

제모에 신경을 많이 쓰는 여성은 병원에서 레이저 시술을 받을 수도 있지만 시간과 돈 때문에 집에서 간편히 쓸 수 있는 면도기를 많이 사용한다. 그러나 기존의 금속 면도기는 면도날이 사선으로 돼 있어 피부 트러블을 일으킬 위험이 있다.

기존의 금속 면도기는 면도날이 사선으로 돼 있어 피부 트러블을 일으킬 위험이 있다. 인피노의 세레이져를 쓸 경우 세라믹 면도날이 수평으로 돼 있어 피부 트러블을 피할 수 있다. 세레이져는 특히 피부 트러블에 민감한 여성들에게 인기다. 인피노는 여성용에 이어 남성용 세라믹 면도기도 만드는 한편 세라믹 메스 등도 만들어 제품 라인을 늘려 나갈 계획이다. 인피노는 국내 오픈마켓을 넘어 아마존과 이베이를 통해 유럽 등지의 해외시장 진출에도 박차를 가하고 있다.

남들이 기존의 금속 면도기를 더 낫게 활용하는 것에 머물렀다면 유형석 사장은 남들과 달리 새로운 세라믹 면도기를 개발하는 것을 생각했다. 거기서 멈추지 않고 협력자를 찾아내고 자금을 투입했다. 더 나아가 남들이 면도날을 프레임에 장착하는 옛 방식에 머물렀다면 그는 남들과 달리 면도날과 프레임을 하나로 깎아 만드는 새 방식을 구상했다. 남다른 생각과 남다른 접근이 남다른 성공의 시작이다.

단신이라는 단점, 나무 위를 독점하다

"예수께서 여리고로 들어가 지나가시더라 삭개오라 이름하는 자가 있으니 세리장이요 또한 부자라 그가 예수께서 어떠한 사람인가 하여 보고자 하되 키가 작고 사람이 많아 할 수 없어 앞으로 달려가서 보기 위하여 돌무화과나무에 올라가니 이는 예수께서 그리로 지나가시게 됨이러라 예수께서 그 곳에 이르사 쳐다 보시고 이르시되 삭개오야 속히 내려오라 내가 오늘 네 집에 유하여야 하겠다 하시니"(성경 누가복음 19장 1~5절).

　📖 ── 삭개오는 징세 책임자였다. 로마 정부의 앞잡이로서 동족의 혈세를 짜내 부자가 됐다. 얼마나 큰 원성을 샀겠는가. 그런 그에게 예수님에 관한 소문이 들렸다. 수백 년간 이스라엘 백성이 고대하던 메시아가 예수님이라는 것이었다. 메가트렌드, 시대변화, 혁신가를 목격하고도 간과하는 사람이 있는가 하면 소문으로 듣고도 확인해서 붙잡

는 사람이 있다. 삭개오는 친로마 부역자였지만 조국을 회복시킬 메시아라고 소문난 예수님을 직접 보아야겠다고 생각했다.

📖 ── 삭개오는 키가 작았던 데다 몰려든 사람이 많아 예수님을 제대로 볼 수 없었다. 좋은 시도에는 늘 방해물이 따른다. 그래도 그는 포기하지 않았다. 남들과 완전히 다르게 접근해보기로 했다. 예수님이 가시는 방향을 읽고는 앞으로 내달려 돌무화과나무 위로 올라갔다. 거기서 기다리다가 예수님의 얼굴을 빤히 내려다볼 수 있었다. 단신이라는 단점을 바꾸어 나무 위를 독점했다. 대세를 읽고 따라붙든지, 올라타든지, 저 앞의 길목에서 기다리든지 해야 한다.

대세를 읽고 붙잡는다

"급히 내려와 즐거워하며 영접하거늘 뭇 사람이 보고 수군거려 이르되 저가 죄인의 집에 유하러 들어갔도다 하더라 삭개오가 서서 주께 여짜오되 주여 보시옵소서 내 소유의 절반을 가난한 자들에게 주겠사오며 만일 누구의 것을 속여 빼앗은 일이 있으면 네 갑절이나 갚겠나이다 예수께서 이르시되 오늘 구원이 이 집에 이르렀으니 이 사람도 아브라함의 자손임이로다 인자가 온 것은 잃어버린 자를 찾아 구원하려 함이니라"(성경 누가복음 19장 6~10절).

📖 ── 예수님의 눈과 삭개오의 눈이 마주쳤고 교감이 일어났다. 예

수님은 주변의 수군거림에도 아랑곳하지 않으시고 삭개오에게 독대할 기회를 주셨다. 그는 악착같이 모은 재산과 비교할 수 없는 기회를 얻고는 기꺼이 거액 기부를 약속했다. 예수님 안에 있는 영생의 미래가 그에게 선물로 주어졌다. 대세를 읽지 못하거나 읽고서도 놓친다면 미래를 놓치는 것이다. 삭개오는 완전히 다르게 보고 실행함으로써 영원한 대세이자 미래이신 예수님을 얻을 수 있었다. 남다른 눈으로 대세를 읽어야 하고 남다른 접근으로 대세를 붙잡아야 한다.

분명한 성과

고양이는 날렵하지만 종종 실족해서 나동그라진다. 작은 소리에도 깜짝 깜짝 놀란다. 털은 어디에나 있다. 고양이는 감정과 행동을 표현하는 데 인색하다. 부르면 곧장 달려가는 개와 달리 가고 싶어야 간다. 까칠할 때도 많다. 그러나 창의적이다. 확실한 주특기로 분명한 성과를 낸다.

© Puchan

듣는 음악과 보는 음악

"듣는 음악을 넘어 보는 음악이어야 한다.
시각 요소를 덧입히고 재미까지 넣는다. 첨단 기술과 최신 촬영기법도 동원한다."

– 데미안 쿨라시, OK Go 리더

음악의 시각 요소, 종합 예술화

2012년 미국의 얼터너티브 록밴드 'OK Go'의 리더인 데미안 쿨라시는 칸 광고제의 금상에 빛나는, 일본의 광고 전문가 하라노 모리히로를 만났다. 둘은 서로 알고 지내자며 종종 연락했다. 그러다가 2014년 초 둘은 새 앨범의 뮤직비디오를 함께 만들기로 했다. 하라노는 뮤직비디오를 만든 적이 없었지만 흔쾌히 나섰다. 사상 최대의 한 컷으로 찍는다는 콘셉트가 정해졌다. 한 대의 카메라로 한 컷에 끝내는 'One Cut Shooting' 기법을 적용했다.

하라노의 클라이언트이기도 했던 혼다의 전동 휠 'UNI-CUB'와 드론도 동원했다. 일본 지바 현의 롱우드 스테이션을 배경으로 여성

미국의 얼터너티브 록밴드 OK Go의 음악성은 매우 뛰어나다. 그러나 음악성만 고집하지 않는다. 음악의 청각 요소에다 미술의 시각 요소를 덧입히고 재미까지 가미한다. 듣는 음악을 보는 음악으로 바꾸는 것이다.

백댄서 2,400명이 참여해 한 달 동안 사전 리허설, 3일간 현지 리허설을 거쳤고 하루 만에 촬영했다. 44번 시도 끝에 2014년 10월 OK Go의 신곡 'I Won't Let You Down'의 뮤직비디오가 탄생했다. 이 뮤직비디오에는 전동 휠의 디지털 요소뿐만 아니라 우산을 여닫는 아날로그 요소도 있다. 드론이 지상 700미터로 날아올라 사람을 점처럼 표현한 픽셀아트도 돋보인다.

방대하면서도 정교한 뮤직비디오에 팬들이 감동을 넘어 감탄을 쏟아냈다. 2014년 10월 유튜브에 오른 후 2,000만 뷰를 넘겼다. 이 뮤직비디오는 네 가지 신기원을 연 것으로 평가된다. 첫 번째는 백댄서 2,400명의 참여다. 두 번째는 21세기 기술인 전동 휠을 동원한 점이다. 세 번째는 전지적인 관점을 가능하게 한 드론 활용이다. 네 번째는 한 컷으로 끝낸 원 테이크One Take 기법이다. 이런 평가에 힘입어 2015년 세계 최대의 음악행사로 꼽히는 MTV 뮤직비디오 어워드에서 안무상을 받았다.

OK Go는 데미안 쿨라시(메인 보컬, 기타), 팀 노드윈드(보컬, 베이스), 앤디 로스(키보드, 기타), 댄 코노프카(드럼)를 멤버로 하는 4인조다. 1998년 결성해 2002년 데뷔했는데 해가 갈수록 더 새롭다. OK Go는 2006년 뮤직비디오 'Here It Goes Again'을 발표하면서 유명세를 탔다. 4인조가 러닝머신 8대 위를 번갈아 뛰며 춤추는 원 테이크 영상에 팬들이 열광했다. 5,000만 뷰를 찍었다. 서로 동선을 맞추고 소품을 준비하는 데만 3주가 걸렸다고 한다. 2006년 유튜브가 '가장 창조적인 영상'으로 선정했고, 2007년 그래미 어워드는 베스트 뮤직비디오로 뽑았다.

2010년 3월 1일 유튜브에 오른 뮤직비디오 'This Too Shall Pass'는 일련의 기계 장치에 기반을 두었다. 이 뮤직비디오는 모형차로 도미노를 쓰러뜨리는 것에서부터 시작해 한 치도 오차 없이 수많은 연쇄 반응을 일으킨 후 빨강, 노랑, 파랑, 초록 페인트를 4인조의 몸에 흩뿌리면서 끝난다. 소위 '루브 골드버그 장치'를 응용한 것이다. 이 장치는 아주 사소한 결과를 얻기 위해 대단히 복잡한 과정을 동원하는 현실을 비꼬기 위해 창안한 개념이었지만 요즘은 창의성 개발의 도구로 쓰인다. 이 뮤직비디오에는 다수의 과학자가 참여했고, 한 장면을 끊지 않고 길게 촬영하는 롱 테이크Long Take 기법을 사용했다. 독특성은 물론 예술성까지 인정받으며 팬들을 홀렸다.

치밀하게 기획한 우연성

2010년 10월 19일 유튜브에 첫 얼굴을 내민 'White Knuckles' 뮤직비디오에는 개 12마리가 나온다. 다 평범한 개들인데 상당한 수준의 묘기를 연출할 수 있도록 멤버들이 줄곧 긴장하며 도왔다. 멤버끼리 팀워크도 어려운데 개들까지 도와야 했기에 한층 더 어려웠다. 2주 동안 훈련을 거쳤지만 촬영을 마무리하기까지 50번이나 시도했다. 멤버들과 개들의 환상적인 팀워크에 팬들은 환호했다.

2012년에는 로스앤젤레스 외곽에 있는 한 농장에서 쉐보레 자동차를 타고 달리며 피아노, 기타, 드럼 등 악기 1,100여 대를 때려 연주하는 뮤직비디오 'Needing/Getting'을 내놓았다. 3킬로미터가 넘는 촬영 세트를 준비하는 데만 4개월이 걸렸고, 원 테이크 방식으로 4일간 찍었다. 기획도 놀라웠지만 실행은 더 놀라웠다. 이 뮤직비디오의

OK Go의 뮤직비디오는 다감각적이면서도 기발하고 방대하다. 첨단 기술과 최신 촬영기법을 동원하기도 하고 치밀하게 기획한 우연성을 완벽한 팀워크로 연출해 뮤직비디오를 종합 예술품으로 승화시킨다.

도전적인 실험과 방대한 스케일에 팬들은 혀를 내둘렀다.

　　OK Go의 음악성은 매우 뛰어나다. 그러나 음악성만 고집하지 않는다. 음악의 청각 요소에다 미술의 시각 요소를 덧입히고 재미까지 가미한다. 듣는 음악을 보는 음악으로 바꾸는 것이다. 첨단 기술과 최신 촬영기법도 동원한다. 치밀하게 기획한 우연성을 완벽한 팀워크로 연출해 뮤직비디오를 종합 예술품으로 승화시킨다. 그렇기에 OK Go의 뮤직비디오는 다감각적이고 다면적이다. 기발하고 방대하다. 팬들이 차기작을 학수고대하지 않을 수 없게끔 만든다.

OK Go는 뮤직비디오를 일일이 가내수공업 형태로 제작한다. 인위적인 편집이 없다. 컴퓨터 그래픽은 하나도 없다. 보이는 그대로 다 사실이다. 기획에서부터 실행에 이르기까지 엄청난 수고가 요구된다. 다 어려운 과정이다. 그래도 멤버들은 여하튼 즐기려고 한다. 기획하고 실행하면서 점점 더 고난도 제작에 도전한다. 그렇게 도전함으로써 멤버들은 치유와 성장을 경험하게 되고, 팬들은 기대 밖의 놀라움을 경험하게 된다. 팬들의 기대를 뛰어넘는 경험을 계속 선물한다면 OK Go의 성공은 더욱 탄탄대로를 달리게 될 것이다.

비정통 노선, 샛길과 새치기

"예수께서 배를 타시고 다시 맞은편으로 건너가시니 큰 무리가 그에게로 모이거늘 이에 바닷가에 계시더니 회당장 중의 하나인 야이로라 하는 이가 와서 예수를 보고 발 아래 엎드리어 간곡히 구하여 이르되 내 어린 딸이 죽게 되었사오니 오셔서 그 위에 손을 얹으사 그로 구원을 받아 살게 하소서 하거늘 이에 그와 함께 가실새 큰 무리가 따라가며 에워싸 밀더라"(성경 마가복음 5장 21~24절).

회당장 야이로의 어린 딸이 죽게 됐다. 야이로는 예수님을 찾아와 엎드려 간구했다. 자기 집을 직접 방문해 딸에게 안수하시고 딸이 다시 살아날 수 있게 해주시라는 것이었다. 직접 방문해 안수하는 것이 정식 절차였다. 예수님은 그렇게 하시겠다며 그의 집으로 향하셨다. 그런데 그때, 한 여인이 등장하며 새치기했다. 그녀는 하혈하는 고질병을 12년간 앓던 중이었다.

📖 ── "열두 해를 혈루증으로 앓아 온 한 여자가 있어 많은 의사에게 많은 괴로움을 받았고 가진 것도 다 허비하였으되 아무 효험이 없고 도리어 더 중하여졌던 차에 예수의 소문을 듣고 무리 가운데 끼어 뒤로 와서 그의 옷에 손을 대니 이는 내가 그의 옷에만 손을 대어도 구원을 받으리라 생각함일러라 이에 그의 혈루 근원이 곧 마르매 병이 나은 줄을 몸에 깨달으니라"(성경 마가복음 5장 25~29절).

새 길은 늘 다른 길이다

그녀는 가산을 탕진하기까지 많은 의사를 만났지만 아무 효험도 없었다. 그러다가 예수님에 관한 소문을 들었다. 전쟁, 비즈니스, 인생에 있어 첫 번째로 중요한 것은 정보다. 제대로 된 정보를 입수하고 관리하고 활용해야 한다. 그녀는 예수님에 관한 소문을 듣고 그 소문을 따라 실행했다. 그러나 예수님께로 가는 길은 만만찮았다. 큰 무리가 예수님을 따라가며 에워쌌기 때문이다.

📖 ── 그래도 그녀는 포기하지 않고 다르게 생각했다. 굳이 예수님의 면전에서 예수님의 안수를 직접 받지 않고 뒤에서 예수님의 옷에 손만 대도 혈루증이 나을 줄로 믿었다. 정통 노선만 고집할 게 아니다.

앞길 외에 뒷길, 옆길, 샛길도 있다. 그녀는 다르게 생각하고 다르게 움직였다. 그것도 믿음이었고, 그 믿음에 따라 예수님의 능력이 흘러나와 그녀의 중병을 고쳤다.

📖 —— 예수님의 면전에서 직접 안수 받아야만 치유되는 게 아니다. 뒤에서 옷자락만 만져도 된다. 꼭 정식 절차여야 할 필요는 없다. 길은 하나만 있지 않다. 다양하고 다른 길이 존재한다. 다르게 생각하고, 다르게 보고, 다르게 움직일 수 있어야 한다. 다르게 접근할 수 있다는 유연성에서 기적이 창출된다. 다르지 않고 새로울 수 있는가. 새 길은 늘 다른 길이다.

빈둥거리는 자유

농경 시대와 산업 시대에는 이른 아침부터 늦은 저녁까지 충성하는 갯과 인재들이 성과를 올렸다. 그러나 디지털 시대와 모바일 시대에는 자유롭게 빈둥거릴 줄 아는 고양잇과 인재들이 성과를 올린다. ==당신은 게으를 수 있는 자유의 시공간을 내주는 부모, 교사, CEO인가.==

© Sergey Kaliganov

난공불락과 **외통수**

"완벽하다는 것은 대안이 없는 외통수다.
난공불락의 요새는 독 안에 든 쥐다. 티루스가 건너오지 않으면 티루스로 건너가겠다."

– 알렉산드로스, 마케도니아 대왕

독 안에 든 쥐, 축성 허무는 공성

B.C. 336년 부왕 필리포스 2세가 암살당하자 아들 알렉산드로스(B.C. 356~B.C. 323)가 20세에 즉위했다. 그의 야망은 발칸반도를 지나 페르시아 제국까지 정복하는 것이었다. B.C. 334년 그는 병력 3만 5,000명을 이끌고 다르다넬스 해협을 건너 오늘날의 터키를 가로질렀다. 지중해 동부의 그리스 도시들을 해방시키고 이어 이집트를 복속시킨 후 페르시아 제국을 공략하고자 했다.

그는 시리아의 다마스쿠스를 항복시킨 데 이어 B.C. 333년 지금의 레바논 연안 대도시였던 시돈을 접수했다. 그러나 레바논 남부의 항구도시였던 티루스가 그의 이집트 진격을 막아섰다. 티루스는 1,000

년 역사를 자랑하던 무역 중심지였다. 성경 에스겔 28장 12~18절에서 '두로'로 기록돼 있는 티루스에는 불의한 무역이 풍성했고 강포가 가득했다고 한다. 원래 티루스는 해안에 위치했었는데 바빌로니아인들의 거듭된 공세에 밀려 해안에서 좀 떨어진 소도로 옮겨진 것이었다.

티루스 섬의 건너편에 도착한 알렉산드로스는 멀리서 노려보는 수밖에 없었다. 자연 항구가 2개 딸린 티루스 섬을 그냥 두고 이집트로 내려간다면 페르시아인들이 그곳을 함대기지로 이용할 것이 뻔했다. 미리 함락시켜놓아야 했다. 그러나 티루스는 부강했고 난공불락이었다. "네 큰 지혜와 네 무역으로 재물을 더하고 그 재물로 말미암아 네 마음이 교만하였도다"(성경 에스겔 28장 5절).

성경 에스겔 29장 18절에 따르면 일찍이 바빌로니아 왕 네부카드네자르 2세가 12년간 티루스를 포위하고 여러 방법을 동원했지만 결국 포기하고 떠난 적이 있었다. 그런 이야기는 오히려 알렉산드로스의 가슴을 불타게 했다. 그는 과거의 전설을 넘어 새 전설을 창조하고 싶었다. 그는 티루스가 건너오지 않는다면 티루스로 건너가겠다고 공언했다. 그러나 티루스는 난공불락이었고 그의 해군은 소규모였다.

완벽하기에 몰락한다

티루스는 높이가 45미터에 이르는 석제 성벽으로 둘러싸여 있었다. 그 어떤 투석기로도 사거리를 맞출 수 없었고 기습도 불가능했다. 완벽한 요새였다. 그러나 그는 완전히 다르게 보았다. 독 안에 든 쥐처럼 더 이상 후퇴할 수 없는 곳이기도 했던 것이다. 그는 마음껏 시간을 쓰면서 폭 60미터인 둑길 750미터를 직접 만들어 중장 보병대를 투입하기로 했다. B.C. 332년 7개월간 공사한 끝에 티루스 성벽과 가까운 바다까지 둑길이 이어졌다.

그는 둑길 끝에다 투석기들을 갖다놓고 돌을 쏘기 시작했다. 정박된 배들과 둑길 끝에서도 투석하자 티루스 성벽의 몇 곳이 부서졌다. 그가 보낸 군사들이 부서진 성벽 사이로 공격해 들어갔다. 성벽 위에서 티루스인들이 끓인 납물을 투하하는 등 반격에 나섰지만 끝내 티루스는 함락되고 말았다. 그는 티루스에 이어 이집트를 손에 넣은 뒤 B.C. 331년 페르시아의 다리우스 3세를 꺾고 중동의 패권자가 될 수 있었다.[13]

원래 난공불락인 요새는 없다. 축성은 공성을 이기지 못한다. 완벽하기에 종종 무너진다. 완벽하지 않다고 판단하면 대안을 마련하지만, 완벽하다고 판단하면 대안을 마련하지 않는다. 그래서 완벽하지

---

[13] 김종춘, 『너는 전략으로 싸우라』(아템포, 2013), 165-166면 참조.

않은 것이 생존하고 완벽한 것이 몰락하곤 한다. 완벽하지 않은 것에서 지속적인 발전 가능성을 보고 완벽한 것에서 외통수의 몰락 가능성을 보는, 남다른 안목이 요구된다.

막다른 길, 지붕 위에 답

"수 일 후에 예수께서 다시 가버나움에 들어가시니 집에 계시다는 소문이 들린지라 많은 사람이 모여서 문 앞까지도 들어설 자리가 없게 되었는데 예수께서 그들에게 도를 말씀하시더니 사람들이 한 중풍병자를 네 사람에게 메워 가지고 예수께로 올새 무리들 때문에 예수께 데려갈 수 없으므로 그 계신 곳의 지붕을 뜯어 구멍을 내고 중풍병자가 누운 상을 달아 내리니 예수께서 그들의 믿음을 보시고 중풍병자에게 이르시되 작은 자야 네 죄 사함을 받았느니라 하시니"(성경 마가복음 2장 1~5절).

📖── 소문을 잘 들어야 한다. 최신 소문, 고급 소문, 핵심 소문을 제대로 입수하고 그 소문을 따라야 한다. 요즘은 정보 데이터를 검색하고 파악하는 손끝 능력이 뛰어나야 한다. 그들은 예수님이 어디에 계시다는 소문을 듣고는 그 소문을 따라 중풍병자를 침상째 싣고 예수님께로 향했다. 그러나 사람들이 너무 많이 운집해 문 앞까지도 들어설 자리가 없었다. 그래도 그들은 절망하거나 포기하지 않았다. 다르게 생각했고 다르게 보았다.

📖 —— 길이 없으면 길을 만들고자 했다. 땅바닥이 막히자 지붕을 바라보았다. 그들은 지붕을 뜯어 구멍을 내고 중풍병자를 침상째 달아 내렸다. 마음의 믿음은 표정과 말과 행동으로 드러나 보이게 된다. 보이는 믿음은 기적을 부른다. 예수님은 그들의 믿음을 보시고 중풍병자에게 죄 사함을 선언하셨다. 그러자 거기 있던 서기관들이 마음속으로 '신성모독'이라고 외쳤다. 죄 사함은 하나님만이 하실 수 있다는 것이었다. 예수님의 대답은 명쾌했다.

길이 없으면 따로 만든다

"중풍병자에게 네 죄 사함을 받았느니라 하는 말과 일어나 네 상을 가지고 걸어가라 하는 말 중에서 어느 것이 쉽겠느냐 그러나 인자가 땅에서 죄를 사하는 권세가 있는 줄을 너희로 알게 하려 하노라 하시고 중풍병자에게 말씀하시되 내가 네게 이르노니 일어나 네 상을 가지고 집으로 가라 하시니 그가 일어나 곧 상을 가지고 모든 사람 앞에서 나가거늘 그들이 다 놀라 하나님께 영광을 돌리며 이르되 우리가 이런 일을 도무지 보지 못하였다 하더라"(성경 마가복음 2장 9~12절).

📖 —— 죄 사함을 선언하는 것은 사이비 교주도 할 수 있다. 그러나 죄 사함의 권세를 입증하는 것은 아무나 할 수 없다. 예수님은 중풍병자가 침상에서 일어나 침상을 들고 귀가하게 하심으로써 의심의 논란에 종지부를 찍으셨다. 제대로 된 정보를 입수하는 것, 그 정보에 따라

움직이는 것, 그리고 반드시 나타나는 장애물을 다른 각도로 보고 해결하는 것이 기적을 낳는다. 길이 없으면 다르게 보고 다른 길을 만들어내면 된다.

호기심과 탐구심

집단적인 사고가 강한 응집력과 추진력을 분출시키기도 한다. 그러나 격변기에는 전체를 떼죽음으로 몰아갈 수도 있다. 변화가 심할수록 이견, 반론, 역발상을 허용하고 장려해야 한다. 오늘의 답이 내일에도 먹힌다는 보장은 없다. 고양이형 인재는 신중하면서도 탐구심이 강하다.

패션으로 **바뀌는 풍경**

> "패션 스케치에서 패션 부분을 잘라낸 종이를 도시 풍경이나 자연 풍경에 덧대어보자. 일상의 배경이 패션 스케치의 중심이다."
>
> – 샤메크 블루위, 패션 일러스트레이터

일상의 배경, 패션 스케치의 재료

샤메크 블루위는 요르단의 암만에서 활동하는 건축가, 비주얼 아티스트, 패션 일러스트레이터다. 그는 패션 일러스트의 상식을 비틀었다. 스케치를 하고 색상을 입히고 패턴을 집어넣는 방식이 아니었다. 오히려 색상과 패턴을 배제해 주변 풍경으로 채우는 역발상이었다. 그는 패션 일러스트를 도시와 자연으로 끌어들였다는 평가를 받는다. 그의 남다른 발상은 두바이 여행에서 시작됐다. 그는 여행 경험을 나누고 싶었다.

시내를 드라이브하던 중 빌딩의 윤곽, 패턴, 구조를 보면서 영감이 떠올랐다. 일상의 아름다운 경치를 드로잉과 연결시켜보기로 했다.

다 그린 드로잉의 라인만 남기고 의상 부분을 잘라냈다. 그렇게 구멍이 난 드로잉을 도시 빌딩, 길거리, 나무, 구름, 하늘에 갖다 겹쳤다. 무심히 지나쳤던 주변 풍경이 패션 일러스트의 중심에 놀랍게 되살아났다. 드레스를 입은 여성의 모습을 종이에 스케치한 후 드레스 부분만 잘라내고 그 종이를 도시 풍경에 비추면 여성의 드레스에 도시 풍경이 그대로 들어온다.

도시 풍경을 드레스의 프레임으로 담아내는 것이다. 건축가다운 발상이다. 그는 펜이나 물감으로 줄무늬나 체크무늬 등 드레스 색상을 그리지 않고 풍경에서 찾아낸다. 주택단지, 길거리, 하늘, 수영장, 나무, 채소 등 무엇이든지 뚫린 종이를 만나면 경이로운 색상, 패턴, 디자인으로 바뀐다. 뚫린 종이는 풍경을 패션으로 보게 하는 창문이다. 지나쳐버리기 쉬운, 일상의 평범한 풍경이 뚫린 종이를 통해 영감의 비범한 원천이 된다.

그가 도시나 자연의 배경을 패션 드로잉의 중심으로 끌어올 수 있었던 것은 건축가로서 감각이 있었기 때문이다. 그의 작품에서 패션과 건축의 조화는 놀랍다. 그는 도시나 자연의 어디에나 패션이 있다고 본다. 그의 남다른 발상 덕분에 건축물의 문양, 바닥의 타일은 물론 꽉 막힌 차도, 우중충한 노을도 감동과 감탄을 자아내는 디자인이 될 수 있다. 각도나 방향에 따라 무한한 변화가 가능하다. 주변 풍경이 이토록 강한 감동과 감탄을 줄 수 있을까.

연결하고 융합하는 능력

그가 패션 일러스트들을 인스타그램에 소개하자 대단한 반응들이 쏟아졌다. 그의 인스타그램 계정에 가면 빼어난 작품들을 만날 수 있다. 그는 인스타그램의 많은 피드백을 통해 더 나은 단계로 발전할 수 있었다. 로베르토 카발리, 스테파노 가바나, 니콜 리치, 지지 하디드 등 프로들과 교분도 생기면서 그의 작품 세계는 더 커지고 있다. 그가 특별히 좋아하는 일러스트레이터는 제임스 진과 데이비드 다운턴이다. 김재석 일러스트레이터와는 협업도 한다.

그는 암만에서 살지만 인스타그램, 페이스북 등 다양한 SNS로 세계인들과 소통을 확대하고 있다. 그는 패션 일러스트레이터로서 기본기가 우수한 데다 건축가로서 감각까지 뛰어났다. 패션 스케치뿐만 아니라 주변 도시와 자연에 대한 경험까지 나누고 싶었던 그는 옷감 부분만 정교하게 잘라낸 패션 스케치를 주변 경치에 덧댐으로써 일상의 실물을 패션 디자인의 영역으로 초대할 수 있었다.

그의 패션 일러스트 기법에 가장 먼저 패션 디자이너들이 열광했다. 전문가들이 프로를 알아본 것이다. 일반인들의 찬사도 뒤따랐다. 이미 미술학원과 패션스쿨에서는 응용하고 있다. 탄탄한 기본기, 자기 경험을 나누고자 하는 열망, 남다른 개념화, 연결하고 융합하는 능력, 그리고 적극적인 SNS 활용이 그를 세계적인 스타의 반열에 올렸다. 요즘은 SNS가 잘돼 있어서 기본기가 충실하고 주특기가 분명하면 일약 스타덤에 오를 수 있다.

내게 있는 그것, 경험과 참여

"제 구 시 기도 시간에 베드로와 요한이 성전에 올라갈새 나면서 못 걷게 된 이를 사람들이 메고 오니 이는 성전에 들어가는 사람들에게 구걸하기 위하여 날마다 미문이라는 성전 문에 두는 자라 그가 베드로와 요한이 성전에 들어가려 함을 보고 구걸하거늘 베드로가 요한과 더불어 주목하여 이르되 우리를 보라 하니 그가 그들에게서 무엇을 얻을까 하여 바라보거늘"(성경 사도행전 3장 1~5절).

📖 —— 베드로와 요한은 오후 3시 기도 시간에 맞추어 성전으로 올라가고 있었다. 날마다 성전 문에서 구걸하던 지체장애인과 마주쳤다. 걸인이 구걸하자 베드로가 쳐다보라며 말을 건넸다. 날마다 그 자리에서 푼돈을 좀 더 받든지 좀 덜 받든지, 걸인의 삶에는 별다른 변화가 없었다. 그런데 눈을 마주치고 보자는 게 아닌가. 큰돈을 주든지, 특별한 선물을 줄 텐가. 매일 희망도 없이 그럭저럭 살아가는 사람을 향해 눈을 마주치며 보자고 할 만한, 무슨 특별한 것이 나에게 있는가.

📖 —— "베드로가 이르되 은과 금은 내게 없거니와 내게 있는 이것을 네게 주노니 나사렛 예수 그리스도의 이름으로 일어나 걸으라 하고 오른손을 잡아 일으키니 발과 발목이 곧 힘을 얻고 뛰어 서서 걸으며 그들과 함께 성전으로 들어가면서 걷기도 하고 뛰기도 하며 하나님을 찬송하니 모든 백성이 그 걷는 것과 하나님을 찬송함을 보고 그가 본래 성전 미문에 앉아 구걸하던 사람인 줄 알고 그에게 일어난 일로 인하여 심히 놀랍게 여기며 놀라니라"(성경 사도행전 3장 6~10절).

📖 —— 베드로는 돈이 없었지만 자기에게 있는 것을 주고자 했다. 베드로가 예수 그리스도의 이름으로 일어나 걸으라며 걸인의 오른손을 잡아 일으키자 걸인이 힘을 얻어 일어나 걷고 뛰며 하나님을 찬송했다. 지금까지 없었던, 특별한 경험이었다. 걸인의 회복을 보고 찬송을 듣던 사람들도 놀라운 경험의 충격에 휩싸였다. 베드로는 남들에게 있는 것을 주려고 애쓰지 않았다. 자기에게 강력하게 있는 것, 곧 예수 그리스도의 이름과 치유를 주고자 애썼다. 하나님은 예수 그리스도를 이 세상에 주셨고, 예수 그리스도는 믿는 사람들에게 용서와 치유와 영생을 주신다.

놀라운 경험의 파문

생로병사의 한계에 갇힌 인간에게 예수 그리스도의 이름을 전하고 경험하게 하는 것보다 더 필요하고 중요한 것이 있을까. 밋밋한 일상에 새로운 경험의 파문을 일으킬 수 있어야 한다. 이브 생 로랑은 매장에서 뷰티 메이크업 쇼를 진행한다. 구글 글래스를 착용한 메이크업 전문가가 고객을 화장하는 과정을 녹화해 나중에 보내준다. 그러면 고객은 메이크업 전후 사진, 메이크업 테크닉, 제품 정보 등을 동영상 형태로 경험하게 된다.

버버리는 애플과 협업해 런웨이 현장을 촬영하고 중계함으로써 고객이 온라인으로 보다가 마음에 드는 의류를 바로 주문할 수 있게 한다. 버버리 매장에서는 직원이 아이패드로 고객을 맞는다. 고객은 옷을 입어보고 옷에 부착된 태그로 옷의 정보를 수집하면서 가장 알맞은 옷을 선택할 수 있다. 2009년 적자였던 버버리는 2010년부터 계속 흑자를 이어가고 있다.

아웃도어 전문업체인 카벨라스는 매장에 스크린을 설치해 카벨라스 브랜드와 관련된 각종 SNS 피드백을 모자이크 방식으로 보여준다. 그런 재미와 함께 할인 혜택이나 경품도 제공해 고객의 참여를 끌어낸다. 기업이 편리함을 넘어 즐거움과 놀라움까지 제공함으로써 고객은 다감각적이고 입체적인 경험을 할 수 있게 된다. 기대 밖의 경험을 제공하고 고객 참여를 촉발하는 기업은 불황 속에서도 호황을 맛볼 것이다.

자기 것에 충실

리셜리외 공작은 고양이를 14마리나 기를 만큼 고양이를 좋아했다. 고양이에게 유산을 남기기도 했다. 그에 따르면 인간이 매일 작은 호랑이를 쓰다듬을 수 있도록 신이 내린 창조물이 고양이다. 고양이는 우아하다. 자기를 즐기고 자기 것에 충실하다. 그게 거부할 수 없는 매력이다.

빠른 공이기는 느린 공

"구속에 대한 미련을 접자. 다양한 구종을 배합하고 자유자재의 제구력을 기르자.
오히려 느린 공으로 타자의 타이밍을 뺏자."

– 유희관, 두산 베어스 투수

느린 공의 역습, 타이밍 빼앗기

유희관은 장충고 시절 상당히 잘 던졌지만 느린 구속 때문에 프로 지명을 받지 못했다. 중앙대에 진학해서는 4년간 18승을 올리며 최고 투수가 됐지만 2009년 드래프트에서 하위권으로 밀렸다. 그보다 성적이 나빴어도 빠른 공을 던지는 투수들이 상위 라운드에 지명됐다. 그는 장충고 진학 후 자신의 공이 느리다는 것을 알았다. 구속을 높이려고 살도 찌우고 웨이트 트레이닝도 했지만 잘되지 않았다.

그는 구속에 대한 미련을 버리고 제구력을 높이기로 했다. 캐치볼 중에 상대방의 글러브 위치를 상하좌우로 움직이게 해서는 정확하게 볼을 집어넣는 훈련을 거듭했다. 구속은 느렸지만 제구력이 개선됐고 구종도 다양해졌다. 2012년 상무에서 2년째 시즌을 보내던 그는 정대현 투수의 1군 출장을 보며 투지를 불살랐다. 같은 좌완으로서 구속이나 제구력이 그보다 낫지 않은 편이던 정대현이 1군에서 기회를 얻는 모습을 보고는 자신도 노력하면 1군에서 뛸 수 있겠다는 확신을 갖게 됐다.

그는 보폭을 좀 더 넓히며 공에 힘을 싣는 데 집중했고 공을 좀 더 낮게 제구하는 데도 성공했다. 상무에서 선발 로테이션의 한 자리를 지키며 좋은 실적을 올렸다. 2013년 상무에서 제대한 후 두산 베어스로 복귀했다. 그해 5월 4일 기회가 왔다. LG 트윈스와 경기에서 더스틴 니퍼트가 부상하자 그는 선발로 등판할 수 있었다. 다들 의아해했지만 그는 승리투수가 됐다. 그해 두산 베어스가 한국시리즈까지 진출할 수 있었던 데에는 LG와 넥센 킬러였던 그의 기여가 컸다. 2015년 한국시리즈에서 우승도 그가 최종 경기에서 호투한 덕분이었다.

2010년까지만 해도 그는 자신의 공이 1군에서 통할지 의문이었다. 그러나 지금 그는 팀은 물론 리그를 대표하는 좌완 에이스로 우뚝 섰다. 2013년 10승을 거두며 존재감을 드러내더니 2014년 12승을 기록했다. 2015년에는 18승을 거두며 20승 고지까지 넘보았다. 3년 연속 두 자릿수 승리다. KBO 리그에서 토종 투수가 20승을 달성한 것은 1999년 현대의 정민태 투수가 마지막이었다. 류현진 같은 에이스도 이루지 못했던 기록이다.

　유희관은 에이스에 대한 고정관념을 깨뜨렸다. 그가 나타나기 전까지는 에이스 하면 강속구였다. 그러나 그는 느린 공으로 에이스의 개념을 뒤집었다. 그가 던지는 공은 가장 빨라야 시속 133킬로미터다. 웬만한 투수들의 변화구보다 느리다. 그의 슬로 커브는 시속 74킬로미터에 불과하다. 그는 구속 변화와 구종 변화에 초점을 맞추었다. 그의 직구는 평균 130킬로미터로 느린 편이다. 그의 변화구는 평균 90킬로미터로 더 느리다. 구속 차이가 최고 40킬로미터에 달한다.

　공의 회전이 많아 부력이 크고 낙폭이 작다. 시속 145킬로미터인 빠른 공보다 그의 느린 공이 회전수가 더 많다. 그래서 그의 공은 묵직하고 공 끝이 좋다. 그는 직구, 슬라이더, 커브, 체인지업, 포크볼 등 다양한 구종을 원하는 곳에 던질 줄 안다. 가뜩이나 느린 직구를 완급까지 조절해 던지다 보니 타자들이 번번이 당한다. 2015년 8월 9일 LG 트윈스와 경기에서 그의 제구력은 빛을 발했다. 7회 초 1:1 상황에서 그는 LG의 임훈 1번 타자와 긴 승부를 펼쳤다. 대주자 박지규를 1루에 묶어두려고 수없이 견제구를 던졌다. 긴장이 고조됐다.

변화무쌍한 팔색조

2사 후 2스트라이크-2볼에서 그가 선택한 공은 시속 101킬로미터인 커브였다. 속도는 느리되 회전은 강하고 빨랐다. 공이 그리는 곡선은 급했다. 이전까지 그의 직구와 슬라이더만 상대했던 임훈은 허를 찔려 헛스윙을 날리고 말았다. 그의 구속 변화와 구종 변화에 화답하며 두산의 타선이 폭발했다. 7회 말 두산은 8점을 뽑으며 그가 가는 길에 꽃을 뿌렸다. 투수가 좀 부진한 날이어도 타자들이 잘 치면 투수의 어깨는 한층 가벼워진다.

한화 이글스의 김성근 감독은 그더러 아주 영리하다고 칭찬했다. 상대적으로 느린 공을 던지지만 다양한 구종, 강약을 조절하는 공 배합, 뛰어난 제구 감각으로 타자의 타이밍을 훔칠 줄 안다는 것이다. 그는 110킬로미터 정도의 다채로운 체인지업으로 던지다가 130킬로미터 포심 패스트볼을 우타자의 몸 쪽으로 꽂곤 한다. 타자 입장에서는 145킬로미터 직구보다 더 위력적으로 느껴진다. 변화구의 각도도 예리하다. 아무리 강속구라도 그것 하나만 계속 가운데로 던지면 결국 타자에게 타이밍을 주게 마련이다. 구속이 느려도 좌우 코너워크를 자유자재로 구사한다면 타자의 타이밍을 빼앗을 수 있다.

그는 다양한 구종을 스트라이크존의 구석구석에 집어넣을 수 있다. KBO 리그에서 그만큼 까다로운 투수는 없다. 그는 팔색조로 불린다. 구종과 공 배합이 다양하고 제구력이 좋다. 정교한 컨트롤에서 아무도 그를 앞서지 못한다. 그는 타자들이 치기 어려워하는 무릎 근처로 공을 던져 스트라이크를 잡아내곤 한다. 그는 느리게 던지다가 더 느리게 던져 타자들을 어지럽힌다. 살살 던지다가도 주자가 있으면 세게 던진다. 타자들에게 읽히지 않으려고 조금씩 변화도 준다.

그는 시즌 중에도 투구 폼을 고치는 모험을 감행한다. 2015년 7월 들어서는 와인드업 자세를 과감히 고쳤다. 두 발을 모으고 던지다가 오른발을 뒤로 빼서 던지는 것으로 바꾸어 공의 추진력을 높였다. 심지어 그는 경기 중에도 투구 폼을 바꾸며 자기 진화를 거듭한다. 포수와 함께 공 배합에 대해서도 많이 연구한다. 경기 때에는 포수가 하자는 대로 공을 던진다. 포수와 마음이 맞는 게 가장 중요하기 때문이다. 평소에는 연구를 많이 해도 마운드에 서면 머리싸움보다 기 싸움을 더 자주 한다. 경기를 지배하는 집중도가 남다르다. 무엇보다 자신 있게 던지려고 한다.

그는 마치 시속 150킬로미터로 던지는 투수처럼 자신감에 차 있다. 그의 목표는 20승보다는 200이닝이다. 2014년 그는 177과 3분의 1이닝을 던져 토종 투수로서는 최다 이닝을 소화했다. 2015년에는 189와 3분의 2이닝을 던졌다. 200이닝을 마지막으로 돌파한 토종 투수는 2007년 211이닝을 던졌던 류현진이다. 유희관은 공의 속도, 공의 종류, 공의 배합에 있어 유연한 변화를 추구함으로써 투수의 개념을 반전시킬 수 있었다. 그는 빠른 판단력, 끈질긴 집중력, 꾸준한 노력,

그리고 타고난 체력으로 최다 승리와 최다 이닝을 끝내 이루어낼 것으로 기대된다.

청력 극대화, 집중력 견지

"그들이 여리고에 이르렀더니 예수께서 제자들과 허다한 무리와 함께 여리고에서 나가실 때에 디매오의 아들인 맹인 거지 바디매오가 길 가에 앉았다가 나사렛 예수시란 말을 듣고 소리 질러 이르되 다윗의 자손 예수여 나를 불쌍히 여기소서 하거늘 많은 사람이 꾸짖어 잠잠하라 하되 그가 더욱 크게 소리 질러 이르되 다윗의 자손이여 나를 불쌍히 여기소서 하는지라"(성경 마가복음 10장 46~48절).

📖── 예수님과 제자들이 여리고에 들렀다가 다시 길을 떠날 때에 많은 사람이 따라가고 있었다. 그때 시각장애인 바디매오가 길가에 앉아 구걸하다가 무슨 일이냐고 물었다. 예수님께서 지나가신다고 하자 크게 소리쳤다. "다윗의 자손 예수여, 나를 불쌍히 여기소서." 그는 예수님을 다윗의 자손이라고 불렀다. 예수님이 그토록 고대했던 그리스도라는 신앙고백이었다. 사람들이 시끄럽다며 꾸짖자 그는 더 크게 소리쳤다. 그는 예수님의 소문을 들었을 테고 예수님을 만나고 싶어 했을 것이다. 지금 절호의 기회가 왔다. 예수님에 대한 믿음과 소망이 강한 만큼 그 기회를 놓칠 수 없다.

📕 —— 그는 시각장애인이었기에 어디로 가야 할지 몰랐다. 그에게는 아직 청각이 남아 있었다. 남들에게 있는 시각이 아니라 자기에게 남아 있는 청각으로 예수님께 나아갔다. 크게 소리쳤다. 방해물이 나타나자 더 크게 소리쳤다. 자기에게 없는 것 때문에 불평하고 원망하면 그게 불신이다. 자기에게 있는 것으로 최선을 다하면서 남다른 차이를 낸다면 그게 믿음이다. 믿음이 있는 곳에서 기적이 일어난다. 남들보다 나에게 더 강하게 있는 것이 무엇인가. 남들에게는 없고 나에게만 있는 것이 무엇인가.

📕 —— 바디매오는 예수님을 만나 자신의 문제를 해결받기 위해 남들보다 자신에게 더 강하게 있는 청각을 적극적으로 활용했다. 고함을 질렀고 귀를 기울였다. 그런 적극적인 행동에는 이미 믿음이 녹아 있다. 마윈은 중학교에 3번, 대학교에 3번, 대입을 준비하던 중 구직활동에서 30번 떨어졌다. 낙방으로 점철된 청년이었지만 알리바바를 세웠다. 크리스 해드필드는 지독한 훈련을 반복한 끝에 고소공포증까지 극복하고 2013년 지구를 2,000번 넘게 돈 우주인이 됐다.

행동에 나타나 있는 믿음

성낙인은 사시, 행시, 외시에 다 떨어졌다. 지방대 교수를 20년간 하고 서울대 교수가 돼서는 3수 끝에 서울대 총장이 됐다. 정신과의사 김혜남은 죽도록 아픈 파킨슨병으로 40대를 넘겼지만 투병 중에 베스트셀러를 써내 청년들의 멘토가 됐다. 조 말론은 어릴 때부터 심각한 난독증에 시달렸지만 뛰어난 후각에 더욱 집중해 최고 수준의 조향사가 되었다. 시스코의 존 체임버스 회장도 난독증이었다. 잘 듣고 잘 기억해야만 했다. 그의 경청 능력은 그를 최장수 CEO로 만들었다.

📖── "예수께서 머물러 서서 그를 부르라 하시니 그들이 그 맹인을 부르며 이르되 안심하고 일어나라 그가 너를 부르신다 하매 맹인이 겉옷을 내버리고 뛰어 일어나 예수께 나아오거늘 예수께서 말씀하여 이르시되 네게 무엇을 하여 주기를 원하느냐 맹인이 이르되 선생님이여 보기를 원하나이다 예수께서 이르시되 가라 네 믿음이 너를 구원하였느니라 하시니 그가 곧 보게 되어 예수를 길에서 따르니라"(성경 마가복음 10장 49~52절).

📖── 믿음은 믿음의 대상을 잡아당긴다. 그가 부르짖고 또 부르짖자 예수님께서 머물러 서서 그를 부르셨다. 그는 즉시 겉옷을 내버리고 뛰어 일어나 예수님께 나아갔다. 목표에 방해가 되는 것은 과감하게 버릴 수 있어야 한다. 마지막까지 목표에 집중해야 한다. 예수님은 그의 행동에 나타나 있는 믿음을 보시고는 재차 그의 소원을 확인하셨다. 그는 지체 없이 확답했고 그의 믿음이 기적을 일으켰다. 자기에게 남아 있는 것으로 최선을 다하며 남다른 차이를 내는가. 방해물이 등장해도 흔들리지 않고 끝까지 목표에 집중하는가.

자신의 때와 방식

개는 꼬리를 흔들고 짖고 뛰어오르는 등 온갖 짓을 주인에게 다 한다. 고양이는 멀뚱히 있다가 슬쩍 다가와 사람의 다리에 꼬리를 한번 휘감고는 사라진다. 개는 늘 밝고 긍정적이고 적극적이어야 한다. 고양이는 자고 놀아도 자책하지 않는다. 자신의 때에 자신의 방식으로 한다.

사치품이 잘 팔리는 이유

"인간은 합리적이지 않다. 상위층은 물론 하위층도 과시욕에 사로잡힌다. 하위층마저도 보수적이어서 개혁하려고 하지 않는다."

– 베블런, 『유한계급론』 저자

과시적인 낭비, 보수적인 인간

제품 가격이 오르면 소비를 줄이고 제품 가격이 내리면 소비를 늘린다. 주류 경제학이 말하는 수요법칙이다. 주류 경제학은 이익이 되는 쪽으로 움직이는, 인간의 합리성을 전제로 한다. 그러나 비쌀수록 사고 쌀수록 사지 않는, 인간의 비합리성도 있다. 인간의 과시욕과 모방욕 때문에 이런 현상이 일어난다. 상층민은 자신의 부와 지위를 입증하기 위해 비쌀수록 사고, 하층민도 상층민의 삶을 동경해 그렇게 모방하곤 한다.

1920년대 미국은 흥청거렸다. 1차 세계대전이 유럽에는 폐허를 남겼지만 미국에는 호황을 남겼다. 미국의 선남선녀들은 더 자유롭고

개방적인 사회 분위기 속에서 춤과 자유를 만끽했다. 사치와 방탕도 이어졌다. 부유층은 밤마다 화려한 파티를 즐겼다. 그런 시대 상황을 남다른 눈으로 관찰한 경제학자가 있었다. 소스타인 베블런(1857~1929)이었다. 노르웨이계 이민 가정의 12자녀 중에서 6번째로 태어난 그는 가난한 농가에서 자랐다. 그는 학창시절 코의 모양에 따라 인간을 분류한 리포트를 쓰고 주정뱅이의 입장에서 자신의 죽음을 묘사하는 등 엉뚱한 발상으로 주변을 당황스럽게 하기도 했다.

그는 개미를 살피듯 인간의 행태를 조목조목 관찰했다. 당시의 미국 신흥부자들은 유럽 상류층의 생활방식을 모방해 사치스럽게 생활하며 품위를 과시했다. 그들은 부와 지위를 드러내기 위해 돈과 시간 낭비를 즐겼다. 심지어 하인들마저 노동에서 제외시키고 제복을 입힌 채 매너와 에티켓, 라틴어와 그리스어를 가르칠 지경이었다. 그들의 모든 활동은 신분과 능력을 과시하는 수단이었다.

베블런은 인간의 경제활동을 경제 관점에서만 보지 않았다. 인간의 심리와 사회 현상을 두루 연결해 종합적으로 살폈다. 그에 따르면 부자들은 부와 지위를 입증하기 위해 놀고 먹는다. 사치스러운 파티를 열고 사람들을 초대한다. 으리으리한 저택, 직접 연주하는 악단, 번쩍이는 보석을 주렁주렁 단 부유층 남녀들, 많은 비싼 음식들은 다 과시용이다. 부자들은 남들이 살 수 없는 고가품에 돈을 쓰고 고상한 취향을 위해 시간을 쓴다. 여가를 즐기되 과시적으로 하고 소비를 하되 과시적으로 한다.

당시의 상류층은 은제 숟가락을 썼다. 무겁고 불편하고 비싸서 남들이 못 사기에 더욱 샀다. 먹고사는 데 급급한 서민들은 싸고 실용적인 제품을 샀지만 부자들은 비싸고 비실용적인 제품을 얼마든지 살 수 있다는 점을 드러냈다. 고품질의 실용적인 제품이어도 싸다면 외면했다. 그렇게 부와 지위를 과시하면서 사회적인 존경과 명예까지 얻고자 했다. 베블런에 따르면 비쌀수록 더 사는 재화는 베블런재, 비쌀수록 더 사는 현상은 베블런 효과, 비쌀수록 더 사는 부유층은 유한계급이다.

1899년 출간된 책 『유한계급론(The Theory of the Leisure Class)』에서 그는 돈과 시간을 과시적으로 낭비하는 것이 유한계급의 특징이라고 밝혔다. 유한계급은 여가를 즐기며 놀고 먹는 사람들이다. 오래전부터 영국의 부유한 귀족들은 여우사냥을 즐겼다. 여우를 사냥할 만큼이나 넓은 영지를 가졌다는 점, 노동하지 않아도 되는 신분이라는 점을 과시할 수 있었기 때문이었다. 유한계급은 노동계급과 달리 노동에 참여하지 않으면서 돈과 시간을 펑펑 쓴다. 그러고도 근면하고 성실하게 사는 모습을 보여주어야 한다.

경제 대공황을 초래하다

그래서 대학을 짓고 예술가를 후원하고 기부를 하고 스포츠를 진흥시킨다. 예술감상, 독서모임, 클럽 활동에도 힘쓴다. 돈을 버는 일도 아니고 필수적인 일도 아니지만 바쁘게 산다는 인상을 대외적으로 주는 효과가 있다. 그렇게 고급 취향을 즐기면서 품위를 유지한다. 유한계급의 예술품 수집도 과시욕 표출이다. 많은 돈과 시간을 들여 상류층의 대화법과 예법도 익힌다. 너무 바빠서 제대로 놀고 먹을 수 없으면 대리 만족을 추구한다. 젊은 아내에게 비싼 보석과 명품을 사주고 젊은 아내가 유명 휴양지에서 요트 여행을 즐길 수 있게 하는 것이다.

부자들은 재력을 과시하기 위해 자기들끼리 격렬하게 경쟁한다. 한 부자가 백작 사위를 맞으면 다른 부자는 공작 사위를 맞는다. 한 부자가 호화로운 파티를 열면 다른 부자는 더 호화로운 파티를 연다. 한 부자가 요트를 사면 다른 부자는 비행기를 산다. 요즘은 인기 연예인이나 스포츠 스타가 그렇게 하기도 한다. 물론 하층민도 상층민이 되고 싶어 베블런재를 사려고 한다. 인간이라면 누구든지 경쟁에서 이기고자 하고 능력을 과시해 더 명예롭고자 한다.

인간은 고가 브랜드 제품을 소비함으로써 우월감과 만족감, 그리고 명예심을 누리려고 한다. 아이폰이 나오자 길거리에서 노숙하면서까지 먼저 사려고 했다. 허니버터칩이 나오자 가게마다 돌며 끝내 사서는 인증 사진을 찍어 SNS에 올렸다. 과시적인 소비 형태다. 일종의 베블런 효과다. 고급 외제차, 고급 가전제품, 고급 의류, 고급 화장품, 고급 와인, 귀금속, 미술품, 애완동물은 이 시대의 베블런재다.

요즘 고가 수입차가 불티나게 팔린다. 부유층은 불경기에도 사치품, 명품, 고가품을 과소비하면서 특권적인 위치를 뽐낸다. 보통 사람들도 브랜드 제품 소비나 유명인과의 친분을 과시함으로써 상류층에 속하기라도 한 것과 같은 환상을 갖는다. 열등감과 불안감 때문이다. 허영과 허례의 호화 결혼식, 과도한 경조비 지출도 베블런 효과의 하나로 이해할 수 있다.

베블런 효과의 문제점은 인류가 효율적으로 사용해야 하는 유한한 자원을 소수의 재력가들이 독점적으로 낭비한다는 것이다. 베블런은 남다르게 관찰함으로써 주류 경제학자들이 보지 못한 위기를 예견했다. 그는 미국경제가 과시적인 낭비의 수렁에서 빠져나오지 않는다면 파국을 피할 수 없을 것이라고 경고했다. 그의 경고는 1929년 그가 사망한 지 두 달 만에 경제 대공황으로 실현되고 말았다.

베블런은 『유한계급론』에서 베블런 효과를 훨씬 넘어서는 통찰을 던졌다. 베블런에 따르면 유한계급뿐만 아니라 하위 소득층도 보수적이다. 하위 소득층이 합리적이어서 이익에 부합하는 대로 움직인다면 현상유지보다는 현상타파를 원할 것이다. 칼 마르크스는 하위 소득층이 혁명의 주체가 될 것으로 보았다. 그러나 하위 소득층도 부유층과 마찬가지로 보수적이다. 체제 개혁이나 혁명에는 미온적이다.

성찰하고 사유해야 한다

베블런에 따르면 보수성은 유한계급의 특수성이라기보다는 인간의 보편성이다. 인간은 원래 변하지 않으려고 한다. 경험과 기억이 인간의 정체성을 형성한다. 새로운 것을 받아들이면 기존의 정체성이 흔들리고 무너진다. 그래서 상식과 고정관념을 보수하고 새로운 것을 거부하려고 한다. 그만큼 자기 변화가 어렵다. 체제를 변화시키는 것은 더 어렵다. 유한계급과 마찬가지로 하위 소득층도 체제를 바꾸려고 하지 않는다.

부유층의 한가한 생활은 하위 소득층의 희생적인 생산이 있기에 가능하다. 하위 소득층이 혁명을 일으켰다가는 부유층이 존재할 수 없다. 그래서 부유층은 애국심, 민족주의, 군국주의, 제국주의와 같은 이념을 학습시킨다. 가난한 노령층이 국가와 민족의 장래를 염려하며 부유층의 입장을 옹호하지 않는가. 인권, 평등, 분배, 정의를 외치며 체제를 개혁하려는 시도는 사회 질서를 무너뜨리고 사회 윤리를 파괴하는, 불온한 행위로 낙인찍힌다. 또 부유층은 하위 소득층이 서로 소비 경쟁을 일으키도록 부추긴다.

하위 소득층은 하루하루 먹고살기도 벅차다. 부유층이 만든 체제에 순응하지 않고서는 생존 자체가 불가능하다. 체제 순응에 에너지를 다 소모한다. 현재의 삶을 지키기도 급급한데 어찌 개혁을 추진할 수 있겠는가. 20대는 가장 진보적일 수 있다. 그러나 우리나라의 20대는 비싼 대학 등록금, 싼 아르바이트 임금, 모자라는 일자리 때문에 생존 자체가 버겁다. 변화를 추구할 에너지도 없다. 더군다나 하위 소득층은 부유층을 부러워하며 신분 상승을 꿈꾸기도 한다.

베블런은 주류 경제학자들이 보지 못한 것을 보았다. 인간의 합리성에 기초를 두고 응용 수학의 도움을 받은 주류 경제학은 정교하고 세련되다. 그러나 인간의 비합리적인 특성과 사회의 다양한 현상을 반영하지 못한다. 인간이 이익에 따라 합리적으로 선택할 것이라는 주류 경제학의 전제에 대해 그는 강한 의문을 품었다. 그는 인간의 심리와 사회 현상을 세심하게 관찰한 후 인간의 과시욕과 모방욕, 그리고 보수성에 근거해 전혀 다른 경제학을 제시했다. 그런 맥락에서 그는 심리학자이기도 했고 사회학자이기도 했다.

『유한계급론』은 나온 지 100년이 넘었지만 여전히 유효하다. 특히 가난한 서민들이 왜 부자 정치인을 뽑고 부자 정당을 선택하는지 이해할 수 있게 한다. 부자와 가난한 사람은 따로 존재할 수 없다. 부자가 있기 때문에 가난한 사람이 있게 되고, 가난한 사람이 있기 때문에 부자가 있게 된다. 부자는 자신의 부유함을 유지하게 하고 확대하게 하는 정치인과 정당을 선택하고 지지한다.

그러나 가난한 사람은 부자의 부유함을 좋아한 나머지 부자의 가치와 언어까지 좋아하면서 부자를 위한 정치인과 정당을 선택하고 지지한다. 부자 때문에 박탈감을 느끼기는커녕 부자의 성공신화에 매료될 뿐이다. 현재의 자기 정체성과 사회적인 지위를 형성하게 한 상식과 고정관념, 그리고 체제에 대해 의문을 제기하지 않고서는 더 나은 미래로 나아갈 수 없다. 먹고사는 것을 잠시 멈추고서라도 성찰하고 사유해야 한다.

더 높고 다른 차원, 영혼의 존재

"그 때에 예수께서 성령에게 이끌리어 마귀에게 시험을 받으러 광야로 가사 사십 일을 밤낮으로 금식하신 후에 주리신지라 시험하는 자가 예수께 나아와서 이르되 네가 만일 하나님의 아들이어든 명하여 이 돌들로 떡덩이가 되게 하라 예수께서 대답하여 이르시되 기록되었으되 사람이 떡으로만 살 것이 아니요 하나님의 입으로부터 나오는 모든 말씀으로 살 것이라 하였느니라 하시니"(성경 마태복음 4장 1~4절).

📕── 예수님은 하나님의 아들이시다. "하늘로부터 소리가 있어 말씀하시되 이는 내 사랑하는 아들이요 내 기뻐하는 자라 하시니라"(성경

마태복음 3장 17절). 사람들에게 인정받기보다는 하나님께 인정받는 것이 더 중요하다. 예수님은 과시적인 쇼맨십이 아니라 차분한 순종으로 하나님의 아들이심을 입증하고자 하신다. 40일 금식 후 예수님은 사탄의 시험을 받으셨다. 하나님의 아들이라면 돌을 떡으로 만들라고 했다. 예수님은 더 높고 다른 관점에서 응대하셨다. 사람은 하나님의 말씀으로 사는 영혼의 존재라는 것이다. 신인 세상에서 가장 먼저 회복돼야 할 게 있다면 영혼의 존재다.

📖 —— "이에 마귀가 예수를 거룩한 성으로 데려다가 성전 꼭대기에 세우고 이르되 네가 만일 하나님의 아들이어든 뛰어내리라 기록되었으되 그가 너를 위하여 그의 사자들을 명하시리니 그들이 손으로 너를 받들어 발이 돌에 부딪치지 않게 하리로다 하였느니라 예수께서 이르시되 또 기록되었으되 주 너의 하나님을 시험하지 말라 하였느니라 하시니"(성경 마태복음 4장 5-7절).

기존의 굳어진 기준과 순위

이번 시험은 더 세다. 위험에서 스스로 구원해보라는 것이다. 사탄의 전형적인 수법이다. 그러나 예수님은 더 높고 다른 수준에서 응대하셨다. 하나님을 부려서 자기 자신의 지위를 더 확고하게 하려는 의도는 불순하다. 여우가 호랑이의 위세를 빌려 호랑이 행세를 하려는 것과 같다. 여우의 속셈은 호랑이에 대한 사랑과 존경과 신뢰에 있지 않고

단지 자기 자신의 세력 확장에 있다. 하나님과 관계에서나 윗사람과 관계에서 이런 경우는 허다하다. 예수님의 관심은 하나님의 권능을 등에 업고 허세를 떠는 데 있지 않고 오직 하나님에 대한 사랑과 존경과 신뢰에 있다.

📖 —— "마귀가 또 그를 데리고 지극히 높은 산으로 가서 천하 만국과 그 영광을 보여 이르되 만일 내게 엎드려 경배하면 이 모든 것을 네게 주리라 이에 예수께서 말씀하시되 사탄아 물러가라 기록되었으되 주 너의 하나님께 경배하고 다만 그를 섬기라 하였느니라 이에 마귀는 예수를 떠나고 천사들이 나아와서 수종드니라" (성경 마태복음 4장 8~11절).

📖 —— 최종 시험은 한층 강하다. 눈에 보이지 않는 하나님보다 눈에 보이는 세상 영광을 손에 쥐려는 욕구가 더 클 것이다. 그러나 예수님은 더 높고 다른 차원에서 응대하셨다. 하나님을 경배하고 섬기는 일이 사람의 첫째 본분이라는 것이다. 예수님은 기존의 굳어진 기준과 순위를 늘 뒤집으신다. 누가 가장 중요하고, 무엇이 가장 중요한지 아시기 때문이다. 예수님은 자기 자신의 지위와 세력을 확장하기 위해 하나님을 강압하거나 이용하지 않으신다. 겸손히 하나님께 순종하실 뿐이다. 그게 하나님의 아들이심에 대한 증명이다. 리더십은 팔로우십을 전제로 한다.

부실한 영혼

대체로 갯과 사람이 조직적이라면 고양잇과 사람은 창의적이다. 그런데 개보다 덜 똑똑하면서 고양이처럼 느슨하기만 한 영혼도 많다. 다잡아서 조직적으로 일하지도 못하고 남다르게 창의적으로 일하지도 못하는데 누가 쓰려고 하겠는가. 기본기도 부실한데 주특기까지 부실한가.

© Dzina Belskaya

예측 불허의 **유연성**

> "훈련받은 그대로 움직이는 게 아니라 대상과 상황에 따라 다르게 움직여야 한다.
> 어제의 공식은 오늘의 변화에 맞지 않는다."
>
> – 미야모토 무사시, 일본 최고 검객

달라진 상황, 의외의 방식

미야모토 무사시(1584~1645)는 도쿠가와 이에야스 시대의 사무라이였다. 도쿠가와 이에야스가 지방 영주들의 군대를 해체하고 일본을 통일하자 사무라이들은 갈 데가 없었다. 그들은 낭인이 됐다. 일부는 아예 딴 길을 걸었고 나머지는 곳곳에 검술학교를 세웠다. 무사시도 검술학교를 세우고는 일본 전역을 누비며 최강을 가리는 싸움판에 나섰다.

1600년 세키가하라 전투에서 그는 도쿠가와 이에야스의 반대편에 섰었다. 그 전투에서는 1만 명이 학살됐고 나머지는 추방됐다. 거기서 그가 생존한 것은 기적이었다. 그는 13세에 첫 결투에서 이겼고 60세에 은둔생활로 들어갈 때까지 모두 6번 결투에서 살아남았다. 그는 당대에 살아 있는 전설이 됐다. 그는 결혼하지 않았고 두발도 손질하지 않았다. 무기도 없이 기습당할지 모른다며 목욕도 하지 않았다. 그는 오직 검술을 완성하는 데만 몰두했다.

1605년 21세 무사시는 교토에서 검술로 저명한 요시오카 가문의 수장이던 겐자에몬에게 결투를 신청했다. 겐자에몬은 온갖 뜨내기들이 덤비곤 했기에 그를 대수롭지 않게 여겼다. 그런데 그의 더러운 거지 차림과 오만한 태도가 거슬렸다. 본때를 보여주어야 했다. 결투를 벌이기로 한 당일, 겐자에몬은 부하들을 데리고 정시에 약속장소에 도착했다. 그런데 그는 나타나지 않았다. 한 시간이 흘렀고, 겐자에몬은 부하를 그의 숙소로 보내 확인했다.

그제야 잠에서 깨어난 무사시는 곧 가겠다고 전했다. 겐자에몬은 화가 치민 채 들판을 서성였고 그는 여전히 꾸물거렸다. 마침내 그가 나타났을 때, 그의 머리띠는 겐자에몬의 전통적인 흰색과 달리 자주색이었다. 겐자에몬은 그 촌뜨기를 빨리 해치우려고 소리를 지르며 내달렸다. 둘 다 상대방의 이마를 베었는데 겐자에몬의 머리띠는 피로 물들었고, 무사시의 머리띠는 멀쩡했다. 혼란에 빠진 겐자에몬이 다시 공격했지만 무사시의 칼에 머리를 맞고는 쓰러졌다.

무사시는 일부러 자주색 머리띠를 둘러매 겐자에몬의 시선을 분산시켰고 약속시간보다 늦게 나타나 겐자에몬의 집중도를 깨뜨렸다. 그는 조급하게 돌진하는 겐자에몬을 어렵지 않게 제압할 수 있었다. 적의 심리상태를 흔들어 적이 감정적으로 반응하게 함으로써 적의 허점을 찌를 수 있다. 며칠 후 무사시는 겐자에몬의 동생마저 결투에서 죽였다. 그러자 겐자에몬의 아들인 마타시치로가 결투를 신청했다.

이전의 두 결투에서 그는 일부러 몇 시간 늦게 도착해 상대방의 분노를 촉발시켰지만 이번에는 일찍 가서 나무 위에 몸을 숨겼다. 마타시치로는 부하들을 한 무리 데리고 나타났다. 그들이 풀숲에 납작 엎드려 숨자 갑자기 무사시가 나무 위에서 뛰어내리며 단칼에 마타시치로의 목숨을 끊었다. 나머지 부하들이 너무 놀라 어정쩡하게 줄지어 서자 그는 수 초 만에 차례로 그들을 쓰러뜨렸다. 그 결투로 무사시는 최고 수준의 검객으로 각인됐다.

그는 계속 일본 전국을 돌며 도전자를 찾았다. 어느 날 바이켄이라는 사무라이의 소문을 들었다. 바이켄은 끝에 쇠공이 달린 사슬과 낫을 쓴다고 했다. 바이켄이 쇠공을 휘두르면 상대방은 공포에 질려 뒷걸음치게 되는데 그 순간을 놓치지 않고 바이켄의 낫이 번쩍이며 살해한다는 것이었다. 그는 바이켄의 무기 사용법을 보고 싶었지만 바이켄은 결투뿐이라고 잘라 말했다.

이기게 한 방법을 버린다

그는 장검과 단검을 하나씩 들고 바이켄의 막사 앞에 나타났다. 바이켄은 칼을 두 자루 사용하는 사무라이를 본 적이 없었다. 그가 선제공격에 나섰다. 바이켄은 뒷걸음치며 쇠공을 던질 틈을 찾았다. 그러나 그가 갑자기 단검을 후려쳐 바이켄의 균형을 깨뜨리는가 하더니 한순간에 장검으로 찔러 바이켄을 죽였다. 그는 좀처럼 같은 방법으로 싸우지 않았다. 늘 다른 방법을 찾아냈다.

1612년 그에게 가장 중요한 결투가 있었다. 상대방은 위대한 사무라이로 알려진 사사키 코지로였다. 코지로는 제비 꼬리의 움직임에서 탁월한 검법을 개발해냈고 아주 긴 칼을 사용한다고 했다. 결투 장소는 코지로가 사는 집 근처에 있는 작은 섬이었다. 그런데 하루 전 그는 자신의 숙소를 떠나 친척 집으로 갔다. 그러자 그가 도망쳤다는 소문이 났다. 다음 날 아침 8시, 섬에 모인 구경꾼들이 전령을 보낼 때까지 그는 잠자리에서 일어나지 않고 있었다.

그는 곧장 바닷가로 갔다. 사공이 노를 저어 섬으로 가는 동안 그는 비상용 노로 뾰족한 목검을 만들고는 배 안에 누워 휴식을 취했다. 배가 결투장에 다다르자 그는 헝클어진 머리카락을 수건으로 질끈 동여매고 긴 노를 흔들거리며 배에서 뛰어내렸다. 코지로는 정시에 도착했지만 그는 아주 늦게 왔다. 코지로는 화가 나서 외쳤다. "약속시간을 어기다니, 그렇게 겁나더란 말이냐." 그는 잠자코 한 발자국 다가섰다. 코지로는 장검을 빼들고 칼집을 바닥에 던졌다. 무사시가 비웃었다. "승자는 칼집을 팽개치지 않는다. 이제 너는 최후를 맞이할 것이다."

그는 코지로의 화를 돋우며 코지로의 장검보다 더 긴 노로 코지로의 미간을 겨누었다. 코지로가 잽싸게 그의 머리를 가격했지만 그의 수건만 둘로 갈랐을 뿐이었다. 그 순간, 그의 날카로운 노가 코지로의 발을 후려쳤다. 구경꾼들의 숨이 멎었다. 코지로가 가까스로 일어나자 그는 코지로의 머리를 강타해 죽였다. 그는 머리를 숙여 절하고는 배를 타고 유유히 떠났다. 그 후로 그는 천하무적으로 불렸다.

그는 신사적이지 않았지만 항상 이겼다. 그가 이기는 비결은 상대방과 상황에 따라 전략을 달리했다는 데 있었다. 그의 적들이 기존에 훈련된 기법을 더 중시했다면 그는 달라진 상황을 더 중시했다. 그는 규칙을 깨뜨렸고, 전략을 알아채지 못하게 했다. 어떤 때는 늦게 나타났다가 다른 때는 일찍 나타났다. 어떤 상대와는 두 칼을 쓰다가 다른 상대와는 목검을 썼다. 그는 어제의 공식을 오늘의 상황에 억지로 맞추지 않았다.

어제의 공식에 집착하는 것은 상상력이 결핍됐기 때문이다. 어제의 경직된 눈이 아니라 오늘의 신선한 눈으로 오늘의 달라진 상황을 볼 수 있어야 한다. 손자병법에 따르면 한 번 승전하게 한 병법은 되풀이하지 말아야 한다. 시공간에 따라 응전하는 형태는 무궁무진하다. 고수에게 불변의 법칙은 없다. 늘 통하는 전략도 없다. 마법 같은 공식도 없다. 오늘의 달라진 상황과 거기에 따른 전략 수정이 있을 뿐이다.[14]

원점 질문, 고정관념 탈출

"사람들이 다윗에게 전하여 이르되 보소서 블레셋 사람이 그일라를 쳐서 그 타작 마당을 탈취하더이다 하니 이에 다윗이 여호와께 묻자와 이르되 내가 가서 이 블레셋 사람들을 치리이까 여호와께서 다윗에게 이르시되 가서 블레셋 사람들을 치고 그일라를 구원하라 하시니 다윗의 사람들이 그에게 이르되 보소서 우리가 유다에 있기도 두렵거든 하물며 그일라에 가서 블레셋 사람들의 군대를 치는 일이리이까 한지라 다윗이 여호와께 다시 묻자온대 여호와께서 대답하여 이르시되 일어나 그일라로 내려가라 내가 블레셋 사람들을 네 손에 넘기리라 하신지라" (성경 사무엘상 23장 1~4절).

📖 —— 골리앗을 일격에 쓰러뜨린 후 사울 왕의 부마가 되는 등 다윗은 차세대 리더로 떠올랐다. 그게 화근이었다. 사울 왕은 그를 정적으

---

14 김종춘, 『너는 전략으로 싸우라』(아템포, 2013), 110면 참조.

로 여기고 추격했다. 그는 추종자 수백 명과 함께 쫓기는 신세가 됐다. 자기 자신을 지키기도 급급한 형편이었다. 그런데 블레셋 사람들이 그의 도피처 주변의 그일라를 약탈하고 있었다. 그는 블레셋 사람들을 치고 그일라를 구원해야 하는지 하나님께 물었다. 그러자 측근들이 상식적인 이유를 대며 극구 말렸다. 노출과 발각이 추격과 몰살을 초래할 수도 있기 때문이었다. 그러나 그는 다시 물었고 그일라로 출정했다. 질문은 상식 밖의 답을 찾게 한다.

📖 ── "다윗은 사울이 자기를 해하려 하는 음모를 알고 제사장 아비아달에게 이르되 에봇을 이리로 가져오라 하고 다윗이 이르되 이스라엘 하나님 여호와여 사울이 나 때문에 이 성읍을 멸하려고 그일라로 내려오기를 꾀한다 함을 주의 종이 분명히 들었나이다 그일라 사람들이 나를 그의 손에 넘기겠나이까 주의 종이 들은 대로 사울이 내려 오겠나이까 이스라엘의 하나님 여호와여 원하건대 주의 종에게 일러 주옵소서 하니 여호와께서 이르시되 그가 내려오리라 하신지라 다윗이 이르되 그일라 사람들이 나와 내 사람들을 사울의 손에 넘기겠나이까 하니 여호와께서 이르시되 그들이 너를 넘기리라 하신지라" (성경 사무엘상 23장 9~12절).

📖 ── 다윗은 블레셋 사람들을 격파하고 그일라를 구하는 데 성공했지만 사울 왕에게 도피처가 발각되고 말았다. 그는 사울 왕이 추격할

것인지, 그일라 사람들이 배반할 것인지 하나님께 또 물었다. 막연하고 공허한 질문이 아니라 가상 시나리오를 미리 짜놓고 제비뽑기 방식으로 확정하는 질문이었다. 제사장 예복의 가슴 주머니에 있는 우림과 둠밈은 긍정과 부정을 나타내는 거룩한 제비였다. 마구 퍼부어도 되는 게 질문은 아니다. 듣고 싶고 듣기 좋은 답이 아니라 듣기 싫고 듣기 힘든 가상 시나리오를 정교하게 짜는 질문이어야 한다. 그는 시나리오형 질문을 통해 위기에서 탈출할 수 있었다.

겸허히 답을 찾아가는 수고

"다윗이 기름 부음을 받아 온 이스라엘의 왕이 되었다 함을 블레셋 사람들이 듣고 모든 블레셋 사람들이 다윗을 찾으러 올라오매 다윗이 듣고 대항하러 나갔으나 블레셋 사람들이 이미 이르러 르바임 골짜기로 쳐들어온지라 다윗이 하나님께 물어 이르되 내가 블레셋 사람들을 치러 올라가리이까 주께서 그들을 내 손에 넘기시겠나이까 하니 여호와께서 그에게 이르시되 올라가라 내가 그들을 네 손에 넘기리라 하신지라 이에 무리가 바알브라심으로 올라갔더니 다윗이 거기서 그들을 치고 다윗이 이르되 하나님이 물을 쪼갬 같이 내 손으로 내 대적을 흩으셨다 하므로 그 곳 이름을 바알브라심이라 부르니라"(성경 역대상 14장 8~11절).

📖 —— 다윗은 이스라엘 왕이 된 후에도 계속 질문하는 사람이었다.

질문한다는 것은 상식과 고정관념과 경험에서 벗어나 겸허히 답을 찾아가는 수고로움이다. 그는 계속 질문했고, 계속 답을 찾았으며, 번번이 위기에서 벗어나 힘을 키울 수 있었다. 유다 왕이 되기 직전에도 그는 질문했다. "그 후에 다윗이 여호와께 여쭈어 아뢰되 내가 유다 한 성읍으로 올라가리이까 여호와께서 이르시되 올라가라 다윗이 아뢰되 어디로 가리이까 이르시되 헤브론으로 갈지니라"(성경 사무엘하 2장 1절). 그는 먼저 유다 왕이 됐다가 끝내 이스라엘 왕이 됐다. 그가 이스라엘 왕이 되자 블레셋이 대대적으로 공격해왔다. 그때도 그는 질문을 통해 답을 찾아냈고 승리를 만끽했다.

📖 ── "블레셋 사람들이 다시 골짜기를 침범한지라 다윗이 또 하나님께 묻자온대 하나님이 이르시되 마주 올라가지 말고 그들 뒤로 돌아 뽕나무 수풀 맞은편에서 그들을 기습하되 뽕나무 꼭대기에서 걸음 걷는 소리가 들리거든 곧 나가서 싸우라 너보다 하나님이 앞서 나아가서 블레셋 사람들의 군대를 치리라 하신지라 이에 다윗이 하나님의 명령대로 행하여 블레셋 사람들의 군대를 쳐서 기브온에서부터 게셀까지 이르렀더니 다윗의 명성이 온 세상에 퍼졌고 여호와께서 모든 이방 민족으로 그를 두려워하게 하셨더라"(성경 역대상 14장 13~17절).

📖 ── 블레셋 사람들이 재차 공격했다. 다윗은 사건마다 질문했다. 이전의 답과 성공에 기대지 않겠다는 것이다. 이번에는 정면승부가 아

니라 후면기습으로 대승을 거두었다. 그는 약자였지만 과거의 성공적이었던 경험을 버리고 다시 원점에서 질문함으로써 연전연승을 거쳐 대권까지 거머쥘 수 있었다. 엄청난 격변기다. 이전의 상식과 성공이 더 이상 통하지 않는다. 지속적인 질문으로 가상 시나리오 형태의 정교한 답을 지속적으로 찾아낼 수 있어야 한다.

팀워크 결여

같은 고양잇과이지만 사자는 자신보다 훨씬 덩치가 큰 코끼리, 코뿔소, 기린을 단체로 공격해 쓰러뜨린다. 백수의 왕이어도 단체를 떠난 떠돌이 사자는 굶어 죽는다. 고양이는 자기중심성과 독립성이 강해 좀처럼 협력하지 못한다. 팀워크가 없는 개성과 창의성은 반짝하고는 끝이다.

© Pukhov Konstantin

고도의 **숙주 활용법**

> "내주는 것 같지만 그게 얻는 것이고, 잡아먹히는 것 같지만 그게 잡아먹는 것이다.
> 기꺼이 내줌으로써 넘치게 돌려받는다."
>
> – 연가시에게 배우는 숙주 활용 포인트

미약한 존재, 뒤집기 전략

연가시는 유선형 기생충이다. 가늘고 긴 철사 모양이라고 해서 철사벌레, 철선충으로도 불린다. 웅덩이, 연못, 저수지, 시내, 계곡에서 자란다. 다 자란 길이는 짧게는 10센티미터, 길게는 90센티미터다. 최장 2미터까지 자라기도 한다. 알에서 한 달 정도 지나면 유충이 나온다. 모기 유충이 물속에서 연가시 유충을 잡아먹으면 모기 유충의 장 세포 안에서 연가시 유충은 포낭 상태로 기생한다.

모기 유충이 물 밖으로 모기가 돼 나오면 연가시 유충도 덩달아 육상으로 나오게 되는 셈이다. 모기 안에서 기생하다가 모기가 사마귀에게 잡아먹히면 이제 연가시 유충의 숙주는 사마귀로 바뀐다. 연가시

연가시는 유선형의 기생충으로 웅덩이, 연못 등 물속에서 자란다. 모기 유충이 연가시 유충을 잡아먹으면 모기 유충의 장 세포 안에서 기생하다가 모기가 사마귀에게 잡아먹히면 연가시 유충의 숙주는 사마귀로 바뀐다.

유충이 가을쯤 성충이 되면 신경물질을 배출시켜 사마귀를 물가로 유인한다. 육지 동물인데도 사마귀는 홀린 듯이 물가로 이동해 물속에 투신한다.

갑자기 사마귀 항문에서 연가시 성충이 철사처럼 빠져나온다. 이미 연가시에게 영양분을 다 뺏긴 사마귀는 벗겨진 허물처럼 최후를 맞는다. 사마귀한테서 나온 연가시는 물속으로 들어가 다른 연가시들과 뒤엉켜 교배를 하고는 암컷 한 마리당 알을 수백만 개씩 낳는다. 연가시는 유충 상태에서 잡아먹히지만 숙주를 거치며 성충이 돼서 물속으로 되돌아온다.

의도된 희생과 위대한 결과

사마귀 외에 메뚜기, 여치, 귀뚜라미도 숙주다. 연가시 유충이 물가로 나와 풀숲에 붙어 있다가 곧바로 메뚜기, 여치, 귀뚜라미에게 잡아먹히기도 한다. 특히 배, 복숭아, 자두, 포도 등 농작물에 막대한 피해를 주는 갈색여치의 천적 역할도 한다. 생긴 게 혐오스럽지만 연가시는 인체에서는 자랄 수 없고 설령 자란다고 해도 거의 해가 없는 것으로 알려져 있다.

연가시는 미약한 생물이지만 전략이 탁월하다. 기꺼이 유충의 몸을 내어줌으로써 숙주를 얻고 숙주의 영양분으로 자란다. 성충이 돼서는 신경물질을 스스로 방출하거나 숙주가 방출하게 함으로써 숙주가 심한 갈증을 느껴 물가로 향하게 조종한다. 연가시 유충은 자신보다 더 큰 생물에게 잡아먹히는 죽음의 길을 선택하지만 사실은 그 길이 생존과 번성을 가능하게 한다.

내주는 것 같지만 그게 얻는 것이오, 잡아먹히는 것 같지만 그게 잡아먹는 것이다. 기꺼이 내줌으로써 넘치게 돌려받는다. 연가시의 뒤집기 전략은 인간에게도 유효하다. 모세는 어려서 원수의 왕실에 양자로 갔지만 커서는 원수의 왕실에 치명타를 가하며 자기 민족을 이끌고 탈출했다. 예수님은 십자가에 자신을 내주심으로써 성전을 무너뜨리시고 하나님 나라를 세우셨다. 처음의 의도적인 희생이 나중에는 위대한 결과로 되돌아온다는 의미에서 연가시의 숙주 활용에 대해 긍정적인 평가를 내릴 수 있을 것이다.

자기 해체, 더 큰 상급

모세의 어머니 요게벳은 이집트 왕실의 칼날을 피해 아기 모세를 오히려 이집트 왕실에 입양시키는 데 성공했다. 모세는 자기를 죽이려 했던 이집트 왕실의 밥을 먹고 훈육을 받으며 훌륭하게 자랐다. "모세가 애굽 사람의 모든 지혜를 배워 그의 말과 하는 일들이 능하더라"(성경 사도행전 7장 22절). 그러나 그는 히브리 민족으로서 자기 정체성을 잊지 않았을뿐더러 서슴지 않고 반역자가 됐다.

📖 —— "믿음으로 모세는 장성하여 바로의 공주의 아들이라 칭함 받기를 거절하고 도리어 하나님의 백성과 함께 고난 받기를 잠시 죄악의 낙을 누리는 것보다 더 좋아하고 그리스도를 위하여 받는 수모를 애굽의 모든 보화보다 더 큰 재물로 여겼으니 이는 상 주심을 바라봄이라"
(성경 히브리서 11장 24~26절). 장성한 후 그는 자신의 숙주였던 이집트 왕실을 배반하고 이집트 군대를 홍해에 수장함으로써 히브리 민족을 독립

시키는 반역자의 길을 걸었다. 이집트 황제보다 더 크신 하나님이 주실 상급을 바라보았기 때문이었다.

📖── 아기 모세의 때에도 아기들이 살해됐고, 아기 예수님의 때에도 아기들이 살해됐다. 죽이면 끝난다고 생각했기 때문에 죽인 것이다. 그러나 모세는 이집트 왕실에서 살아남았고 이집트 왕실을 직접적으로 반역했다. 예수님도 이집트로 피신해 살아남으셨다가 이스라엘로 귀환해 청년이 돼서는 로마 제국을 결과적으로 반역하셨다. 예수님은 성도 개념인 새 성전을 세우시고 장소 개념인 예루살렘 성전을 헐고자 하셨다. "예수께서 대답하여 이르시되 너희가 이 성전을 헐라 내가 사흘 동안에 일으키리라"(성경 요한복음 2장 19절).

📖── 더 나아가 예수님은 엄연한 로마 제국의 현실 앞에서 신국 곧 하나님의 나라를 건설하고자 하셨다. "요한이 잡힌 후 예수께서 갈릴리에 오셔서 하나님의 복음을 전파하여 이르시되 때가 찼고 하나님의 나라가 가까이 왔으니 회개하고 복음을 믿으라 하시더라"(성경 마가복음 1장 14~15절). 성전을 허시겠다는 것은 종교 기득권에 대한 도발이었고, 하나님의 나라를 세우시겠다는 것은 정치 기득권에 대한 도발이었다.

📖── 성도 성전을 세우고 장소 성전을 헐며, 성도 성전으로 구성되는 하나님의 나라를 땅끝까지 세우는 것이 예수님의 사명이었다. "예

수께서 나아와 말씀하여 이르시되 하늘과 땅의 모든 권세를 내게 주셨으니 그러므로 너희는 가서 모든 민족을 제자로 삼아 아버지와 아들과 성령의 이름으로 세례를 베풀고 내가 너희에게 분부한 모든 것을 가르쳐 지키게 하라 볼지어다 내가 세상 끝날까지 너희와 항상 함께 있으리라 하시니라"(성경 마태복음 28장 18~20절).

위대함에 이르는 길

모세가 끝까지 살아서 이집트 제국에 반기를 들었다면 예수님은 끝내 죽으심으로써 로마 제국에 반기를 드셨다. "그 머리 위에 이는 유대인의 왕 예수라 쓴 죄패를 붙였더라 이 때에 예수와 함께 강도 둘이 십자가에 못 박히니 하나는 우편에, 하나는 좌편에 있더라"(성경 마태복음 27장 37~38절). 예수님의 죄목은 '유대인의 왕'이라는 반역죄였다. 자기 몸을 내주시고 다시 살아나심으로써, 그래서 믿는 사람들이 증가하고 하나님의 나라가 확장됨으로써 예수님은 결과적으로 로마 제국을 반역하신 셈이었다.

"그는 근본 하나님의 본체시나 하나님과 동등됨을 취할 것으로 여기지 아니하시고 오히려 자기를 비워 종의 형체를 가지사 사람들과 같이 되셨고 사람의 모양으로 나타나사 자기를 낮추시고 죽기까지 복종하셨으니 곧 십자가에 죽으심이라 이러므로 하나님이 그를 지극히 높여 모든 이름 위에 뛰어난 이름을 주사 하늘에 있는 자들과 땅에 있는 자들과 땅 아래에 있는 자들로 모든 무릎을 예수의 이름에 꿇게 하시고 모든 입으로 예수 그리스도를 주라 시인하여 하나님 아버지께 영광을 돌리게 하셨느니라"(성경 빌립보서 2장 6~11절).

📖 —— 예수님은 말구유에서 탄생하셨고, 살해 위협 때문에 이집트로 피신하셨다가 이스라엘로 귀환해 청년이 돼서는 자기 몸을 십자가에 내주시고 다시 살아나시는, 예측 불허의 방식으로 하나님 나라를 세우시고 영원한 왕으로 등극하셨다. 예수님과 함께 시작된, 하나님의 나라는 세상 끝 날까지 진행 중이다. "바리새인들이 하나님의 나라가 어느 때에 임하나이까 묻거늘 예수께서 대답하여 이르시되 하나님의 나라는 볼 수 있게 임하는 것이 아니요 또 여기 있다 저기 있다고도 못하리니 하나님의 나라는 너희 안에 있느니라"(성경 누가복음 17장 20~21절).

📖 —— 예수님의 몸이 무너짐으로써 장소 성전도 무너졌다. 이제 예수님이 친히 성전이시고 예수님을 믿고 따르는 성도가 성전이다. 하나님의 나라는 가시적인 영토가 아니라 성도의 마음에서 시작되고 성도의 마음으로 전파된다. 쇠함도 없고 망함도 없이 끝없이 확장된다. 예수님은 죽으신 것 같았으나 영원히 사셨고, 지신 것 같았으나 영원히 이기셨다. 예수님을 믿고 따르는 성도는 하나님의 뜻에 반하는 체제의 불의와 부조리에 반기를 들 수 있어야 한다. "나라가 임하시오며 뜻이 하늘에서 이루어진 것 같이 땅에서도 이루어지이다"(성경 마태복음 6장 10절).

📖 —— 반역의 길에는 고난과 희생, 심지어 죽음까지 요구된다. 현상 타파적이고 체제 전복적인 반역자의 정신으로 살아갈 수 있겠는가. 남들이 보기에는 죽는 것 같고 지는 것 같지만 결과가 완전히 다르게 뒤집히는 전략이 있는가. 최소한 자기 자신의 고정관념만큼이라도 부정하고 반역하고 해체할 수 있어야 한다. 자기 부정, 자기 반역, 자기 해체가 없이는 새로움도, 위대함도 없다.

적절한 간섭

고양이는 스포츠카처럼 빠르고 유연하다. 자기 몸보다 훨씬 좁은 구멍도 통과한다. 그러나 발이 비끗거리기도 하고 미끄러져 나뒹굴기도 한다. 우당탕 뛰어다니다가 나이 차서는 멍하게 있든지, 잠만 자든지, TV만 보든지 한다. 방향을 제시해주어야 하고 운동도 시켜야 한다.

© Elya Vatel

에필로그

차별화 프로세스를 가동하라

　인공지능이 인간지능을 능가하는 특이점이 오려면 100년이 더 걸릴지도 모른다. 그렇지만 이미 인간의 육체노동을 넘어 지식노동까지 대체하려는 수준에는 와 있다. 사무직마저 인공지능 앞에서 추풍낙엽 신세다. 이런 인공지능을 극복하려면 더 창의적인 인간이 되는 수밖에 없다. 창의성은 딴것이 아니라 남다른 차별성이다. 남다른 발상 하나가 세상을 바꾼다. 닭이 아니라 식물에서 달걀을 얻고자 했던 햄튼크릭푸드는 지구촌 식탁에서 동물성 식재료를 다 추방할 기세다. 조금 다른 개념이 아니라 완전히 다른 개념으로 세상을 바꾸려는 것이다.

　이원 타임피스도 시계와 시각장애인에 대한 상식을 완전히 뒤집었다. 이원 타임피스는 시각장애인도 일반인과 마찬가지로 색상, 디자인, 기능을 다 따진다는 점을 관찰하고는 고급 디자인의 쇠구슬 시계를 만들어냈다. 쇠구슬 시계는 만져서 시간을 알 수 있도록 하기에 시각장애인이라는 사실이 드러나지 않게 한다. 일반인과 똑같은 인간으로서 품위를 지킬 수 있게 해주는 것이다. 보는 시계 개념을 만지는 시계 개념으로 바꾸었을 뿐만 아니라 시각장애인에 대한 오해를 바로잡은 걸작품으로 평가받는다.

솔메이트 삭스의 짝짝이 양말이나 슈페리어의 짝짝이 신발은 남다른 차별성의 대표적인 사례다. 고객에게 더 자기다워질 수 있는 셀프 경험을 제공하는데 어찌 성공하지 않을 수 있겠는가. 진정한 고객 중심은 고객에게 남다른 경험을 선사해 고객의 개성미를 더 부각시키는 데 있다. 제품이나 서비스를 대중적으로 제공하는 것을 넘어 차별적으로 개인화된 셀프 경험을 제공하는 기업이 최고의 기업이다. 최고경험책임자(Chief Experience Officer)가 되라. 남들과 경쟁하지 말고 남다르게 차별화하라. 남다른 각도로 접근하고 남다른 경험을 제공하라.

근면과 성실로 미래를 보장받던 때가 있었다. 지금은 자율과 창의의 시대다. 갯과 인재의 충성스러운 복종만으로는 더 이상 성과를 내기 어렵다. 고양잇과 인재의 유연한 창의성이 중요한 덕목으로 떠오르고 있다. 갯과 인재의 덕목이 필요하지 않다는 게 아니다. 고양잇과 인재의 덕목이 추가돼야 한다는 것이다. 그런 의미에서 개의 친화력과 고양이의 창의성을 함께 지닌 '개냥이' 인재가 더 현실적이다. 고양이형 인재라도 무조건 방임해서는 안 된다. 적절히 관리해주지 않으면 잠만 자고 한없이 게을러진다. 성실하지도, 창의적이지도 않게 되는 것이다.

이 책이 전하는 메시지를 단 하나로 요약하자면 '완전히 다르게 하라'는 것이다. 노아 시대의 대홍수처럼 이전에 없던 문제가 돌출하고, 방주처럼 이전에 없던 답이 요구되기 때문이다. 완전히 다른 각도로 차별화해 이전에 없던 답을 줄 수 있어야 한다. 남다르지 않고서는 좀처럼 성과를 낼 수 없다. 남다른 차별성이 있는가. 남다른 경험을 제공하는가. 남다르지 않으면 남들에게 먹힐 뿐만 아니라 인공지능에게도 먹힌다. 차별화된 경험을 제공할 수 있게 하는 차별화 프로세스를 만들어 가동하는가.

참고문헌

김종춘, 『너는 전략으로 싸우라』, 아템포, 2013.

진병호 외, 『브랜드, 세계를 삼키다』, 이담북스, 2015.

배정원, "쇼루밍族 밖으로 끌어내기… 모바일 서비스에 달렸다," 조선일보, 2015. 1. 31.

오윤희, "비싸도 사더라 나만의 향기는," 조선일보, 2014. 7. 12.

윤형준, "1만 년 관성을 깨다," 조선일보, 2015. 3. 14.

윤형준, "출판사 '펭귄' 80년 브랜드 파워," 조선일보, 2015. 4. 18.

윤형준, "영국 동네 서점, 마법 같은 이야기," 조선일보, 2015. 5. 23.

정철환, "촉촉 바삭한 생선구이 고민하다, 붕어빵 틀서 해답 찾아," 조선일보, 2015. 9. 25.

CEO를 위한 경영철학 도서

손정의 참모

리더는 어떤 정신으로 기업을 이끌어야 하는가!

'풋내기 벤처 소프트뱅크'를 졸업하고 영업이익 1조 엔을 달성하며 '어른스러운 소프트뱅크'가 되기까지, 8년이 넘는 3,000일 동안 손정의 회장을 보좌했던 기록을 담았다. 현재의 소프트뱅크가 있기까지 손정의의 기업가정신과 리더십을 깊이 있게 다루어 '300년 존속 기업'으로 키우겠다는 손 회장의 야망과 결단력을 살펴볼 수 있다. 손정의 회장의 최측근인 비서실장이 옆에서 직접 경험하고 소통하고 실현했던 모습을 담았기에 더욱더 손정의 회장의 진면모를 느낄 수 있다. 리더를 꿈꾸는 독자들에게 손정의 회장의 메시지를 전하여 조직의 미래를 내다보고 강한 결의로 사람을 이끄는 글로벌 리더가 되기를 기원한다.

시마 사토시 지음 | 정문주 옮김 | 468쪽 | 신국판 | 값 20,000원

결핍이 만든 성공

결핍을 극복한 세이펜 김철회 대표의 기업가정신

인생의 반전 드라마는 남보다 특별한 능력을 가지고 있는 사람이 만들어내는 게 아니다. 희망보단 절망과 좌절로 가득 찬 삶을 살았던 세이펜 김철회 대표는 부도가 나서 감옥까지 가게 되는 엄청난 실패 속에서도 남들보다 훨씬 더 많이 노력해야 한다는 절실한 마음가짐으로 주어진 역경을 극복했다. 세이펜을 개발해 커다란 성공을 이룬 후에는 자기 자신뿐만 아니라 주변 사람들과 성공을 나누고 기부하는 '나눔'을 실천하고 있다. 오늘보다는 내일 더 멋지게 성장하는 사람, 돈 많이 번 사람보다는 멋진 인생을 즐기는 사람, 교육 분야에서 왕성한 사업가로서 생명이 다하는 날까지 끊임없이 움직이며 활동하고 싶은 게 그의 꿈이다.

김철회 지음 | 292쪽 | 신국판 | 값 18,000원

화웨이의 위대한 늑대문화

화웨이의 놀라운 성공신화! 그 중심에 늑대문화가 있다!

지난 20여 년간 화웨이가 성공할 수 있었던 비결은 도대체 무엇일까? 어떻게 해서 계속 성공을 복제할 수 있었을까? 화웨이의 다음 행보는 무엇일까? 화웨이의 68세 상업사상가, 마흔을 넘긴 기업 전략가 10여 명, 2040세대 중심의 중간 관리자, 10여만 명에 달하는 2030세대 고급 엘리트와 지식인이 주축이 된 지식형 대군이 전 세계를 누빈다. 전통적인 기업 관리 이론과 경험은 대부분 비지식형 노동자 관리에서 비롯했다. 이제 인터넷 문화 확산이라는 심각한 도전 앞에서 지식형 노동자의 관리 이론과 방법이 필요하다. 이를 꿰뚫은 런정페이의 기업 관리 철학은 당대 관리학의 발전에 크게 이바지했다.

텐타오, 우춘보 지음 | 이지은 옮김 | 452쪽 | 4×6배판 | 값 20,000원

조선부자 16인의 이야기

역사로 통찰하는 조선시대 부자 비결!

부蘊를 축적하고 증식하기 위해서는 뚜렷한 목표가 있어야 한다. 돈을 버는 부자는 결코 결심이나 뜻으로 되는 것이 아니라 실행과 노력으로 이루어진다. 또한 부蘊는 이루기도 어렵지만 지키기는 더 어렵다. 부蘊가 완성되려면 축적, 증식, 분배의 세 요소가 어우러져 있어야 한다. 이 책에는 뜻을 세우고 실천하는 조선의 부자, 즉 자수성가한 부자들의 삶과 철학을 담았다. 이렇게 소개된 조선시대 부자 16인의 이야기를 바탕으로 옛 선인들의 철학과 삶의 지혜를 본받아 현시대의 부의 철학을 다시 바로잡고, 역사 속 실존 인물들의 이야기를 통해 자신의 삶에 접목한다면 한국판 노블리스 오블리제를 실천할 수 있을 것이다.

이수광 지음 | 400쪽 | 신국판 | 값 18,000원

돈 버는 사장 못 버는 사장

돈 버는 사장에겐 공통점이 있다!

돈을 못 버는 이유를 불경기 탓으로 돌리지 않았는가? 이윤추구보다는 더불어 사는 사회를 만들기 위해 조금만 벌고 있다고 둘러대진 않았는가? 기업의 목적은 이윤창출이다. 사장은 본인의 회사와 사원들을 위해 돈을 많이 벌 수 있는 시스템을 만들어야 한다. 이 책은 돈 버는 사장이 될 수 있는 습관을 총 6장으로 분류하고, 돈 버는 사장과 못 버는 사장의 특징을 담은 50개의 키워드로 정리하였다. 현재 자신의 실수나 오류를 스스로 점검하고 돈 버는 사장으로 변화할 수 있는 방법을 일러스트를 포함한 구성으로 보다 쉽게 이해할 수 있도록 명쾌하게 제시한다.

우에노 미쓰오 지음 | 정지영 옮김 | 김광열 감수 | 260쪽 | 신국판 | 값 17,000원

부의 얼굴, 신용

역사에서 통찰하는 선인들의 성공 비결, 신용 처세술!

무형의 재산으로 유형의 재산을 넘나드는 파급력을 지닌 '신용'. 대대손손 부를 부르는 사람들에게는 남과 다른 신용이 있었다. 역사소설의 대가 이수광 작가가 오랫동안 축적해온 방대한 역사적 지식에 신용을 접목한 이 책은 눈앞의 이익에 눈이 멀어 속임수를 쓰지 말라는 메시지와 함께 책임 있는 언행이 인격의 뿌리가 되어야 한다고 강조하고 있다. 현대를 사는 독자들이 구한말 조선 최고의 부자이자 무역왕으로 군림했던 '최봉준', 한나라의 전주 '무염' 등 역사 속 실존인물들이 신용을 발판으로 성공한 이야기를 가슴에 담고 신용을 생활화함으로써 '인복人福'과 '부富'를 부르는 귀인貴人이 되기를 기원한다.

이수광 지음 | 352쪽 | 신국판 | 값 16,500원

대한민국 기업/병의원을 위한 컨설팅 도서

정인택의 법인 컨설팅십

자신에게 투자하고, 자신이 만나는 고객에게 투자해야 한다!

ING생명 정인택 명예상무는 법인컨설팅 현장에서 ING생명 5년 연속 FC 챔피언을 수상하도록 해준 남다른 컨설팅 전략을 직접 수많은 기업인에게 전파했으며 현장에서 경험한 다양한 사례를 토대로 100년 이상 장수기업으로 기업을 승계하기 위한 솔루션을 제공하기 위해 노력해 왔다. 이 책은 영업현장에서 기업 전문 FC가 되고자 하는 수많은 보험업계 동료 FC들에게 고객관리와 인맥관리를 통해 어떻게 높은 성과를 창출해 내는 지를 저자의 생생한 경험담을 통해 담아내고 있다. 대한민국의 모든 파이낸셜 컨설턴트가 단순한 보험상품 판매가 아닌 진정한 CEO 컨설팅을 통해 중소·중견기업의 동반자가 되어주기를 기대한다.

정인택 지음 | 296쪽 | 신국판 | 값 17,500원

대한민국 CEO를 위한 법인 컨설팅 1, 2

CEO가 꼭 알아야 할 법인 컨설팅의 모든 것!

10년 가까이 현장에서 배우고 쌓은 저자의 노하우를 더 많은 고객들과 공유함으로써 그들의 고민을 해결하기 위해 출간되었다. 2권으로 나누어진 이 책의 1권에는 기본 이론과 내용들이, 그리고 2권에는 구체적인 실행전략과 아이디어들이 담겨 있다. 증여, 지분 이전, 부동산 및 금융자산의 운용, 명의신탁, 기업승계, 인사노무관리 등 풍부한 현장 경험 사례를 통해 구체적인 전략을 제시함으로써 이제는 CEO들이 제대로 평가받고, 제대로 된 기업으로 성장시켜 지속기업으로 발전할 수 있도록 지원하고자 한다. 기업이 성장함에 따라 겪게 될 문제들을 미리 알고 철저히 대비한다면 세금 폭탄 같은 날벼락은 피해 갈 수 있을 것이다.

김종완 지음 | 1권 288쪽·2권 376쪽 | 신국판 | 각 권 20,000원

대한민국 기업/병의원을 위한 컨설팅 도서

대한민국 창업자를 위한 외식업 컨설팅

글로벌다이닝그룹 이준혁 대표의 외식 창업의 모든 것!

삼성, 현대 등 대기업 외식사업팀을 이끌었고, 300여 점포 이상을 경영, 기획하며 30여 년간 오직 외식업 한길만 걸어온 저자는 외식업에 뛰어들어 좌절하는 창업자들의 고통에 함께 공감하고 조금이나마 구제하고 싶은 심정으로 《대한민국 창업자를 위한 외식업 컨설팅》을 집필하였다. 이 책은 창업 준비부터 업종, 입지 선정, 인테리어, 마케팅, 종업원 관리, 상품 관리까지 창업 노하우와 반드시 알아야 할 정보를 구체적으로 다루고 있다. 또한 저자가 직접 컨설팅했던 업체의 실전 사례들과 문제점과 해결방안도 제시하였다. 한방에 성공하려는 대박식당을 창출하기보다 폐업의 리스크를 줄이는 데 초점을 맞추었다.

이준혁 지음 | 268쪽 | 신국판 | 값 18,000원

기업가치를 높이는 재무관리

기업의 가치와 신용평가는 재무관리에서 비롯된다!

정보화 사회로 변화해가면서 신용사회라고 할 만큼 신용평가에 관한 관심이 점차 커지고 있다. 국가 신용등급의 등락이 그 나라의 채권가격뿐만 아니라 경제에도 많은 영향을 미치고, 기업에 대한 신용평가는 기업의 여신 규모와 금리에 영향을 주기 때문이다. 이 책은 산업현장에서 CEO와 자금담당 임원, 직원들이 경영활동을 하면서 겪게 되는 재무관리와 관련된 애로사항이나 궁금한 점을 다양한 사례를 바탕으로 쉽게 풀어놓았다. 또한 기업경영에 실질적으로 접목할 수 있도록 기업의 가치를 극대화하고 안정적인 성장기반을 갖춘 강한 기업으로 거듭날 수 있도록 스토리를 전개하였다.

이진욱 지음 | 416쪽 | 4×6배판 | 값 25,000원

병의원 만점세무

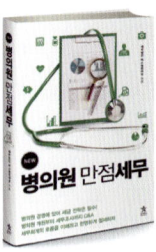

병의원의 성공은 세무 회계에 달려 있다!

병의원을 운영하는 대부분의 경영자들은 다른 부분은 비교적 철저하게 관리하면서도 의외로 세금 문제에 부딪히게 되면 어려움을 겪는다. 이 책은 병의원 경영자들의 세무 관련 고민을 조금이라도 덜어주고자 병의원 컨설팅 전문 세무법인 택스홈앤아웃의 전문적인 컨설팅 노하우를 담고 있다. 개원 준비부터 세무 조사, 세테크에 이르기까지 병의원 운영에 필요한 전반의 세무 문제를 다루고 있으며, 각 챕터마다 합리적인 세무 관리를 위해서 경영자는 어떻게 대처해야 하는지를 병의원의 사례를 들어 자세히 설명하고 있다. 또한 해당 사례를 일러스트로 표현하여 좀 더 쉽게 이해할 수 있도록 했다.

세무법인 택스홈앤아웃 지음 | 404쪽 | 신국판 | 값 20,000원

상속·증여 만점세무

소중한 자산의 대물림, 합법적으로 절세하고 현명하게 대비하자!

상속세와 증여세는 어느 정도 재산이 있는 사람이라면 누구나 해당되는 세금으로서 우리 생활과 밀접하게 관련되어 있다. 그리고 수익이나 소득이 아닌 재산 가치를 기준으로 세금을 부과하기 때문에 세금에 대한 부담감이 높아서 납세자뿐만 아니라 예비납세자의 관심과 문의가 많은 세금이다. 이 책은 평상시에 세금과 별로 관계없이 지내는 보통 사람들도 한 번쯤은 겪게 되는 사례들을 모았다. 또한 상속·증여와 관련된 세금에 의문이 있거나 세금 문제에 대비하고자 하는 예비납세자에게 유용한 길잡이로 활용되고, 나아가 상속세와 증여세에 대한 인식을 새롭게 하고 정확하고 합리적으로 납세하는 데 도움이 되고자 집필되었다.

세무법인 택스홈앤아웃 지음 | 420쪽 | 신국판 | 값 22,000원

대한민국 국민을 위한 인생 컨설팅 도서

오늘이 기회다

내 생애 가장 젊은 날 '오늘이 기회다'

적당히 살거나 대충 살기에는 우리의 삶이 너무 짧고 아깝다. 세상이 변하길 원하고 상대가 변하길 바라기 전에, 나의 부족함을 냉정하게 파악하고, 남이 아닌 나를 변화시켜야 발전할 수 있다. 남과 다른 나만의 진정한 가치가 생기고, 비로소 남이 아닌 자신과 싸울 수 있는 힘이 생기기 때문이다. 과거의 내가 새로운 나를 탄생시키는 데 걸림돌이 되지 않도록 항상 과거의 나를 버리고, 새로운 모습으로 거듭날 수 있도록 노력해야 한다. 자신의 꿈을 이루어 성공하고 싶은 사람들과 리더의 자질을 갖추고자 하는 사람들에게 세이펜 김철회 대표의 실천철학을 삶에 적용하여 성공의 길로 향하는 데 도움이 되기를 희망한다.

김철회 지음 | 276쪽 | 신국판 | 값 16,000원

킬링 리더 vs 힐링 리더

당신은 킬링 리더인가 힐링 리더인가?

저자는 기업에서 리더십과 관련해 많은 강의를 하면서 다양한 리더들과 만났다. 그런데 과거의 패러다임에 얽매여 조직을 위험에 빠뜨리면서도 정작 자신은 그 심각성을 인지하지 못하고 있는 킬링 리더들을 많이 보았다. 이 책에는 리더를 크게 '킬링 리더'와 '힐링 리더'의 두 가지로 구분하고 스스로 힐링을 경험하여 리더에 이르는 '셀프 힐링', 최강의 팀으로 거듭나기 위한 '팀 힐링', 위대한 기업을 구현하게 만드는 '컬처 힐링' 등을 소개하고 있다. 또한, 다양한 사례를 통해 조직과 공동체의 발전을 위해 헌신하고 있는 리더들에게 현장에서 쉽게 이해하고 바로 적용할 수 있도록 방법을 제시하고 있다.

송수용 지음 | 284쪽 | 신국판 | 값 17,000원

백인천의 노력자애

한국 프로야구의 전설, 백인천의 리더십

한국 프로야구 불멸의 타율 4할, 백인천의 인생철학과 그가 새겨놓은 프로야구의 역사를 책 한 권에 담았다. 반평생을 오직 야구 인생으로 살아온 백인천의 발자취를 돌아보면서 야구와 건강 두 마리 토끼를 쟁취하기 위해 혹독한 훈련을 견뎌 불멸의 4할 타자, 백인천의 이름이 프로야구의 전설로 남아있게 된 것이다. 이 책은 총 10장으로 구성되었으며 백인천 감독이 야구와 같은 인생을 살았듯 이 책의 콘셉트 역시 야구 경기처럼 1회 초부터 9회 말과 연장전 그리고 하이라이트 순으로 이어진다. 야구 프로에서 건강 프로가 되기까지 백인천 감독의 인생을 통해 독자 여러분도 인생의 진정한 프로로 거듭나기를 희망한다.

백인천 지음 | 388쪽 | 신국판 | 값 20,000원

논어로 리드하라

여성 리더로 성공을 꿈꾼다면 지금 당장 《논어》를 펼쳐라!

현대는 강하고 수직적인 남성적 리더십보다 감성적이고 관계지향적인 여성적 리더십을 요구하는 사회로 변화하고 있다. 이러한 변화를 입증하기라도 하듯 한국에서는 사상 최초로 여성 대통령이 탄생했다. 국제적으로는 미국 국무부장관 힐러리 클린턴, 세계적으로 영향력 있는 여성 방송인 오프라 윈프리, 독일의 메르켈 총리 등 수많은 여성 리더들이 있다. 따뜻한 리더십으로 무장한 여성 지도자들의 공통점은 인생에서 중요한 가치를 깨닫고 더 나은 자신이 되기 위해 철학책과 고전을 많이 읽으면서 내면을 수양했다는 것이다. 쉽게 풀어 쓴 논어를 가까이하여 더 많은 여성이 우리나라뿐 아니라 세계를 리드하기 바란다.

저우광위 지음 | 송은진 옮김 | 344쪽 | 신국판 | 값 18,000원

대한민국 국민을 위한 인생 컨설팅 도서

어둠의 딸, 태양 앞에 서다

초라한 들러리였던 삶을 행복한 주인공의 삶으로!

세계적인 베스트셀러 《시크릿》의 주인공 밥 프록터의 유일한 한국인 제자인 조성희의 첫 번째 에세이집. 스스로 어둠의 딸이었다고 할 정도로 어려운 환경에서 마인드 교육을 통해 변화한 저자의 진솔한 이야기가 담겨 있다. '어둠'을 '얻음'으로 역전시키는 그녀만의 마인드 파워는 고뇌에 찬 결단과 과감한 도전정신으로 만들어낸 선물이다. 누구나 생각하는 대로 인생을 멋지게 살 수 있다. 어떻게 목표를 세우고, 어떤 생각을 하고, 무슨 꿈을 꾸느냐에 따라 인생은 달라진다. 꿈이 없어 짙은 어둠의 터널 속에서 절망을 먹고사는 사람들뿐만 아니라 심장이 뛰는 새로운 돌파구를 찾으려는 모든 사람에게 중독될 수밖에 없는 필독서다.

조성희 지음 | 404쪽 | 신국판 | 값 18,900원

나만 나처럼 살 수 있다

이제 나는 말한다, '나만 나처럼 살 수 있다'고

이제 나는 말한다, '나만 나처럼 살 수 있다'고 누구나 살면서 두 번, 세 번, 아니 수도 없이 쓰러진다. 이때 가장 필요한 것은 다시 일어설 수 있는 힘이 다. 그런데 안타까운 것은 많은 사람들이 이 힘을 보지 못한다는 점이다. 털어버릴 힘, 자신감, 자존감, 긍정적 가치관, 공동체를 지향하는 신념, 자아 정체성, 나를 조절할 수 있는 힘, 타인과의 소통이 세상을 살아가는 힘이다. 세상의 기준으로 보면 내세울 것 없는 사람이라도 '내 안의 행복'을 찾으면 비로소 나는 나 답게 살 수 있다. 이 한 권의 책이 누군가에게 꼭 필요한 지침서가 되고, 영혼까지 깊이 웃게 해주는 삶의 돌파구가 되기를 희망한다.

이요셉 · 김채송화 지음 | 372쪽 | 신국판 | 값 18,000원

황태옥의 행복 콘서트 웃어라!

웃음 컨설턴트 황태옥의 행복 메시지, 세상을 향해 웃어라!

웃음 전도사로 유명한 저자가 지난 10년간 웃음으로 어떻게 인생을 다시 살게 되었는지 진솔하게 풀어낸 책이다. 암을 극복하고 웃음과 긍정 에너지로 달라진 그녀의 삶을 보면서 함께 변화를 추구한 주변 사람들의 사례는 물론 10년간의 삶의 흔적이 고스란히 담겨 있다. 독자들이 이 책을 읽고 삶을 업그레이드해 생활 속에서 행복 콘서트의 주인공이 될 수 있는 힘을 얻기를 희망한다. 또한 웃음을 통해 저자를 능가하는 변화된 삶을 살기를 바란다. "한 번 웃으면 한 번 젊어지고 한 번 화내면 한 번 늙는다(一笑一少一怒一老)"는 말이 있듯이 행복지수를 높여 삶을 춤추게 하고 싶다면 바로 지금 세상을 향해 웃어라!

황태옥 지음 | 260쪽 | 신국판 | 값 17,500원

니들이 결혼을 알어?

결혼이라는 바다엔 수영을 배운 후 뛰어들어라!

결혼은 액션이다! 아무런 행동도 하지 않고 막연히 앉아서 행복하길 기다리는 사람들의 결혼은 그 자체로 불행한 일이다. 이 책은 이병준 심리상담학 박사와 그의 아내이자 참행복교육원에서 활동하고 있는 공동 저자 박희진 실장이 상담현장에서 접한 생생한 사례를 토대로 하고 있다. 기혼자들과 결혼 판타지에 빠진 청춘에게 '꼭 해주고 싶은 말'을 읽기 쉬운 스토리 형식으로 담았다. 대부분 경고 수준의 문구지만 결혼식 준비는 철저하게 하면서 결혼준비는 소홀히 하는 이들에게 결혼의 중요성을 일깨워준다. 늘 머리에 '살아? 말아?'를 넣어 두고 살아가는 이들에게 '까짓 살아보지 뭐!' 라며 툴툴 털고 일어서게 하는 힘을 줄 것이다.

이병준 · 박희진 지음 | 380쪽 | 신국판 | 값 18,000원

미래 인사이트 도서

거대한 기회

창조 지능 리더십을 선사할 '거대한 기회'를 잡아라!

세상이 짧은 시간에 급격하게 변하고 있다. 난공불락의 요새도 없고 절대적 강자도 없다. 이러한 시대에 살아남으려면 유연하게 변화하고 창조해야 한다. 현대의 리더는 변화의 큰 흐름을 읽고 거기서 기회를 포착해야 한다. 불꽃이 아니라 불길을 보아야 하고, 물결이 아니라 물살을 보아야 한다. 이 책은 리더들에게 시대의 흐름을 한눈에 보여주고자 불확실한 미래에 접근하는 방법을 다양하게 제시하고 있다. 남보다 더 넓게 보는 안목을 키우고 패러다임을 자기만의 방식으로 삶과 비즈니스에 접목함으로써 더욱 큰 사회공동체와 인류공동체를 위해 공헌하는 창조의 마스터가 되어보자.

김종춘 지음 | 316쪽 | 신국판 | 값 18,500원

잡job아라 미래직업 100

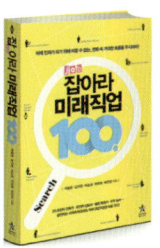

변화 속 거대한 미래직업의 흐름을 주시하라!

미래에는 로봇 혁명을 통해 전혀 새로운 일자리와 노동 시장이 만들어질 전망이다. 인간을 채용하는 대신 새로 개발된 기계를 활용하고 3D 프린팅, 무인차, 무인기, 사물인터넷, 빅데이터 등 시대의 패러다임을 바꿀 기술들이 노동 시장을 뒤흔들 것이다. 이 책은 이러한 문제점에 접근하기 위해 미래 노동 시장과 일자리를 끊임없이 추적한 성과물인 100가지의 미래 유망직업에 대해 서술하고 있다. 건강하고 안전한 미래, 편리하고 스마트한 미래, 상상이 현실이 되는 미래, 지속성이 보장되는 미래 이렇게 총 4챕터로 이루어져 있고 짧은 글들로 짜였지만 미래 노동 시장과 산업 전반에 대한 내용과 통찰력이 압축돼 있다.

곽동훈·김지현·박승호·박희애·배진영 지음 | 444쪽 | 신국판 | 값 25,000원

건강/의학 도서

굿바이, 스트레스

만성피로 전문클리닉 이동환 원장의 속 시원한 처방전!

대부분의 사람들은 흔히 스트레스라고 하면 부정적인 인식이 앞서 '나쁜 스트레스'만 떠올린다. 많은 현대인들이 과도한 스트레스 때문에 힘들어하고 심한 경우 신체 질병까지 얻게 된다. 하지만 우리가 보편적으로 인식하고 있는 스트레스의 부정적인 이미지와는 달리 적절한 스트레스는 오히려 삶에 동기부여를 해줄 뿐 아니라 자극제가 되기도 한다. 저자는 스트레스를 무조건 줄이라고 하지 않는다. 오히려 스트레스를 적절히 관리해서 성과와 연결하는 방법을 소개한다. 계속되는 스트레스에 매몰되어 헤매는 것이 아니라 긍정적인 마음의 근육을 키워 스트레스를 통해 새로운 에너지를 얻음으로써 성과까지 창출하는 비법을 배워보자.

이동환 지음 | 260쪽 | 4×6배판 | 값 18,000원

잘못된 치아관리가 내 몸을 망친다

치과의사가 알려주는 치아 상식과 치과 치료의 오해와 진실!

치아는 잠자리에서 일어나는 아침부터 잠자리에 드는 저녁까지 모든 음식을 맛보는 즐거움을 우리에게 선사한다. 오복의 한 가지라 할만큼 치아건강은 인간의 행복에 큰 영향을 미친다. 이 책에서 치과의사인 저자는 일상생활에서 지켜야 할 치아 건강 관리법은 물론 상세한 치과 진료 과정, 치과 치료에서 궁금했던 점을 들려준다. 또한 잘못된 치아관리가 내 몸을 망칠 수 있으므로 제대로 알고 제대로 치료해야 건강한 치아를 간직할 수 있다고 강조한다. 이 책에는 치아전문 일러스트레이터들이 그린 생생한 일러스트를 실어 치료 과정을 쉽게 이해할 수 있도록 했다. 다양한 증상에 어떻게 대처해야 하는지 알려주는 유용한 책이다.

윤종일 지음 | 312쪽 | 4×6배판 | 값 20,000원

취미/기타 도서

매직스윙

좀처럼 골프가 늘지 않는다면 매직스윙하라!

골프를 즐기는 사람은 많지만 정확한 스윙법을 구사하는 사람은 드물다. 프로든 아마추어든 골프를 시작한 나이, 체형, 성별 등에 따라 스윙법이 각각이지만 각 골퍼들의 스윙 문제는 비슷하기 마련이다. 이런 문제 해결을 위해 이병용 프로가 만든 '매직스윙'은 쉽고 간단하면서 효과도 빨라 수많은 유명 연예인, 기업체 CEO들을 반하게 했다. 이병용 프로는 보다 많은 사람들에게 매직스윙이 담긴 독자적인 레슨 이론을 소개하기 위해 책을 펴냈다. 좀처럼 골프 실력이 늘지 않아 고민 중인 분에게 이 책은 마치 직접 개인레슨을 받는 것과 같은 놀라운 경험을 선사할 것이다. 모두 골프의 매력에 빠질 준비를 해보자.

이병용 지음 | 208쪽 | 국배판 | 값 35,000원

위대한 개츠비

20세기 영미문학 최고의 걸작!

1974년에 이어 2013년 또다시 영화화되어 화제를 불러일으켰던 《위대한 개츠비》는 미국인이 가장 좋아하는 대표적 소설이다. 작품 배경이 되는 시기는 제1차 세계대전 직후, 이른바 '재즈 시대'라고 불리는 1920년대다. 급격한 산업화와 전쟁의 승리로 풍요로워진 시대에 전쟁의 참화를 직간접적으로 경험한 젊은이들의 다양한 삶의 모습을 매우 섬세한 필치로 풀어낸 작품이다. 소설 속 주인공 개츠비는 젊은 시절의 순수한 사랑을 이루려고 자신을 내던진다. 아메리칸 드림을 이룬 그의 머릿속에는 부의 유혹에 넘어간 사랑하는 여인 데이지를 되찾으려는 생각밖에 없다. 그러나 현실은 그의 꿈을 용납하지 않는데….

F. 스콧 피츠제럴드 지음 | 표상우 옮김 | 4×6판 | 316쪽 | 값 12,000원

성과를 지배하는 힘 시리즈 도서

성과를 지배하는 바인더의 힘

남과 다른 성공을 꿈꾼다면 삶을 기록하라!

프로가 되려면 성과가 있어야 하고, 성과를 내려면 프로세스를 강화해야 한다. '시스템'과 '훈련'을 동시에 만족하게 해주는 탁월한 자기관리 시스템 다이어리 3P 바인더의 비밀을 전격 공개한다. 바인더는 훌륭한 개인 시스템이자 조직 시스템이다. 모든 조직원이 바인더를 사용한다면 정보와 노하우를 손쉽게 공유할 수 있다. 바인더와 책, 세미나를 통해 기적 같은 변화를 체험한 많은 사람의 실제 사례를 소개하여 바인더를 좀 더 활용하기 쉽게 만들었다. 저자는 20여 년간 500여 권의 서브바인더를 만들면서 기록관리, 목표관리, 시간관리, 업무관리, 지식관리, 독서경영 등을 실천함으로써 성과를 지배해온 스페셜리스트다.

강규형 지음 | 신국판 | 342쪽 | 값 20,000원

성과를 지배하는 스토리 마케팅의 힘

마케팅의 성공 비결은 스토리와 공감이다!

세상이 하루가 다르게 변하고 있고 고객의 마음도 초단위로 바뀌고 있다. 누가 한 분야에서 성공했다 하면 모방하는 이들이 빠르게 나타나 순식간에 시장을 나눠가진다. 우리가 사는 21세기의 현실이 이렇다. 기술이 좋고 제품이 훌륭한데도 매출로 연결되지 못하는 기업들의 결정적인 맹점은 '스토리'가 부족하다는 것이다. 이제는 기술과 제품을 뽐내기만 할 것이 아니라 고객의 마음부터 들여다보아야 한다. 수시로 변하는 고객의 마음을 휘어잡는 열쇠, 마케팅! 그 근간에는 자신만의, 자사만의 스토리가 있어야 한다. 이 책이 전하는 스토리 마케팅을 활용한다면 두꺼운 충성고객층과 함께 꾸준한 성과를 창출할 수 있을 것이다.

조세현 지음 | 360쪽 | 신국판 | 값 20,000원

성과를 지배하는 유통 마케팅의 힘

한 권으로 배우는 대한민국 유통 마케팅의 모든 것!

상품이 만들어져 소비자에게 오기까지는 많은 사람의 수고가 필요하다. 그러나 중간에서 징검다리 역할을 해주는 유통업자가 없다면 이 사회는 제대로 돌아가지 못한다. 소비문화가 제대로 정착되려면 유통 시장을 전체적으로 확실하게 이해하는 사람이 있어야 한다. 이 책에는 저자가 20여 년간 유통업계 현장에서 발로 뛰며 얻은 소중한 경험을 담았다. 다방면에 걸친 유통 영업의 노하우, 유통 마케팅 비법뿐 아니라 유통시장의 전체적인 틀을 제시하였다. 공공기관 입찰에 필요한 나라장터 사용법은 물론 직접 거래해보지 않으면 알 수 없는 유통사별 상품 제안서 사용법까지 다양하게 소개하고 있다.

양승식 지음 | 344쪽 | 4×6배판 | 값 20,000원

가치 있는 책은
세상을 빛나게 한다!

좋은 책을 만드는 스타리치북스

스타리치북스는 기업 및 병의원 컨설팅 전문 그룹 스타리치 어드바이져의 계열사로
경제·경영, 자기계발, 문학서적 등을 출판하는 종합 출판사입니다.
또한, 기업 경영 및 성과관리에 도움이 되는 전문 강사진을 통하여
기업가정신 콘서트 및 기업 교육 프로그램을 제공하고 있습니다.

스타리치북스 서울시 강남구 강남대로62길 3 한진빌딩 3~8층 전화 02-2051-8477 팩스 02-578-8470 www.starrich.co.kr

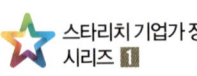
스타리치 기업가 정신 시리즈 1

신국판 | 별출양장 | 292쪽 | 값 18,000원

결핍이 만든 성공

김철회 지음

세이펜 김철회 대표의 기업가 정신

못 배운 덕분에… 무일푼 덕분에… 간절함으로 결핍을 성공으로 채우다!

성공을 위해 영혼을 건 사나이가 영혼을 건 기업가로
결핍을 극복하고 실패와 좌절을 이겨낸 세이펜 김철회의 기업가정신!

StarRich Advisor / StarRich Books 서울 강남구 강남대로62길 3 한진빌딩 3~8층 전화 02-2051-8477 팩스 02-578-8470 www.starrich.co

당신은 킬링 리더인가 힐링 리더인가?

킬링 리더 vs 힐링 리더

| 송수용 지음 |

조직을 위한다면서
조직을 망치는 '**킬링 리더**'

개인과 조직을
함께 살려 내는 '**힐링 리더**'

신국판 | 올컬러 | 284쪽 | 값 17,000원

StarRich Advisor / StarRich Books   서울 강남구 강남대로62길 3 한진빌딩 3~8층 전화 02-2051-8477 팩스 02-578-8470   www.starrich.co.kr

기업과 병·의원의 성장과 연속성을 위한 컨설팅 전문 그룹
스타리치 어드바이져

- 전문가 자문 그룹 플랫폼 제공
- 전자신문 기업성장 지원센터 운영
- 직원 성과 극대화를 위한 교육 프로그램 운영
- 스타리치 어드바이져 Gift Book 서비스
- 조세일보 기업지원센터 운영
- 기업문화 창출을 위한 교육 프로그램 운영
- 스타리치 CEO 기업가정신 플랜
- 김영세의 기업가정신 콘서트 주최

StarRich Advisor / StarRich Books

100년 기업을 위한 CEO의 경영 철학 계승 전략
CEO 기업가 정신 플랜

– 자서전 · 전문서적 · 자기계발서 · 사사 등 –

문의) 스타리치 어드바이저 & 북스 02) 6969-8903 / starrichbooks@starrich.co.kr

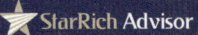

우편 요금 수취인 후납 부담

StarRich Advisor / StarRich Books

062-53

(주) 스타리치 어드바이저 & 북스 담당자 앞

서울시 강남구 강남대로62길 3 강남빌딩 5층

□□-□□□

받는 사람

발송유효기간
2014.12.3~2016.12.3
서울 강남우체국
제41617호
수취인 후납 부담
우편요금

남다르지 않고서는 남다르게 살 수 없다!

이전에 없던 경험을 팔아라!

디지털과 인공지능 등 날렵한 산업이 주력인 때에는
창의적인 고양잇과 인재가 성과를 낸다.
충견이 되기만을 강요하지 말고
유연한 고양이형 인재가 될 수 있도록
더 많은 재량권을 줘야 한다!

김종춘 지음 | 364쪽 | 신국판 | 값 18,000원

 StarRich Advisor / StarRich Books

스타리치 패밀리 회원이란?

하나의 아이디로 스타리치에서 운영하는 사이트(스타리치 어드바이저, 스타리치북스, 스타리치몰, 스타리치 잉글리시 등)와의 모든 거래 및 서비스 이용을 편리하고 안전하게 사용할 수 있는 스타리치 통합회원제 서비스입니다.

스타리치 패밀리 회원 혜택

- 스타리치몰에서 사용 가능한 적립 포인트(도서 정가의 5%) 제공
- 스타리치북스에서 주최하는 북콘서트 사전 초대
- 스타리치북스 신간 도서 메일 서비스 제공
- 스타리치 어드바이저/북스에서 주최하는 포럼 및 세미나 정보 제공
- 스타리치 어드바이저에서 제공하는 재무 관련 정보 제공

스타리치 패밀리 회원 등록 기존 스타리치 패밀리 회원일 경우 등록된 ID를 기재 부탁드립니다.

이름		연락처	
주소		생년월일	
이메일 주소		구매 도서명	슈퍼 창업자들
패밀리 회원 ID		소속(회사/학교)	

사용하실 패밀리 회원 ID를 적어주시면 임시 비밀번호를 문자로 발송해드립니다.

개인정보 사용 동의서

스타리치 패밀리 홈페이지는 수집한 개인정보를 다음의 목적을 위해 활용합니다. 이용자가 제공한 모든 정보는 하기 목적에 필요한 용도 이외로는 사용되지 않으며, 이용 목적이 변경될 시에는 사전동의를 구할 것입니다.

1) 회원관리
① 회원제 서비스 이용 및 제한적 본인 확인제에 따른 본인확인, 개인 식별
② 불량회원의 부정 이용방지와 비인가 사용방지
③ 가입의사 확인, 가입 및 가입횟수 제한
④ 분쟁 조정을 위한 기록보존, 불만처리 등 민원처리, 고지사항 전달

2) 신규 서비스 개발 및 마케팅·광고에의 활용
① 신규 서비스 개발 및 맞춤 서비스 제공
② 통계학적 특성에 따른 서비스 제공 및 광고 게재, 서비스의 유효성 확인
③ 이벤트 및 광고성 정보 제공 및 참여기회 제공
④ 접속빈도 파악 등에 대한 통계

상위 내용에 동의합니다.

년   월   일   서명_____(인)

스타리치 패밀리 회원 비밀번호 변경은 www.starrichmall.co.kr 에서 하실 수 있습니다.
엽서를 보내주시는 분들에 한하여 스타리치몰에서 사용 가능한 포인트(도서 정가의 5%)를 지급해 드립니다.
앞으로 더욱 다양한 혜택을 드리고자 노력하는 스타리치가 되겠습니다. 문의 02-6969-8903 starrichbooks@starrich.co.kr